高职高专公共基础课系列教材

创新创业
理实一体化教程
（电子活页式）

王北一　主　编

清华大学出版社
北京

内 容 简 介

本书是一本实践性实用教程,旨在培养学生的创新思维、创新意识、创新创业精神、创新创业能力等多方面综合素质。全书以大学生从零开始创业过程为主线,分为创新创业与人生规划、不确定性时代与创业思维、创新思维方法、商机来源与创业机会、创业者与创业团队、创业资源获取和管理、创业环境与市场分析、产品设计与市场测试、商业模式设计与创新、创业营销与营销策略、创业融资与风险、创新创业成果保护、创业成果转化、创业计划设计与呈现共14个项目。本书的主要特点是以创业过程为主线,以实训任务为驱动,以学生学习为中心。

本书适合应用型本科和高职高专院校的学生学习,也适合作为对创业有兴趣的读者的参考资料。

本书封面贴有清华大学出版社防伪标签,无标签者不得销售。
版权所有,侵权必究。举报:010-62782989,beiqinquan@tup.tsinghua.edu.cn。

图书在版编目(CIP)数据

创新创业理实一体化教程:电子活页式/王北一主编.—北京:清华大学出版社,2023.5(2025.1重印)
高职高专公共基础课系列教材
ISBN 978-7-302-63454-6

Ⅰ.①创… Ⅱ.①王… Ⅲ.①创业-高等职业教育-教材 Ⅳ.①G717.38

中国国家版本馆 CIP 数据核字(2023)第 081415 号

责任编辑:张龙卿
封面设计:曾雅菲 徐巧英
责任校对:刘 静
责任印制:宋 林

出版发行:清华大学出版社
网 址:https://www.tup.com.cn,https://www.wqxuetang.com
地 址:北京清华大学学研大厦A座 邮 编:100084
社 总 机:010-83470000 邮 购:010-62786544
投稿与读者服务:010-62776969,c-service@tup.tsinghua.edu.cn
质量反馈:010-62772015,zhiliang@tup.tsinghua.edu.cn
印 装 者:三河市人民印务有限公司
经 销:全国新华书店
开 本:210mm×285mm 印 张:17.25 字 数:392千字
版 次:2023年7月第1版 印 次:2025年1月第3次印刷
定 价:59.00元

产品编号:099749-02

编写委员会

编委会主任： 吴教育

编委会副主任： 古发辉

编委会委员： （以姓氏笔画为序）

      王北一 文成玉 陈亦南 李杜彧 刘项东

      朱荣毅 孙德延 杨　杨 谈　昊 梁欢欢

      梁　莹 梁婉玲 赖越菲 颜钰婷

前 言

随着第四次工业革命的到来,世界已进入知识经济时代,国与国之间的竞争越来越激烈。只有创新型国家才能在国际竞争中取得有利的位置,国与国之间综合实力的竞争主要是科学技术及创新创业型人才的竞争。大学生是最具创新创业潜力的群体,是我国经济建设的接班人。青年学生应该具备一定的创新思维和创业能力,才能更好地适应未来的工作环境和应对市场竞争的各种挑战。

习近平总书记在党的二十大报告中指出:教育、科技、人才是全面建设社会主义现代化国家的基础性、战略性支撑;必须坚持科技是第一生产力、人才是第一资源、创新是第一动力;深入实践科教兴国战略、人才强国战略、创新驱动发展战略,这三大战略共同服务于创新型国家的建设。创新是一个民族进步的灵魂,随着我国高等教育改革的不断深入,创新创业教育的内涵建设也得到进一步的发展,并在近十年获得了充分重视与关注。2018年9月18日,国务院下发《关于推动创新创业高质量发展打造"双创"升级版的意见》(以下简称《意见》)。《意见》指出:推进"大众创业、万众创新"是深入实施创新驱动发展战略的重要支撑,是深入推进供给侧结构性改革的重要途径。继续强化大学生创新创业教育,在全国高校推广创业导师制,把创新创业教育和实践课程纳入高校公共基础课系列,支持高校、职业院校深化产教融合。

近年来,中国高校创新创业教育不断加强,发展迅速,但是我们仍然发现缺乏适合高职高专学生的实践类创新创业实用型教材。甚至很多人对创新创业教育的认知还存在误区,认为创业教育只是教人如何创业。实际上,无论学生毕业后是否创业,创新思维和创业能力对学生而言都是非常重要的,可以极大地提升学生的个人竞争力,因此,全面提升学生的创新思维、创业者素质、创新创业综合能力才是创新创业教育的基础和根本。为了满足高职高专创新创业教育课程实践类教材的需要,本书编写组成员进行了多方调研,充分征求广大师生的意见,并结合高职高专教学实际情况编写了本书。

本书的特点如下。

(1)以创业过程为主线。学生完成本书项目的学习和实训后,不仅能完成创新创业项目的开发与初步迭代,还能较大程度地提升创新思维能力和创业者综合素质,初步具备从零开始产生一个创业想法的意识,能撰写商业计划书并有进行路演的能力。

(2) 实践任务驱动。本书的每个模块都有知识目标和能力目标,并按照每个模块学习目标的工作过程设置若干个由浅到深的任务,从浅显的案例入手,带动知识目标的学习和实训任务的操作,围绕一个共同的任务中心展开学习,以任务的完成结果检验和总结学习过程。不仅传授给学生理论知识和操作技能,更重要的是培养他们完成创新创业项目的职业能力。

(3) 在本书内容组织上,全书以学生学习为中心。教材配备有完备的数字化资源,纸质教材与数字化资源紧密结合,支持线上、线下的混合式课题教学项目的开展。每个项目都设计有先导案例及思考题,学生需课前预习及完成思考题,课中可以参加在线课堂活动和测评。各个项目都设计了实训内容,学生为了完成任务需主动学习,并在课堂上展示及宣讲实训任务成果,通过学生互评及教师评分后才能进入下一个项目的学习,使学生随着任务的推进一直沉浸在创业者创业过程的状态中,并不断提升创新创业综合素质。教材突出了创新思维训练和创业实践指导,内容丰富、有趣,可操作性强,利教便学。

本书编写团队有很强的理论和实践造诣,并由广东职业技术学院创新创业学院院长王北一副教授担任主编并主持编写,副主编为赖越菲、颜钰婷、梁欢欢,其他参编人员包括曾任创新创业国家精品课程团队的资深"双师型"教师、省示范高职院校创新创业专任教师及来自企业具有丰富创新创业实践经验的管理人员。其中项目1、项目2由赖越菲编写,项目3、项目4由梁欢欢编写,项目5由颜钰婷编写,项目6由杨杨编写,项目7由陈亦南编写,项目8由文成玉和李杜彧编写,项目9由孙德延编写,项目10由朱荣毅编写,项目11由谈昊编写,项目12由赖越菲和李杜彧编写,项目13由梁婉玲和梁莹编写,项目14由刘项冬编写。在本书编写过程中,我们参阅和借鉴了大量的文献资料,在此谨向文献作者和资料提供者致以诚挚的谢意。

由于时间仓促,编者水平有限,难免有疏漏与不足之处,欢迎广大读者批评、指正。

编　者
2023年3月

目 录

项目1 创新创业与人生规划
——创新创业，活出增值的人生 1

1.1 创新创业知识链接 3
    1.1.1 什么是创业 3
    1.1.2 创业的三要素 3
    1.1.3 创业的类型 4
    1.1.4 创新与创业的关系 6
    1.1.5 创业精神 6
    1.1.6 大学生培育创业精神的三个途径 ... 7
    1.1.7 创业导向的人生态度 7
1.2 创新创业课堂实践任务 8
1.3 拓展阅读 11
1.4 创新创业实战 12
1.5 总结与提高 13

项目2 不确定性时代与创业思维
——创业者是如何思考的 14

2.1 创新创业知识链接 15
    2.1.1 创业思维 15
    2.1.2 具备创业思维的表现 15
    2.1.3 效果逻辑理论 15
2.2 创新创业课堂实践任务 18
2.3 拓展阅读 21
2.4 创新创业实战 22
2.5 总结与提高 23

项目3 创新思维方法
——掌握创新 24

3.1 创新创业知识链接 25
    3.1.1 创新思维本质 25
    3.1.2 创新思维产生的基本条件 26
    3.1.3 创新思维的设计方法 29
3.2 创新创业课堂实践任务 32
3.3 拓展阅读 35
3.4 创新创业实战 38
3.5 总结与提高 41

项目4 商机来源与创业机会
——怎样发现创业机会 42

4.1 创新创业知识链接 43
    4.1.1 商机的来源 43
    4.1.2 创业机会识别 44
    4.1.3 创业机会的来源 46
    4.1.4 创意激发 50
    4.1.5 创业机会的评估 52
4.2 创新创业课堂实践任务 56
4.3 拓展阅读 58
4.4 创业实战 61
4.5 总结与提高 62

项目5　创业者与创业团队
——如何找到你的事业合伙人 63

5.1 创新创业知识链接 65
  5.1.1　创业者 65
  5.1.2　创业团队 65
  5.1.3　创业团队的类型 66
  5.1.4　创业团队的构成原则 67
  5.1.5　创业团队管理策略 68
5.2 创新创业课堂实践任务 69
5.3 拓展阅读 83
5.4 创新创业实战 86
5.5 总结与提高 87

项目6　创业资源获取和管理
——拿什么创业 88

6.1 创新创业知识链接 89
  6.1.1　创业资源识别 89
  6.1.2　创业资源获取途径 92
  6.1.3　创业资源管理 92
6.2 创新创业课堂实践任务 93
6.3 拓展阅读 98
6.4 创新创业实战 101
6.5 总结与提高 101

项目7　创业环境与市场分析
——拨开云雾见明月 102

7.1 创新创业知识链接 103
  7.1.1　创业项目宏观环境分析 103
  7.1.2　大学生创业微观环境分析及工具 105
  7.1.3　行业市场分析——波特的五力分析模型 106
  7.1.4　市场调查分析及工具 108
7.2 创新创业课堂实践任务 109
7.3 拓展阅读 117
7.4 创新创业实战 120
7.5 总结与提高 121

项目8　产品设计与市场测试
——客户真正需要的产品是什么 122

8.1 创新创业知识链接 123
  8.1.1　产品设计的概念 123
  8.1.2　产品设计的要求 124
  8.1.3　产品设计的步骤 125
  8.1.4　市场测试 126
  8.1.5　市场测试的方法 126
  8.1.6　市场测试的步骤 127
  8.1.7　市场测试的类型与目的 128
  8.1.8　市场测试中的产品测试方法 129
8.2 创新创业课堂实践任务 130
8.3 拓展阅读 131
8.4 创新创业实战 134
8.5 总结与提高 136

项目9　商业模式设计与创新
—— 一个企业怎么赚钱 137

9.1 创新创业知识链接 138
  9.1.1　什么是商业模式 138

9.1.2　常见的商业模式类型 139
　　9.1.3　构建新的商业模式所需思路 142
　　9.1.4　设计商业模式画布 143
9.2　创新创业课堂实践任务 150
9.3　拓展阅读 152
9.4　创新创业实战 152
9.5　总结与提高 153

项目 10　创业营销与营销策略
　　——酒香也怕巷子深 154

10.1　创新创业知识链接 156
　　10.1.1　市场营销的五个发展阶段 156
　　10.1.2　创业与新时代营销特征 157
10.2　创新创业课堂实践任务 168
10.3　拓展阅读 170
10.4　创新创业实战 185
10.5　总结与提高 187

项目 11　创业融资与风险
　　——没钱怎么创业 188

11.1　创新创业知识链接 189
　　11.1.1　融资的概念 189
　　11.1.2　融资的目的 189
　　11.1.3　创业融资的渠道 190
　　11.1.4　企业融资的风险 193
　　11.1.5　创业企业融资战略不当引发的
　　　　　　融资风险 193
　　11.1.6　创业企业融资不计成本引发的
　　　　　　融资风险 195

　　11.1.7　创业企业对投资者选择不当引发的
　　　　　　融资风险 197
　　11.1.8　创业企业过分依赖专家造成的
　　　　　　融资风险 197
11.2　创新创业课堂实践任务 198
11.3　拓展阅读 201
11.4　创新创业实战 204
11.5　总结与提高 205

项目 12　创新创业成果保护
　　——为创新创业成果穿上"防弹衣" 206

12.1　创新创业知识链接 207
　　12.1.1　知识产权 207
　　12.1.2　知识产权的主要特征 207
　　12.1.3　常见的知识产权 208
　　12.1.4　知识产权与商业战略 210
12.2　创新创业课堂实践任务 218
12.3　拓展阅读 219
12.4　创新创业实战 223
12.5　总结与提高 224

项目 13　创业成果转化
　　——如何实现创新成果的价值最大化 225

13.1　创新创业知识链接 226
　　13.1.1　知识产权运营的概念 226
13.2　创新创业课堂实践任务 235
13.3　拓展阅读 236
13.4　创新创业实战 239
13.5　总结与提高 240

项目 14　创业计划设计与呈现
　　——如何撰写商业计划书 241

14.1　创新创业知识链接 242
　　14.1.1　什么是商业计划书 242
　　14.1.2　商业计划书的作用 243
　　14.1.3　如何撰写商业计划书 244
　　14.1.4　项目路演及技巧 247

14.2　创新创业课堂实践任务 248
14.3　拓展阅读 253
14.4　创新创业实战 261
14.5　总结与提高 262

参考文献 263

项目1　创新创业与人生规划
——创新创业，活出增值的人生

> **学习引言**
>
> 2014年9月在夏季达沃斯论坛上，李克强总理提出，要在960万平方公里土地上掀起"大众创业""草根创业"的新浪潮，形成"万众创新""人人创新"的新势态。2015年2月10日，李克强邀请60余名外国专家举行座谈。关注中国"大众创业、万众创新"的诺贝尔经济学奖得主埃德蒙德·菲尔普斯提到，中国经济新引擎将带来的"非物质性好处"。他说："如果大多数中国人因为从事挑战性工作和创新事业获得成就感，而不是通过消费得到满足，结果一定会非常美好。"
>
> 大学生创新创业成了近几年的教育热词。2021年9月国务院办公厅发布《关于进一步支持大学生创新创业的指导意见》国办发〔2021〕35号，指出纵深推进大众创业及万众创新是深入实施创新驱动发展战略的重要支撑，大学生是大众创业及万众创新的生力军，支持大学生创新创业具有重要意义。要支持在校大学生提升创新创业能力，支持高校毕业生创业就业，提升人力资源素质，促进大学生全面发展，实现大学生更加充分、更高质量的就业。2022年5月14日，广东省人民政府办公厅印发《广东省进一步支持大学生创新创业的若干措施》，制定细致落实创新创业资助政策，落实创新创业税费减免政策，加大创业担保贷款支持，提升大学生创新创业便利化服务水平，促进大学生创新创业成果转化等十条措施，进一步支持大学生创新创业。
>
> 身为大学生的你，不知道是否已经感受到了"大众创业""草根创业"的新浪潮，看到了"万众创新""人人创新"的新势态。拿到这本教材，走进创新创业教育的课堂，你是否清楚：何为创新？何为创业？创新创业和我的关系是什么？大学生为什么要

课堂随笔

学习创新创业？为什么国家鼓励大学生创新创业？创新创业和我们的人生规划有什么关系？如果你有这些疑问，请跟着我继续往下看吧。

学习目标

知识目标：了解创业的概念、要素和类型，认识创业过程的特征。

能力目标：掌握创业与创业精神之间的辩证关系。

素质目标：了解创业与创业精神的关系、创业与人生发展的关系，以及创业和创业精神在当今时代背景下的意义和价值，正确认识并理性对待创业。

问题导航

（1）大众创业、万众创新，没钱、没技术、没人脉的大学生去创业可行吗？应该鼓励大学生创业吗？

（2）创新和创业的关系是什么？

（3）创业就是做生意吗？

1.1 创新创业知识链接

1.1.1 什么是创业

狭义的创业指的是创业者不拘泥于当前资源约束,寻找和把握各种商业机会,投入已有的知识、技能和社会资本,调动并配置相关资源,创建新企业,为消费者提供产品/服务,以创造经济价值和社会价值为目的的行为。

广义上的创业指任何有开拓性、创新性和价值性的社会活动。从广义的角度来看,人人都能创业,并且人人都应该创业,创业是每个人的需要。

创业的内涵与外延.mp4

1.1.2 创业的三要素

创业维艰,在创业之前每个创业者都需要做好各项准备来面对创业所面临的各种问题。影响成功创业的因素很多,但创业最关键的三个要素是创始人与团队、创业资源和好的创业机会。

(1) 创始人和团队。创业中,创始人和团队无疑在创业中起着举足轻重的作用,成功的创业对创业中的人要求很高,它需要创业中的人有创业意识和精神,有创业的好方法,有创业的人脉。有调查显示,第一次创业的失败率高达99%,但有过创业经验的人在二次创业中成功率却能提高不少,因此对于创业者来说,有没有创业经验对创业起着至关重要的作用。另外,创业者能不能和团队在面临困难时坚持下去,也是影响创业成功的一个重要方面。

(2) 创业资源。机会永远属于那些既有资本又有眼光的人。在创业门槛不断提高的今天,资本成为决定创业公司去留的关键,草根创业者如果没有资本注入,很快就会倒下而一蹶不振,因资金链断裂而倒下的企业数不胜数。在当前创业热潮兴起,传统的投资机构和互联网相结合,出现了以投融界为首的互联网融资平台,帮助企业解决融资难、贵、慢等问题,在一定程度上缓解了融资尴尬,提高了创业的成功率。

> **小贴士**
>
> 创业好比一次打扑克牌,关键不是你手中的牌好不好,而是你善不善于用好自己手中的牌。

(3) 好的创业机会。好的机会是创业的前提,也可以说是创业机会,而对于创业机会的把握和寻找是创业中应解决的首要问题。从投资人的角度来看,大部分的天使投资看重的是创业项目的好坏和这个项目发展前景的高低。如果为了迎合大众创业的浪潮而匆匆上马一个项目,可想而知成功率会有多低。所以在创业之前一定要选择一个创业者感兴趣且有发展前景的项目,要做到差异化创新。

1.1.3 创业的类型

从不同的方面考虑,创业可分别划分为几种不同的类型。

1. 机会型创业与生存型创业

GEM(全球创业观察)在2001年的报告中第一次提出了生存型创业和机会型创业的概念,是依据创业动机对创业所做的一种分类。

(1)机会型创业。这是指为了追求一个商业机会而从事创业的活动。它着眼于新的市场机会,拥有更高的技术含量,因此能创造出新的需要,或满足潜在的需求,进而能够带动新的产业发展,创造更大的经济效益,从而改善经济结构。一般来说,年龄在25~44岁的人更有可能进行机会型创业。

(2)生存型创业。这是创业者为了生存,没有其他选择而无奈进行的创业,显示出创业者的被动性。这类创业大都属于尾随型和模仿型,规模较小,项目多集中在服务业,并没有创造新需求,而是在现有的市场上寻找创业机会。由于创业动机仅仅是为了谋生,往往小富则安,极难做大做强。在我国所有创业活动中,生存型创业所占比重大约为90%。

机会型创业与生存型创业的特征比较如表1-1所示。

表1-1 机会型创业与生存型创业的比较

创 业 条 件	机会型创业	生存型创业
创业动机	职业选择	生活所迫
成长愿望	把握机会,做大做强	满足现状,小富即安
行业偏好	商业服务业:金融、保险、咨询等	消费者服务业:零售、餐饮、家政服务等
资金状况	以多种方式融资,资金充足	以独自为主,缺乏资金
创业者受教育程度	多数高等教育	多数初等或中等教育,少数高等教育
创业者承担风险意愿	勇于承担风险	规避风险
创业所处阶段	二次创业,连续创业	初始创业阶段

2. 自主型创业与企业内创业

(1)自主型创业。自主型创业是指劳动者主要依靠自己的资本、资源、信息、技术、经验以及其他因素自己创办实业,解决就业问题。自主型创业充满挑战和刺激,个人的想象力、创造力可得到最大限度的发挥;有一个新的舞台可供表现和实现自我;可多方面接触社会、各种类型的人和事,摆脱日复一日的单调乏味的重复性劳动;可在短时期内积累财富,奠定人生的物质基础,为攀登新的人生巅峰做准备。然而,自主型创业的风险和难度也很大,创业者往往缺乏足够的资源、经验和支持。

自主型创业有许多种方式,大体上可以归纳为如下几种方式(图1-1)。

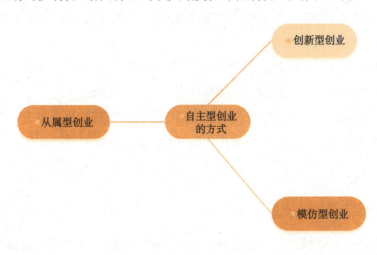

图1-1 自主型创业的三种方式

① 创新型创业:创新型创业是指创业者通过提供有创造性的产品或服务,填补市场需求的空白。

② 从属型创业:从属型创业大致有两种情况。一是创办小型企业,与大型企业进行协作,在企业整个价值链中,负责一个环节或者承揽大企业的外包业务,这种方式能降低交易成本,降低单打独斗的风险,提升市场竞争力,且有助于形成产业的整体竞争优势;二是加盟连锁、特许经营,利用品牌优势和成熟的经营管理模式,减少经营风险,如麦当劳、肯德基等。

③ 模仿型创业:根据自身条件,选择一个合适的地点和进入壁垒较低的行业,通过模仿别人开办企业。这类企业投入少,并无创新,在市场上拾遗补阙。这种创业活动经过逐步积累也有机会跻身于强者行列,创立自己的品牌。

(2)企业内创业。这是为了将新的创意转化为可获利的产品或服务而得到组织授权和资源保证的企业内创业活动。每一种产品都有生命周期,一个企业在不断变化的环境中,只有不断创新,不断推出新的产品和服务,不断将创新成果推向市场,才能不断延伸企业的生命周期。成熟企业的发展同样需要创业的理念和文化,需要企业内部创业者利用和整合企业内部创业资源。

企业内创业是动态的,正是通过二次创业、三次创业乃至连续不断地创业,企业的生命周期才能不断地在循环中延伸。

3.传统技能、高新技术和知识服务型创业

按照创业项目分类,创业大致可分为传统技能型、高新技术型和知识服务型三种(图1-2)。

(1)传统技能型创业。传统技能型是指使用传统技术、工艺进行创业。选择传统技能项目创业将具有永恒的生命力,因为使用传统技术、工艺的创业项目,如独特

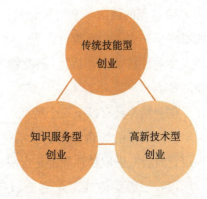

图1-2 按创业项目分类的三种创业形式

的技艺或配方都会拥有市场优势。尤其是在酿酒业、饮料业、中药业、工艺美术业、服装与食品加工业、修理业等与人们日常生活紧密相关的行业中,独特的传统技能项目表现出了经久不衰的竞争力,许多现代技术都无法与之竞争。不仅中国如此,外国也如此,有不少传统的手工生产方式在发达国家至今尚保留着。

(2) 高新技术型创业。高新技术项目是指采用知识经济、高科技、知识密集型产业项目进行创业。高新技术型创业多带有前沿性,包括技术研究和开发的性质。

(3) 知识服务型创业。知识服务型创业是指以各类知识咨询服务的方式进行创业,如律师事务所、会计师事务所、管理咨询公司、广告公司等。知识服务型项目具有投资少、见效快、周期短的特点。

1.1.4　创新与创业的关系

创新和创业是相互依赖和相互促进的关系。创业中遇到的问题需要用创新来解决,创新的成果也需要在创业过程中去检验。

(1) 创新是创业的源泉。创新有三层含义:一是更新;二是创造新的事物;三是改变。在创业活动中,创新有着举足轻重的地位。创业者只有提供满足消费者需求的产品或服务,才能在竞争激烈的市场中生存下去。而消费者的需求不是一成不变的,要做到满足消费者不断变化的需求,要求创业者必须在产品功能、产品质量、产品设计和销售方式等方面不断创新。创业企业不创新而失败的例子比比皆是,如曾经风光无限的手机巨头诺基亚,就是在苹果和三星智能手机创新大潮的冲击中逐渐退出了人们的视野。因此,创业者必须创新,以创新推动企业的发展。

(2) 创业是创新的载体。创新的经济价值和社会价值需要通过创业来检验和得以实现。创业活动将创新成果实现商品化和市场化,进而检验创新和实现创新的价值。如果创新离开了创业企业这个载体,创新的结果就是闭门造车。

1.1.5　创业精神

创业精神是指在创业者的主观世界中,那些具有开创性的思想、观念、个性、意志、作风和品质等。

20世纪的经济学家约瑟夫·熊彼特将创业精神看作是一股创造性的破坏力量;哈佛大学的霍华德·史蒂文森教授认为:创业精神就是不局限于以目前拥有的资源去追寻机遇;今天的大多数经济学家都认为,创业精神是在各类社会中刺激经济增长和创造就业机会的一个必要因素。

创业精神具有以下三个特征。

(1) 高度的综合性。创业精神是由多种精神特质综合作用而成的。如创新精神、冒险精神、合作精神、进取精神等都是形成创业精神的特质精神。

(2) 三维整体性。无论是创业精神的产生、形成和内化,还是创业精神的外显、展现和外化,都是由哲学层次的创业思想和创业观念,心理学层次的创业个性和创业意识,行为学层次的创业作风和创业品质三个层面所构成的整体,缺少其中任何一个层面,都无法构成创业精神。

(3) 超越历史的先进性。创业精神的最终体现就是开创前无古人的事业。创业精神本身必然具有超越历史的先进性,想前人不敢想的事,做前人不敢做的事。

1.1.6 大学生培育创业精神的三个途径

(1) 提高创新意识,培育创新精神。当代大学生要养成积极探索、主动探究的习惯;要提高创新思维水平,加强与老师、同学等各方的交流合作,积极参加创新实践活动,培养善于质疑的精神。要夯实知识基础,提高自身素质,培养广泛的兴趣爱好,在实践中增加知识储备。

(2) 在创业实践中培育创业精神。实践对人的教育是很直接、很有价值的,大学生培养创业精神最好的方式就是积极参加学校组织的各种创新创业实践活动,如挑战杯、中国"互联网+"大学生创新创业大赛等。在实践活动中不断发现问题并解决问题,在"升级打怪"游戏中也会不知不觉培养创业精神。

(3) 通过承继前人精神来培育。创业精神自古有之,人类社会的发展史就是人类艰苦奋斗的创业史,人类社会的一切文明成果无不是艰苦创业精神的结晶。当代的创业精神已经构成一个精神体系,涉及创业意识、创业观念、创业责任、创业态度、创业激情、创业思维等方面。

1.1.7 创业导向的人生态度

每天朝九晚五轻松的工作,有稳定的收入,为什么非得冒着没有回报甚至还会倒贴的风险去创业呢?用创业者罗云登的话说就是:"如果明天是世界末日,我还会选择创业,这是一种人生态度。"

(1) 创业是实现自我价值、人生价值的最佳途径。《论语》中子曰:"君子谋道不谋食。""食"指物质层面,"道"指价值层面。创业是一种生活状态,是选择的一个过程,而为之奋斗的过程就是一条实现自我价值及兑现自我价值的很有效的路。青年人应通过创业来实现自己的人生价值。当前,我们国家正处在经济转型的关键时期,国务院总理李克强就指出:我们既要在较短时间内走完发达国家上百年走过的工业化道路,又要在新一轮世界科技革命和产业变革中迎头赶上。我国经济发展进入新常态,既要保持中高速增长,又要向中高端水平迈进,必须依靠创新支撑。我们现在拥有巨大的创新空间。人民温饱问题解决后,多样化需求引领创新;基本商品供应充足,资源环境约束加剧,推动企业加快创新;人们挑战自我、主动创造的意识增强,造就了社会的包容创新。国家繁荣发展的新动能就蕴涵于万众创新的伟力之中。显而易见,李克强总理所说的创新意识"就蕴涵于万众创新的伟力之中"实际上就是对青年人创新寄予了厚望,让创新在创业中体现,让创业助推各项创新,这是国家赋予当代青年人的神圣职责,让创业成为年轻人实现人生价值的生动命题,使整个社会形成创新型小微企业铺天盖地,大型创新企业顶天立地的局面,走出一条属于我们年轻人自己的创新创业之路,让人生的价值在各种创业中得到最灿烂的诠释与体现。

（2）创业也是一种职业选择。创业是一种高级别的就业形式,它除了能解决创业者本身的就业问题外,还能带动更多人的就业,甚至为人们提供新的职业,创造出新的财富,是现代社会增加就业最有意义的途径,几乎所有国家都把创业作为解决就业的有效手段。

（3）创业能力成就人生。创业能力是一种综合的较为全面地考虑问题和解决问题的能力,比如,危机意识、敏锐的洞察力、同理心、沟通能力、解决问题的能力、领导力等,都是具有普遍性和时代适应性的能力,无论你从事何种职业,创业能力都将在个人的职业发展中发挥巨大的作用。

1.2 创新创业课堂实践任务

任务一：为创业下定义

任务描述：有人说创业就是做生意、当老板,有人说摆摊也是创业,有人说开公司才算是创业,也有人说在工作岗位上也可以创业,还有人说创业是一种人生态度……你认为什么是创业？你是如何理解创业的？请你用五个关键词总结你心目中的创业,写在下面的方框中,并与同小组的成员讨论,进而得出你们小组对于认识创业的五个关键词,然后把这五个关键词串联成一句话,这句话就是你们小组给创业下的定义。

我国创新创业环境及创业政策

我认为的创业是＿＿＿＿＿＿＿＿＿＿＿＿＿＿＿＿＿＿＿＿＿＿＿＿＿＿＿＿＿＿＿
小组讨论后，认为创业是＿＿＿＿＿＿＿＿＿＿＿＿＿＿＿＿＿＿＿＿＿＿＿＿＿
我们给创业下的定义是＿＿＿＿＿＿＿＿＿＿＿＿＿＿＿＿＿＿＿＿＿＿＿＿＿＿
＿＿＿＿＿＿＿＿＿＿＿＿＿＿＿＿＿＿＿＿＿＿＿＿＿＿＿＿＿＿＿＿＿＿＿＿＿
＿＿＿＿＿＿＿＿＿＿＿＿＿＿＿＿＿＿＿＿＿＿＿＿＿＿＿＿＿＿＿＿＿＿＿＿＿

任务二：规划我的人生愿景

任务描述：愿景是我们期待实现的理想与愿望，具有激发热情、激励行动的作用。我们可以跟随愿景的指引，进一步做好人生规划，最终实现愿景。请跟着以下的指示完成你的愿景规划，分别描述自己在社会层面、家庭层面、个人层面的愿景规划，并分别匹配个人价值观（你最看重什么？道德、伦理是你价值观的方向罗盘），以及为了实现你的愿景，匹配你的价值观，你需要做哪些任务。

（1）愿景描述。请闭上双眼，想象现在是50年后的一个清晨。当你睁开双眼，打开窗户，你看到的（社会）是一幅什么样的景象。准备进餐厅吃早饭时，家里是什么样的景象？吃完早餐后，你的朋友来拜访你，你们一起讨论什么？你（个人）会是什么样？

（2）价值观。描述你最看重什么，道德、伦理是你价值观的方向罗盘。你可以描述如：做事一定要做到最好，不惜一切代价取得胜利，变得富有，保持快乐并且创造快乐，有意义的工作及健康的生活等。

完成你的愿景，匹配你的价值观，你需要做哪些任务？任务可以由不同的目标组成。请将你的答案填写在下方相应的空格中（图1-3）。

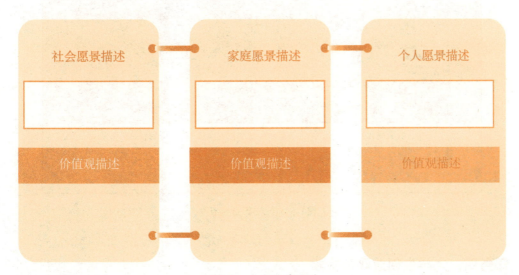

图1-3　人生愿景规划

任务三：用商业画布做人生规划

任务描述：商业画布是一个系统、可视且容易落地的商业模式设计工具。商业画布包括客户群体、渠道通路、客户关系、价值服务、收入来源、核心资源、关键业务、重要合作和成本结构这九大构造模块。创业者可以通过商业画布这一工具（图1-4）系统地回答"我们为谁创造什么价值""我们如何交付产品/服务""我们如何获取利润"等问题，快速地将一项技术或产品商业化。同样，商业画布也可用于规划我们个人的人生，可以通过商业模式画布这个"可视化沙盘"，让个人知道如何在有限的时间内，像田忌赛马一样快速优化自己的各项资源，做到恰到好处的"增删改优"，得到"个人商业模式"的飞升。用图1-5的个人商业画布规划你的人生，一个人也可以活成一家公司！

图1-4 商业画布

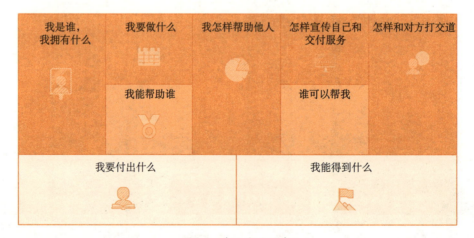

图1-5 个人商业画布

任务四：大学生创业政策检索

任务描述：为支持大学生创新创业，国家和各级政府出台了许多优惠政策，涉及融资、开业、税收、创业培训、创业指导等诸多方面。对于打算创业的大学生来说，了解这些政策才能走好创业的第一步。

请通过互联网检索国家和各级政府出台的大学生创新创业优惠政策,检索得越多越全面越好,并将检索出来的政策进行分类整理,填在表 1-2 中。

表1-2 大学生创业政策梳理表

序号	大学生创业政策	信息来源	所属地区

1.3 拓展阅读

关于大学生创新创业看习近平总书记怎么说

2017 年 8 月 15 日,习近平总书记给第三届中国"互联网+"大学生创新创业大赛"青年红色筑梦之旅"大学生回信,极大鼓舞了全体大学生创新创业的热情。

第三届中国"互联网+"大学生创新创业大赛"青年红色筑梦之旅"的同学们:

来信收悉。得知全国 150 万大学生参加本届大赛,其中上百支大学生创新创业团队参加了走进延安、服务革命老区的"青年红色筑梦之旅"活动,帮助老区人民脱贫致富奔小康,既取得了积极成效,又受到了思想洗礼,我感到十分高兴。

延安是革命圣地,你们奔赴延安,追寻革命前辈伟大而艰辛的历史足迹,学习延安精神,坚定理想信念,锤炼意志品质,把激昂的青春梦融入伟大的中国梦,体现了当代中国青年奋发有为的精神风貌。

实现全面建成小康社会奋斗目标,实现社会主义现代化,实现中华民族伟大复兴,需要一批又一批德才兼备的有为人才为之奋斗。艰难困苦,玉汝于成。今天,我们比历史上任何时期都更接近实现中华民族伟大复兴的光辉目标。祖国的青年一代有理想、有追求、有担当,实现中华民族伟大复兴就有源源不断的青春力量。希望你们扎根中国大地了解国情民情,在创新创业中增长智慧才干,在艰苦奋斗中锤炼意志品质,在亿万人民为实现中国梦而进行的伟大奋斗中实现人生价值,用青春书写无愧于时代、无愧于历史的华彩篇章。

习近平
2017 年 8 月 15 日

课堂随笔

一个特困生走向创业致富之路的故事

他是一名特困生,为了生计,他从摆地摊干起,接着办起了"博强快递"。他用成功创业的经历,给无数大学毕业生带去了就业的希望。他叫李海洋。从小贫困的家境激发了他的学习劲头,寒窗苦读12年,终于于2008年考上了河北体育学院。然而,父亲双腿残疾,母亲患有高血压,姐姐又有神经性分裂症,面对万元学费,他的家庭实在无法承受。于是,发誓要出人头地的他,立志10年内成为百万富翁。可连他自己也没想到,仅拼搏了3年,就实现了这个梦想。李海洋的第一份工作是在一家家具城打工,一天27元,还常常受到无端的责骂。有时候,他一天打三份工,上午给一家公司发宣传单,下午去卖手机卡,晚上就到烧烤店当服务员,每天工作将近20个小时。

无意间,李海洋在大街上看到贴手机膜的小贩,这让他灵机一动。根据他的了解,手机膜在大学很有市场。于是,他买了一张二手的小桌子,从批发市场进了货,利用业余时间到邻近的河北经贸大学门口摆起地摊儿,就这样自己做起了老板。2009年1月,李海洋获得了手机"情侣卡"业务的高校代理权,并用一个月的时间,在河北石家庄市的多所高校发展了200多名学生代理。两个月的时间里,他就赚到了50万元。这是他人生的"第一桶金"。2011年,凭借自己在卖手机卡时与多家高校保安熟识的有利条件,李海洋顺利谈成了省内三十多家高校的独家快递经营权。此后,手握众多高校毕业生资源的李海洋又成为快递公司"不得不合作"的对象,他顺理成章地承揽了河北省三家快递公司的业务。一个月的时间内,快递业务就盈利16万元。仅一年的时间,年利润超过百万元。 接着,李海洋又开设了冷饮店、饭店和两家通信产品店。如今,已经毕业的李海洋积累了至少500万元的财富。他正忙着在石家庄多个高校聚集区复制他的商业模式,扩建着属于自己的商业王国。谈起曾经的成功,他的脸上并没有太多喜悦,相反是平静的。回想起刚进大学时从做兼职、摆摊到创业的经历,他总觉得自己磨炼得还不够。他说:"如果那时兼职时间再长些,创业效果或许会更好。"

在李海洋的QQ空间中有一篇有关他的经验分享,已经走向社会的他,还不忘给那些挣扎在就业困境中的大学生们一些鼓励和勇气。针对现在大学生就业难的困境,李海洋说:"创业本身就是就业,是就业的高级阶段。创业成功,可变被动就业为主动创业,有效缓解当前的就业压力。""行动力十分重要,决定创业就放手去干。"他认为,成功没有捷径,一定要有信心、恒心和人脉,在兼职中学会整合资源,识别创业机会,并要坚持到底。

1.4 创新创业实战

1. 实战项目

创业者采访。

2. 项目描述

通过互联网查找感兴趣的创业者与创业项目,了解创业者故事,讲述创业者故事,用PPT

做分享。

为什么选择创业？为什么选择这个创业项目？

在创业过程中遇到哪些困难？如何克服困难并取得成功？……

3. 学生作业

课下准备，课上分享。

1.5　总结与提高

我的收获：_____

还没解决的问题：_____

需要改进的地方：_____

其他：_____

拓展阅读

项目2　不确定性时代与创业思维

——创业者是如何思考的

学习引言

创业者与我们并没有任何不同,并没有相关科学研究表明,创业者要比不创业的人更加聪明,但他们确实比一般人更善于应对不确定性,更善于在一个充满不确定性的环境中解决问题。向创业者学习,我们不需要关注他们的基因,这点我们无法控制,我们需要向他们学习如何在不确定性环境中看待问题,应对挑战,解决问题和突破困境。让我们戴上创业者的眼镜,看看创业者是如何看待这个世界的!换个角度看世界,也许会有更多不一样的发现。

学习目标

知识目标:了解效果逻辑创业理论。
能力目标:在不确定性环境下,培养创造性思考和行动的能力。
素质目标:在不确定性环境下,能像创业者一样思考和行动。

问题导航

(1) 为什么创业者要比其他人更善于抓住机会和创造机会?
(2) 创业者是如何看待消极意外的?
(3) 创业者是否都具有比较高的抗风险能力?

2.1 创新创业知识链接

2.1.1 创业思维

创业思维通俗地讲就是专家型创业者的思考方式,是应对外部世界"不确定性"的一种思考方式。效果逻辑、设计思维和精益创业等都属于创业思维。

下面介绍一下专家型创业者。专家型创业者的定义来自认知科学——专长的研究。在美国弗吉尼亚大学达顿商学院教授萨阿斯·萨阿斯瓦斯的研究中,她对专家型创业者的定义是:一个创业专家至少有15年或更长的时间来创办和经营多家公司,包括成功和失败的公司,而且至少有一家是上市公司。

2.1.2 具备创业思维的表现

走在创业这条道路上的人很多,但最终成功的人却寥寥无几,其中一方面原因是缺乏足够的创业思维,或者创业思维过于固定,不够活跃。因此,在创业之前不妨先去锻炼以下思维。

(1) 有了创意或想法,利用现有资源快速行动。

(2) 在行动中不断整合资源,吸引更多的人加入进来。

(3) 根据可承受的损失而不是预期收益来决策与行动。

(4) 进行多次尝试,调整优化,不断接近目标的策略。

(5) 把行动中的意外事件看成"试验""试错"。

(6) 把激情当作行动的动力。

2.1.3 效果逻辑理论

效果逻辑理论是创业思维的一种,该理论由美国弗吉尼亚大学达顿商学院教授萨阿斯·萨阿斯瓦斯提出。萨阿斯·萨阿斯瓦斯师从诺贝尔经济学奖得主、决策学派代表人物赫伯特·西蒙。萨阿斯·萨阿斯瓦斯擅长开展实验研究,她通过对成功创业者所做的实验和访谈,总结出创业者的思维模型,提出了效果逻辑理论,并将提炼的六个决策要素总结为效果逻辑的五大原则(即如何进行卓有成效创业的五个原则),分别说明如下。

1. 手中鸟原则——现在就开始行动

大部分人想要创业,可能一开始想到的是:我没有钱,没有技术,没有人脉,等等。如果创业专家试图创建一家新企业,他们会想:我有什么?他们会从自己掌握的资源出发去思考问题。这些资源可以分为如下三类。

(1) 我是谁:包括个人特质、兴趣、能力。假如要创业,就要明确你有哪些可以利用的性格、爱好、技能等,这些将给予你无与伦比的竞争优势。

(2) 我知道什么:包括你的教育背景、所受的训练、培训经历、专业知识、个人经验、专长等。想一想你所知道的,比如你从独特的人生经历中获得的经验。每个人都因自己的经历而有不同的知识储备,这也能解释为什么两个创业者出发点相同、环境相同,但所创建的企业却大不相同。

(3) 我认识谁:主要指人际关系网(图2-1)。在你的人际关系网中,有哪些人可以帮助你在创业时将创意付诸行动?创业者通过建立利益相关者关系网来创建企业,把他人所掌握的资源和自己所掌握的资源结合起来。建立这样的关系网需要有三个利益相关者来源。第一个来源就是那些与你可以直接接触到的人,如朋友、家人和同学等;第二个来源是你因偶然或意外无意中遇见的人;第三个来源是和你并不直接认识,但可以通过你认识的人建立联系的人。

图2-1 人际关系网

结合以上三类资源,创业专家开始思考都有哪些可能性并付诸行动。在大多数情况下,他们会从最具可行性的资源出发,创建规模较小的企业,而且在几乎没有精密计划的情况下直接将创意付诸实施。每一次实践所产生的结果都会被重新组合。开始创业行动之前,我们可以询问"我是谁""我知道什么""我认识谁"这三个问题,通过询问这三个问题,快速清点自己拥有的关键资源。我们可以利用表2-1的个人资源清单表来梳理手中所掌握的资源。

表2-1 个人资源清单

我认识谁	我知道什么	我是谁
我的通信录(微信、QQ、微博)	我擅长的专业知识和教育背景	品味、价值观、个人偏好
同学、校友	工作中学到的知识	激情
偶然认识的人	生活中获得的知识	爱好
生活中出现的陌生人	非正式学习,兴趣爱好	兴趣

总的来说,手中的资源告诉你可以从低成本出发,你所掌握的资源或工具手段构成了你的竞争优势的基础。当你将手中的资源运用于实践中时,创办一家新企业就不再是令人难以置信的冒险行为,而是在日常生活的可能性和约束下你可以做到的事情。你可以在任何时候着手创

建新的企业,现在就可以开始。

2. 可承担损失原则——能承担的最大损失

很多人创业是因为看到了未来潜在的、可能的巨大收益,在这个不确定的"甜头"的驱动下,开展自己的创业活动。开发某种新产品的经理也会分析市场,选择能带来最大收益的领域。然而,真正的创业专家,他们思考的逻辑恰恰相反,在决定是否要投入资源开展创业之前,他们并不预期最大收益,以及依据最大收益做决策,而是依据最大损失进行决策。他们要思考和决定的是:可以接受失去什么,而不是期望得到什么。

3. 疯狂的被子原则——建立合作关系

专家型创业者往往在一开始不能完全确定自己想要做什么,但是他们认为这是值得做的,同时他们也不会投入任何超出他们能承受的损失。所以,他们要去和任何一个人或每个人沟通,寻找那些自愿参与这一过程的人。这就是疯狂的被子原则。事实上,我们不太确定谁会是我们的利益相关者,有可能是我们的客户,也可能是我们的投资者,还可能会是我们的首席技术官,但我们不太知道都会是哪些人。所以,我们想办法跟任何想和我们合作的人合作。就像一床碎布缝成的被单,所以叫疯狂的被子原则。

4. 柠檬水原则——利用偶然性

柠檬又酸又涩,大家都不爱,但是如果把它变成酸酸甜甜的柠檬汁,将大受欢迎,这就是柠檬水原则。该原则告诉我们,如果我们不幸拿到了一个酸柠檬,把它榨成柠檬汁就好了!这也是创业者必备的核心能力之一:将不可避免的意外(偶然事件)转换成收益。

面对偶然事件,有三种不同的回应方式。第一种是适应式回应,指改变自己去适应偶然事件;第二种是英雄式回应,指按照自己的偏好来改变世界;第三种是创业式回应,它将偶然事件看成资源,或是创业活动输入。图2-2给出了创业式回应应对偶然事件的过程。

图2-2　从偶然事件到创新结果的路径

创业精神的一个显著特征是创业者对待偶然事件的方式,偶然事件对创业来说应该是资源性的。通过将偶然事件作为创业过程的输入吸纳进来,可以利用偶然事件(可能是"好"

的，也可能是"坏"的）。创业者不仅要懂得如何应对和处理偶然事件，还要善于利用它们。表 2-2 列举了 7 个偶然事件是如何转变成为创新的结果的。

表2-2 无论积极还是消极，偶然事件都是资源

公司	偶然事件	改变了的资源	新的商机	创新的结果
未预料的事件				
Zopa	2009 年金融危机	信贷市场受阻	发展个人借贷（P2P）	在新的领域得到发展
美国创业教育指导基金会	被市中心的青少年打劫	个人的恐惧	采取行动克服个人恐惧	在衰落的市中心区成为高中教师
未预料的信息				
Silly Putty	制造合成橡胶失败	具有柔韧性的灰泥	制作一种新的玩具	创造出延续了 60 年的产品
Contour	摩托车后视相机的需求有限	用相机"自拍"的使用方式	运动相机	摄影机的巨大市场
Ralitex	铁路短程运输生意损失	认识到铁路短程运输生意失败的原因	做管理咨询工作	创造了铁路短程运输的新商业模式
史泰博	无法方便地买到办公用品	了解到对小公司来说，它们无法买到办公用品	向小公司卖办公用品的机遇	建立史泰博办公用品零售连锁店
未预料的人				
本田	西尔斯百货想要销售本田的轻便摩托车	未预料到该领域的需求	销售轻便摩托车	进入美国市场

不管你将来是否创业，都一定会遇到偶然事件，你逃也逃不掉。对偶然事件的创新利用是创业者必备的技能之一。你需要找到从偶然事件中探索学习并将它们作为新的工具使用，以及考虑方向发生根本变化的方法。

5. 飞机上的飞行员原则

历史是人类选择去做的事情的结果。历史是可以塑造的，未来也是可以塑造的，我们生活的环境可以通过我们的行动来塑造。它实际上是能被共同创造的。所以，飞机上的飞行员原则是要学会把任何人都看作未来的共同创造者。这架飞机上是没有乘客的，每个人都有可能成为副驾驶员。所以，你进入了一种塑造未来的心态，塑造你要去的目的地，只要目的地并不是已存在的。你的飞机必须满载飞行员和副驾驶员。

2.2 创新创业课堂实践任务

任务一：意外成就清单

任务描述：消极的意外像柠檬一样，又酸又涩，令人望而生畏。每个人都难免在自己的人生路上遇到几个"柠檬"。当遇到"柠檬"时，对它我们除了避而远之，还可以尝试把它变成好喝的柠檬汁。回忆一下你过去的经历中所遇到过的"柠檬"，以及有哪些"柠檬"最终

是转变成好喝的"柠檬汁"的。请在表2-3中列举出促进你成长的三个"柠檬"（消极意外事件）。

表2-3 意外成就清单

序 号	我遇到的	在这个过程我做了什么	转化成的
1			
2			
3			

任务二：清点你的资源

任务描述：很多人在开始创业之前,会苦恼自己缺乏资源,会问："我从哪里找钱来资助这件事？""我怎么获得其他人的支持？""我缺乏技术怎么办？"其中一部分人会觉得自己资源不够而放弃创业想法,一部分人会想等资源都准备好了再开始创业行动,而真正擅长创造性行动的创业者不会等资源都准备好了才开始行动,他们不太会问自己没有什么,而是会问自己拥有什么。他们会基于已有的资源开始创业行动,他们喜欢尽快地开始行动,最好是马上就可以行动。请向善于创造性行动的创业者们学习,清点你现有的真实存在的所有资源。

（1）关于"我是谁"。自我意识是关键,创业者需要知道自己是谁,想要什么,以及不需要什么。当问自己"我是谁"时,可以帮助你了解自己是一个什么样的人。询问并思考的结果是,你知道自己想要做什么,以及不想做什么。不过很多时候我们并不是最了解自己的人,我们并不了解自己的优势和劣势,这个时候不妨邀请身边的人分享对自己的看法,比如我们的老师、家人和朋友等,他们的观点不一定对,但是也许他们比我们自己更容易看到自己的优缺点。

我是谁？你拥有哪些可以在创业时利用的性格、品味、技能、喜好等。

（2）关于"我知道什么"。问问自己,在以下方面你知道什么：专业方面、曾经接受过的培训方面、个人拥有的特长。可以尝试问以下几个问题：我有哪些能力倾向？优势表现在哪里？我在学校学到的哪些东西可以帮助我？

我知道什么？包括你的教育背景、培训经历、经验、专长等。

课堂随笔

(3) 关于"我认识谁"。思考一下自己认识的人。为了帮助自己更加全面的梳理,可以根据分类列出自己所认识的人。比如个人方面的、社会方面的、专业方面的,等等;又或者物质富有的人(需要投资可以找这些人)、乐于助人的人、富有创意的人、敢于冒险的人等。

> 我认识谁?在你的人际关系网中,哪些人可以帮你将创意付诸行动?

任务三:估算可承受损失

任务描述:有两个选择,其中一个来自风险投资人,另一个来自你父亲的朋友——都要求你投入大量资源。现在我们从以下角度认真思考这两个方案有何不同。

★ 你的时间承诺。

★ 你的信誉。

★ 你的机会成本。

★ 你的知识。

★ 你的情感承诺。

★ 如何衡量这些?你如何决定什么构成了合理的投资水平?这些都是很主观的自我评估,并且会随着时间的变化而变化,就像有形成本一样。

★ 每个选择都有哪些潜在风险?

★ 我们假设你选择了风险投资的选项,这里有一些可能的情景:

➤ 根本没有预料中的市场,风险投资人从公司撤资。

➤ 有市场,但风险投资人控制了公司,把你解雇了。

➤ 你跟风险投资人合不来,而你又无法买断她所持有的公司股份。

➤ 每年卖出 25000 台设备,只够维持收支平衡,公司半死不活,你不得不收拾这一烂摊子。

★ 假设你决定和父亲的朋友合作,以下是你要考虑的情景:

➤ 你没能在最后期限前完成,导致你父亲的朋友损失了一个礼拜的产值,从而使对方对你的父亲感到非常不满。

➤ 你交的货有瑕疵,结果导致一位雇员受伤。

➤ 该方案的执行成本是你预计的 2 倍。

➤ 就在你和你父亲的朋友合作时,一家新公司发布了和你的产品非常相似的产品,并取得了巨大的成功。

以上哪种情况最糟糕?为什么?哪些在你的掌控之中,哪些不在?在每种情况下,你接下来会怎么做?

用以上方式开始整理这些问题,是估算可承受损失的第一步(表2-4)。

表2-4 估算可承受损失

类别	风险投资人	父亲的朋友
时间		
信誉		
机会成本		
知识		

(资料来源：斯图尔特·瑞德，等.卓有成效的创业（原书第2版）[M].李华晶，等译.北京：机械工业出版社，2020.)

2.3 拓展阅读

我认识谁：六度分离原则

1967年美国社会心理学家米尔格伦（Stanley Milgram）提出了一个"六度分离"理论。

简单地说，该理论认为在人际交往的脉络中，任意两个陌生人都可以通过"亲友的亲友"建立联系，这中间最多只要通过五个朋友就能达到目的。

2001年哥伦比亚大学社会学系的一个研究小组开始在互联网上进行这个实验。他们建立了一个实验网站，终点是分布在不同国家的18个人（包括纽约的一位作家、澳大利亚的一名警察以及巴黎的一位图书管理员等），志愿者通过这个网站把电子邮件发给最可能实现任务的亲友。结果一共有384个志愿者的邮件抵达了目的地。

"六度分离"理论告诉我们，通过你的关系网和你认识的人的关系网，你能够接触到世界上的任何人，我们每一个人要充分相信和利用自己的人脉（图2-2）。

(资料来源：https://baike.so.com/doc/6722318-6936401.html.)

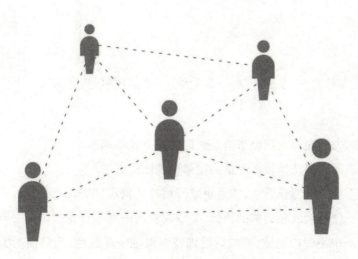

图2-2 "六度分离"理论示意图

我知道什么：走廊原理

在特定产业中的先前经验有助于创业者识别出商业机会，这被称为走廊原理。它是指创业者一旦创建企业，他就开始了一段旅程，在这段旅程中，通向创业机会的"走廊"将变得清晰可见。

走廊原理强调经验和知识对于个体发现和把握创业机会有着十分重要的意义，创业的道路就像一条走廊，当你跨步进入走廊，沿着走廊向前进，你才知道走廊中有什么。随着你的移动，你获得了知识和洞察力，拥有经验和知识会使创业机会在你面前变得更加清晰可见。

一项技术→八位创业者→八种不同的想法

每个人都因自己独特的经历而拥有不同的知识储备，每个人都是不同的。因此，就算创业者们的出发点相同、背景相同，但是他们创建的企业却不相同。

一项研究表明：在3D打印技术刚刚被麻省理工学院开发出来的时候，就有八位创业者在寻找将该技术商业化的方法。这八位创业者都是从直接参与技术开发的人员那里打听到的3D打印技术。他们都没有与麻省理工学院技术许可办公室联系，彼此之间也没有联系。但最惊艳的事情就在于，每位创业者都对3D打印技术提出了不同的处理办法，这些不同的想法与他们各自拥有的知识或个体的不同经历息息相关。

(资料来源：斯图尔特·瑞德，等.卓有成效的创业（原书第2版）[M].李华晶，等译.北京：机械工业出版社，2020.)

2.4 创新创业实战

1. 实战项目

棉花糖塔大战

2. 准备材料

每组20根意大利面、一个棉花糖、一米的线、一米的胶带、尺和剪刀。

3. 游戏规则

（1）仅使用意大利面和棉花糖来搭建最高的独立式结构。

（2）从桌底表面到棉花糖顶部测量高度最高的团队获胜。

（3）测量时不能支撑棉花糖塔，如果手拿开后棉花糖塔倒塌，则算失败。

（4）整个棉花糖必须放在结构的顶部，减少或食用一部分棉花糖则失去资格。

要求：限时一个小时内完成，完成后给棉花糖塔拍一张照片，测量棉花糖塔的高度（从桌底表面到棉花糖顶部），将成果上传到云班课。

2.5　总结与提高

我的收获：_____

还没解决的问题：_____

需要改进的地方：_____

其他：_____

拓展阅读

项目3　创新思维方法
——掌握创新

> **学习引言**
>
> 　　什么是创新思维？创新思维是指以新颖独创的方法解决问题的思维过程，通过这种思维能突破常规思维的界限，以超常规甚至反常规的方法、视角去思考问题，提出与众不同的解决方案，从而得到新颖、独到、有社会意义的思维成果。
>
> 　　不管是社会问题、企业管理问题、科学研究问题还是工程问题，都可以把寻找解决方案的过程看作一个创新设计的过程，进而可以利用创新思维的原理找出适宜的解决方案。那么经过几十年的发展，如今创新思维是如何在我们的生活中发挥作用？创新思维无处不在，现在智能信息化技术领域、产品设计领域、服装设计领域、公共设施实际领域、艺术设计领域及商业领域等都在强调创新思维。
>
> 　　产品是由匠人制造的。欧式风格的椅子可以说是传统工艺的代表性产品，匠人在制作中充分考虑了椅子的舒适度和美观性，使这类椅子非常适合用在接待宾客的场合，但是欧式古典椅一般比较笨重，制作成本高，不太符合人们日常家居使用的需求。1956年伊姆斯夫妇设计了家居史上第一个大规模生产的塑料椅子——Eames塑料椅，该塑料椅使用了具有良好刚性、耐用性且易于成型的材料制造，很好地满足了日常家居环境中人们对椅子的易组装、低成本、轻便灵活的诉求，如图3-1所示。
>
> 　　它的模块化设计允许用户自由更换各种不同的基座，进而可以适应用户不同的使用场景。这个椅子推出后大获成功，伊姆斯的成功彰显了产品满足用户真实需求的重要性。从此之后越来越多的公司开始推崇这种以人为本的设计理念，这也要求设计师们需要关注用户的本质需求。
>
> 　　作为新时代大学生，我们应该如何结合所学专业，运用创新
>
>
>
> 图3-1　Eames塑料椅

思维进行技术、文化、艺术、人本、商业等方面的创新以及设计？我们需要经过洞察需求、理解问题定义、思维发散、原型设计、模型迭代、成果发布等环节，方可将我国创新领域的研究成果与国内创新思维前沿成果相结合，跨学科、跨领域、跨国界，面向国家和地区发展的真实需求，提升大家的创新创业能力。下面学习创新思维方法，解答心中的困惑，提升自身的创新能力。

学习目标

知识目标：了解创新思维概念，明晰创新思维产生的基本条件。

能力目标：理解创新思维的本质，掌握创新思维方法。

素质目标：培养科学探究的精神，最终达到先学习、后领悟、会创新的目的。

问题导航

（1）为什么要创新？

（2）创新思维方法有哪些？

（3）如何结合所学专业进行创新？

（4）怎样突破自我，设计出创新性的项目？

3.1 创新创业知识链接

3.1.1 创新思维本质

创新思维从本质上讲就是摒弃旧有识别判断，构建新的识别判断，从而能比过去更好地指挥人的行为。由于创新思维与原有思维的对象是不变的，因此要摒弃旧有识别就不得不摒弃旧有认知模式，是一种以新颖独创的方法解决问题的思维过程。创新思维的本质如下。

1. 联想性

联想是将表面看来互不相干的事物联系起来，从而达到创新的界域。联想性思维可以利用已有的经验创新，如我们常说的由此及彼、举一反三、触类旁通，也可以利用别人的发明或创造进行创新。联想是创新者在创新思考时经常使用的方法，也比较容易见到成效。

能否主动、有效地运用联想，与一个人的联想能力有关，然而在创新思考中若能有意识地运用这种方式,则是有效利用联想的重要前提。任何事物之间都存在着一定的联系,这是人们能够采用联想的客观基础,因此联想的最主要方法是积极寻找事物之间的一一对应关系。

2. 求异性

创新思维在创新活动过程中,尤其在初期阶段,求异性特别明显。它要求关注客观事物的不同性与特殊性,关注现象与本质、形式与内容的不一致性。

英国科学家何非认为:"科学研究是设法走到某事物的极端而观察它有无特别现象的工作。"创新也是如此。一般来说,人们对司空见惯的现象和已有的权威结论怀有盲从和迷信的心理,这种心理使人很难有所发现、有所创新。而求异性思维则不拘泥于常规,不轻信权威,以怀疑和批判的态度对待一切事物和现象。

3. 发散性

发散性思维是一种开放性思维,其过程是从某一点出发,任意发散,既无一定方向,也无一定范围。它主张打开大门,张开思维之网,冲破一切禁锢,尽力接收更多的信息。可以海阔天空地想,甚至可以异想天开。人的行动自由可能会受到各种条件的限制,而人的思维活动却有无限广阔的天地,是任何别的外界因素难以限制的。

发散性思维是创新思维的核心。发散性思维能够产生众多的可供选择的方案、办法及建议,能提出一些独出心裁、出乎意料的见解,使一些似乎无法解决的问题迎刃而解。

4. 逆向性

逆向性思维就是有意识从常规思维的反方向去思考问题的思维方法。如果把传统观念、常规经验、权威言论当作金科玉律,常常会阻碍我们创新思维活动的开展。因此,面对新的问题或长期解决不了的问题,不要习惯于沿着前辈或自己长久形成的、固有的思路去思考问题,而应从相反的方向寻找解决问题的办法。

5. 综合性

综合性思维是把对事物各个侧面、部分和属性的认识统一为一个整体,从而把握事物的本质和规律的一种思维方法。综合性思维不是把对事物各个部分、侧面和属性的认识随意、主观地拼凑在一起,也不是机械地相加,而是按它们内在的、必然的、本质的联系把整个事物在思维中再现出来的思维方法。

创新思维的定义.mp4

3.1.2 创新思维产生的基本条件

1. 知识储备丰富

知识经验的储备对创新思维的影响作用是显而易见的,随着科学技术的飞速发展,新的知识层出不穷,无知和少知都是创新思维发展的巨大障碍。当然这里的知识与平时的理解有所不同,除专业知识外,还包括创新思维原理与方法、专业知识中的创新思维。

(1)创新思维原理与方法知识。通过对以往大学生发展创新思维时基本经验的归纳总结,提炼出发展创新思维的基本原则、规律、实施步骤和方法,形成系统的具有特定概念和范畴的理论体系,从而使大学生了解和掌握创新思维所需要的机理知识、创新技能和方法以及相关的心理知识,因其较为全面和系统,是大学生创新思维知识储备中的主体内容,居于核心地位。

(2)专业知识中的创新思维知识。对创新思维基本规律的认识也可以通过对专业知识中的创新思维知识的探索来掌握。各门专业知识本身就内在地包含着逻辑思维方法论方面的知识,这必然包含着创新思维,既然创新思维可以具体体现和应用于社会科学和自然科学中,那么社会科学和自然科学也就内涵创新思维,专业知识便可视为创新思维的结晶。大学生通过储备专业知识,便可了解专业知识中创新思维的产生及其发展的内在关系,懂得创新思维在社会发展中的功能和价值,从而激发他们发展创新思维的愿望,有利于自身创新思维的发展。

知识储备尤为重要,它在大学生创新思维发展中应处于基础地位。当然,知识储备不仅有量上的要求,还有质上的要求,质就是知识结构。

2. 知识结构活化

知识结构有人类知识结构与个体知识结构之分。人类知识结构是指人类总体科学知识的集合,是一种按类型、范围和层次等主观标准规范化、系统化了的知识体系,而个体的知识则是指个体自己已经存入脑内的组织化了的知识体系,是人脑内认知结构的一部分。此处所谈的知识结构仅指个体知识结构。

个体知识结构在大学生的创新要素中居重要地位,是信息存储系统中的主要组成部分,对创新思维活动起着基础性的作用,是思维操作系统的活动空间。如何评价知识结构的好坏,即对创新思维影响的大小,此处提出三条标准以供参考(图3-2)。

图3-2　知识结构的三条标准

(1)深度:个体掌握知识的深浅程度,是人认识客观世界深入程度的重要标志。总地说来,随着科学的进步,人类对客观世界的认识和了解也越来越深。但是深度并不是在每一名大学生身上得到反映,或者说反映程度不同,这就需要用深度这一指标来完成。

(2)广度:个体掌握知识面的程度,是人类认识客观世界广泛程度的重要标志。广度与深度相辅相成,不是对立的,知识的深化有可能扩展广度,同样知识越丰富越可能带动人的更深入的认知。对个体而言,知识结构当然又深又广好。

(3) 畸变度:人类的科学知识体系是客观世界规律性的记录,是确定性的。而个体的知识体系结构只能看作是人类科学知识体系结构在人脑中所形成的映射,个体的知识结构在映射的过程中可能发生畸变。用知识结构的畸变度可刻画知识结构的好坏。知识结构畸变度严重者,其思维活动就可能出现问题。

知识结构的深度、广度和畸变度是评价知识结构好坏的静态标准。知识结构能否在创新思维发展的过程中发挥其应有的功能,主要与活化程度有关,即知识结构好坏的动态标准。知识结构的活化标准与活化方法有关。知识结构的活化方法是与知识结构的强化法和弱化法相比较而存在的,通过深入理解、消化和掌握知识的内容,从中挖掘出潜在的创造性因素,用于指导思考过程的方法。知识结构的活化很大程度上依赖于人的思维方式的转变,为此要讨论思维方式的问题。

3. 思维定式弱化

思维模式是人在思维操作活动中已经形成了的定型化了的样式,是思维内容与思维方式的统一。人们通过长期的学习和实践,不仅形成了逻辑规范,而且在此基础上还根据以往的知识和经验,形成一定的知识结构和思维方式。

人总是利用已经形成的思维模式去认识当前事物的,但对于创新思维而言,其形成的基础往往有依赖于对原有思维模式的突破。显然,思维模式如果不能及时转换,就会有碍于创新智能的形成,而这种障碍主要是思维定式,是一种沿着习惯化的、固定的思路去思考问题的思维模式。思维定势在不同的大学生身上以及不同阶段的表现形式可能很不一样,而这些思维定式对创新思维的发展起着障碍或限制的作用。大学生常出现三种思维定式形式:逻辑思维定式,表现为逻辑至上,生怕越轨;确定思维定式,表现为唯书至上,迷信权威;求同思维定式,表现为循规蹈矩、墨守成规。

思维定式对于创新思维而言是极为有害的,从创新思维所需求的思维操作特点来看,在寻求问题的解决方案时,特别有价值的思维方式是辩证思维。如果思维定式比较严重,势必会抑制辩证思维的展开,因此可以说思维定式是创新思维的大敌,必须加以清除。但大学生在长期的学习实践中,无休止地重复和千篇一律随处可见,久而久之便使人的思维落入了俗套,形成定式在所难免。这就需要使大学生已经形成的思维定式弱化,一般可以从以下几个途径入手:学习创新方法,扩大思维空间,开展思维训练,培养创新品格。在这四个途径中,创新品格尤为重要,因为人一旦具有较好的创新品格,就可执着地追求创新目标。

4. 个性品质优化

心理学关于创新的最新研究成果表明:创新是一种认知、人格、社会层面的综合体,是知、情、意的统一,它涉及人的心理、生理、智力、思想、人格等诸多方面的基本素质。从知识、能力和素质三者的关系来看,大学生具有相对稳定的个性心理品质,并充分认识自身的心理情况,可以有效地发展创新思维。

这里个人品质是指个性心理,即一般所提及的创新型人格。创新型人格是指具有创新活动倾向的各种心理品质的总和,是创新的内在根据。创新思维的形成和发展以创新人格的培育为基础,创新所需要的个性品质很多,此处主要讨论传统教育涉及不足的非智力方面,它们有利于创新,能通过主观努力而形成,主要包括自觉和独立、兴趣和好奇。

自觉是主体的一种高尚品质。只有自觉地去创新,才能发挥其主观能动性,才能在遇到困难时无畏无惧,创新者有了高度的自觉性,就会自我约束,在发展创新思维的过程中自觉克服一些消极影响。一般情况下,自觉性强的人的独立性也不会太弱。爱因斯坦曾经说过:"发展独立思考和独立判断的能力应当始终放在首位,而不应当把获得专业知识放在首位。"这可以说是对独立性的肯定。独立性即独立自主及主体意识中有独立人格,包括精神上独立、思考上独立、行动上独立,也表现为凡事都有自己的见解、自己的主张,从而很有主见,具有批判精神、探索精神以及创新精神。创新在某种意义上就是独立,创新精神作为一种自觉的、积极的、稳定的心理倾向,它的形成、存在和发展都需要独立人格作为基础。

兴趣是一个人对一定事物所抱的积极态度,是人们钻研、创新的内驱力。好奇心指外界环境作用于人的感官所引起的异常兴奋和大脑的新鲜感,并由此能动地引导和驱使人们为之产生一系列的探索行为。心理学家认为,好奇心是产生兴趣和求知欲的基础,孕育着思考和探索,对于创新活动起着重要的作用,一个大学生对外界事物缺乏好奇心,缺乏兴趣,是不可能产生创新的灵感和动力的。

创新活动是艰难多于轻松的活动,本质上就是一种艰苦的探索过程,思路上的死胡同比比皆是,碰壁和挫折在所难免,这就必然会引起心理上的焦虑、烦躁和不安,反射到机体上便会引起疲惫和怠倦,此时如果没有良好的心理素质,创新活动就会止步不前,这就要求大学生必须具备良好的心理素质。

产生创新思维的条件.mp4

3.1.3 创新思维的设计方法

1. 创意发想法

创意发想法是在一张纸上把关键词写在中央,由此展开发散式的联想(欧美国家称为game)。用一张纸、一支笔在纸中央确定一个主题,结合头脑风暴法,可以产生各种联想,像树枝一样发散出去。欧美把它作为脑生理研究,是能力开发的一种方法,在学校教育中也广泛运用。例如做一个策划,按照一般的方式思维,即写上一个主题,根据顺序把所想的问题写下来,直到想不出创意为止。但是,如果把它置于纸中央,采用360°发散形式,就不会约束思维,在形成大量创意思维后,再进行分类整理,这样就形成了树形图像,在这一过程中会有一些意想不到的创意产生(图3-3)。

图3-3 创意发想法

2. 头脑风暴法

在创新思维方法上,一个重要的方法就是头脑风暴法。头脑风暴法是一种依靠直觉生成概念的方法,它注重产品的功能与结构,团队成员用语言在规定的时间内进行交流。在起初的头脑风暴会议中,所有的团队成员应该头脑开放,没有约束,这时没有必要严格执着于产品的特征,而应该着重于产品的功能需要。

头脑风暴总的目标是取得几条可以成为琐碎的设计问题的设计原则,理想情况下,这个做法不会漏掉任何解决方法。当然,这种全面性的要求永远不会被满足,但团队可以竭尽所能。头脑风暴法首要的优势在于能够把许多个人的努力联合起来,产生出一些个体不会产生的想法,利用这种差异性可以快速地创造许多高端的解决方案。这个方法也有一些弊端。"正确观念"可能不会在"正确的时刻"出现,这是一件不确定的事。集体会议可能会跑题,或者约束原创的想法,整个团队可能会被错误地关注引导而误入歧途,或者某些团队的成员会主导这个讨论。同样,如果团队被召集起来,参加某个设定的讨论,可能不会对新的想法保持开放态度。这种情形可能只会接受已知的解决方法,是一种自我预言式的结果。尽管有这些劣势存在,头脑风暴法仍是一种非常强大的生成概念的工具(图3-4)。

图3-4　头脑风暴法

3. 奥斯本检核表法

奥斯本检核表法是针对某种特定要求制订的检核表,主要用于新产品的研制开发。奥斯本检核表法是指以该技法的发明者奥斯本的名字命名,并用于引导主体在创造过程中对照问题进行思考,以便启迪思路,开拓思维想象的空间,促进人们产生新设想、新方案的方法,主要面对9个大问题:能否他用,能否借用,能否改变,能否扩大,能否缩小,能否代用,能否调整,能否颠倒,能否组合,奥斯本检核表法的9种类型如图3-5所示。

图3-5 奥斯本检核表法的9种类型

4. 属性列举法

属性列举法是1930年美国内布拉斯加大学的罗伯特·克劳福特教授（Robert Crawford）提出的一个方法。企业在制造商品的时候，小的饮食店、连锁店、商业网点都可以使用。对商品的形态、功能、材料等属性点进行列举，然后考虑每个属性点改变的可能性，如商品的改良、商品的系统化等。这种对商品属性的列举有助于思考。当时在日本有一个产业能率大学，其创立者上野阳一先生大力倡导这种属性分类。他把属性分为三类，即名词的属性，如部件、材料、制造方法等；形容词的属性，如性质、状态等；动词的属性，如功能等。表3-1是采用属性列举法对眼镜的详细分析。

表3-1 眼镜属性列举

类别	部件	制造方法	性质	状态	功能
属性	镜片、镜架、螺丝、螺帽	焊接、成型、研磨、组装	轻的、重的、看得清楚的、看不清楚的	镜框变形、螺丝松动	矫正眼睛视力
改善点	眼镜鼻托一体化设计	隐形眼镜设计	抗菌材料	形状记忆合金使镜框自动复位	服装搭配

5. NM法

NM法（以中山正和氏姓名的罗马字首NM来命名），是从其他物件中得到启发并进行逻辑推理的发想法，是20世纪60年代中山正和氏的发明公司使用的方法。NM法对任何人来说都是一种很容易掌握的阶段化的创造性开发技法，其目标是提高人的直观判断力。发明家在面对难题进行苦思冥想的时候，忽然从偶然出现在眼前的东西或梦中出现的梦境获得灵感，成为解决问题的线索，这种传闻很多。例如，工业设计在做一个方案的时候，某个设计师突然想到某个很好的设计构思，而按正常思维去想，这种构思往往是很难想到的。开始时，看上去没有什么关系的事物和现象"直观"地与课题联系，于是就浮现出了意想不到的发想。NM法将这种现象称为"异质结合"，实施步骤如下：

第一步，找出关键词；

第二步，围绕关键词进行发散思维；

第三步，进行收敛思维；

第四步，抓住问题研究的关键要素，应用联想、类比等方法设想；

第五步，根据现有条件充分考虑成本，把上述设想引入研究对象中，进行可行性分析，确定

制造方案,以利于比较决策;

第六步,实施方案,验证设想。

任何困难的课题,大多数情况下,在自然界中都存在着解决的方法。问题是,如何直观地发现与课题没有直接关联但可以加以联系起来的解决方法。质结合的障碍是自己已经形成的概念、常识与逻辑。即使是想自由地进行发想,却往往仍然停留在自己的常识范围内,这样是决不会产生独创的想法和创意的。NM法将要解决的课题加以单纯化、明确化,再把创意想法阶段性地从课题中分离开,让想法有意识地从常识中跳出来,当飞跃到一定程度后,再回到课题中。

6. ZK法

ZK法（日本系统研究所理事长片方善治所创,故取其名字首字母的缩写）是从各种已知信息出发,把产生思想的联想的心理过程与实现这个思想的手段统一起来的开发创造性的方法。它首先从集体观察并找出混在大量事物中的目标开始,接着每个人按照自己的特点加以思考,然后又观察事物,再按照个人特点思考,这样反复进行,统一两者,来促使思想的产生。然后使这些思想观点相互交流,最后在实践中归纳整理。

这种方法就是把产生联想的心理过程与实现这种联想的手段统一起来,从而进行创新的一种方法。这种方法的程序是按照起、承、转、结展开的:"起"就是在诱导思想前决定联想的目标;"承"就是展开想象的翅膀,自由联想;"转"由第二阶段的思考转为集体的思考;"结"就是创造实践。

ZK法的主要特征:一是依靠个人反复思索、发散与收敛交互进行的方式展开创新思考;二是依靠个人思考与集体交流交互进行的方式促进联想。通过形成"发散—收敛—再发散""个人思考—集体思考—再个人思考""紧张—松弛—紧张""上升—下降—上升"的过程,从而实现由主观到客观,由理性到感性,由精神到物质,由特殊到一般,由个别到整体,由梦想到现实,由发现到发明的创新成果。

3.2 创新创业课堂实践任务

任务一：创意发想法创新思维实践

1. 任务描述

请发挥你们的想象,小组尽量多的提出玻璃杯的用途。

2. 实施步骤

（1）准备——A4纸和彩色笔（按照以下格式完成创意实践）。

（2）课题——主要课题。

（3）产生——根据课题产生副课题。

（4）关键词联想。

（5）对想法进行分组整理。

（6）筛选创意。

创意发想法课题：玻璃杯的用途

一、根据课题产生副课题

二、关键词

三、想法分组

四、筛选创意

任务二：奥斯本检核表法创新思维实践

1. 任务描述

结合所学专业知识，小组认为所学专业领域中最需要解决的问题，运用奥斯本检核表法进行分析，并提出新设想，填入奥斯本检核表法任务表 3-2 中。

表3-2　奥斯本检核表法任务表

奥斯本检核表法课题：_____ 专业方向：_____	
能否他用	
能否借用	
能否改变	
能否扩大	
能否缩小	
能否代用	
能否调整	
能否颠倒	
能否组合	

2. 实施步骤

（1）根据创新对象明确需要解决的问题。

（2）根据需要解决的问题，参照表中列出的问题，运用丰富想象力，强制性的一个个核对讨论，写出新设想。

（3）对新设想进行筛选，将最有价值和创新性的设想筛选出来。

任务三：NM法创新思维实践

1. 任务描述

结合所学专业，小组运用 NM 法，从文化创新设计角度设定研究课题，分析问题，并提出新的设想，按照以下格式完成课题实践报告。

2. 实施步骤

先准备好 A4 纸和彩色笔。

（1）按常理进行思考。在一些人一起进行讨论时，花些时间，按常理思考解决问题的方法。找到解决方法后，那么就按此方法去解决问题。如果按常理思考想不出好办法，就转而运用 NM 法。

（2）具体课题的定位。在按常理思考过程时，将问题进行分解、整理，设定要解决的本质问题。例如，能知道气压热水瓶中水量的装置，这时如果课题设定为制作"能卖的热水瓶"，则不妥当。

（3）提出关键词。将课题抽象化，提出一些单纯的关键词。写出表示课题本质的"动词""形容词"或者"名词"。例如，气压热水瓶中的"测量"可见、"告知"等。

（4）从关键词到问题类推。这一步就进入正式的发想阶段了。针对各关键词，思考有没有类似的东西，有没有相关联的事物，大量提出相类似的事物。NM 法将此称为问题类推。在提出问题时，不要拘泥于课题，这是关键。如"可见—烟雾""告知—电话"等，由此浮现出来的事物要大量地写出来。

（5）思考问题（QA）是什么起因，是什么东西，这些如何形成的，这些称为问题背景（QB）。例如，QA 为"烟雾"，QB 则为"火灾""黑的""上升气流"等。如此大量地写出来。在这里，直观很重要，不要使用专业术语。如果无法用语言表示，就用草图来表示。

（6）使用"问题背景"以得到解决课题的启示，例如，问题构想（QC）如何？问题背景对于解决课题能起什么作用？能给我们什么暗示？QC 思考时避免这个"不能使用"、那个"无价值"的思考方法。不管可行不可行，所有的 QC 都必须进行。尽可能多地提出方案，如果无法用文字表示，就用草图、示意图采表达。

（7）从 QC 中寻找金点子（闪光的构想），并加以整理、分析和讨论。将问题构想中涌现的方案，排列在桌上或贴在墙上。然后组织设计小组全员一起讨论，寻找金点子。如果找到了，以此为出发点，收集补充的构想以及能一起使用的构想，并整理发想的过程。

最后的设想方案确定后，就加以实践与验证，绝对不要害怕失败。如果害怕失败，那么尝试新的设想就毫无意义了，永远不会成功。万一失败，应分析失败的原因，分析结果作为下次新的设想的参考。

NM法创新思维实践课题：_____

专业方向：_____

一、关键词

二、问题类推

QA：思考问题

1. _____
2. _____
3. _____

QB：问题背景（QA 的起因）
1. _____
2. _____
3. _____

QC：问题构想
1. _____
2. _____
3. _____

分析讨论，确立金点子：
_____
_____

三、具体设想方案
_____
_____

四、评估、验证
_____
_____

3.3 拓展阅读

"设计梦想"需要坚持开拓创新

  创新是一个国家、一个民族发展进步的不竭动力。党的十九届六中全会通过的《中共中央关于党的百年奋斗重大成就和历史经验的决议》中将"坚持开拓创新"概括为党百年奋斗的十条历史经验之一，为全党在新时代进一步自信自强、守正创新提供了科学指引。

  瞿德刚于2012年7月毕业于广东职业技术学院服装艺术设计专业，是一名来自湘西大山的孩子。瞿德刚毕业后就职于广州美汀服饰有限公司，任服装设计师。对于来自湘西大山的孩子来说，在当地人眼里，毕业后能有一份稳定又光鲜的设计师工作，已经是很不错了。然而，就在一切都是那么稳定并且略有成就的时候，不愿意安于现状的他，2015年放弃了广州品牌设计师的工作，申请并获得了中法艾蒙时尚学院的全额奖学金，他又成为学生，进入中法艾蒙时尚学院学习来自法国法式的服装系统教育。

  他在学校期间参加了很多设计大赛并获得优异的成绩。2016年2月参加广东电视台与广东省人力资源主办的"技行天下－圣手天裁"服装设计师真人秀节目，历时2个月经过八期的比拼，荣获全国总决赛冠军，并获得前往意大利世纪卡罗服装学院进修资格。瞿德刚的作品一出现，瞬间轰动全场，观众的欢呼声、尖叫声不约而同，排山倒海。作品以绿色为主色调，凸显出海洋与沙滩的浪漫感觉，第一套作品展现的是一家三口在沙滩中度假的温馨场景，小女孩模特

课堂随笔

的出现成为全场的焦点,十分呆萌又略带委屈的小女孩吸引了全场观众的眼球,主持人更是对小女孩又爱又怜。提及采用小小模特的创意,瞿德纲说出了他的童年愿望,就是想和爸爸妈妈一起到沙滩上玩耍,但是由于父母太忙,这个愿望一直没有实现,为了弥补他小时候的遗憾,便把这个愿望融入他的设计里,设计出适合一家三口在沙滩上玩耍的亲子装。瞿德刚的作品最终得到了三位导师及各评审团、模特团的肯定,他们毫不犹豫地投出了自己宝贵的一票,最终以满分(6分)的好成绩结束了这期的比赛。瞿德刚还是一名在校生,他利用课余时间收集材料,在规定的一天时间内完成了设计,这对一名在校生来说是极大的挑战。但是瞿德刚敢于挑战,不怕艰难,因为他相信,付出会与收获成正比。同时,他也呼吁大家不要放弃心中的理想,只要勇于追求,那就已经成功了一半。

而在"工装与时尚"时装秀的比赛中,瞿德刚为父亲设计的"电焊工"工服也成为全场的亮点。四套服装创意与时尚并存,他设计了一套属于爸爸的电焊工服来感谢爸爸,饱含对父亲深深的爱。

除此之外,瞿德刚还参加过多届家居服以及魅力东方大赛,并获得第三届家居服金奖以及第四届魅力东方第三名。早在2013年的时候,"家居服设计"就已经进入了他的思想,发现自己越来越喜欢家居服,他就参加了首届家居服设计大赛,并且入围的第一个比赛就是首届家居服设计大赛,所以再次遇见,只是为了证明自己喜好并且可以做好。他说,家居服大赛每年的文化家居概念非常吸引自己,家居服以及魅力东方大赛这两个比赛最大的特点就是入围之后可以去企业制作,这一过程是真正最有实际意义的部分,可以近距离学习到更多专业的知识。

瞿德刚的荣誉还不仅仅是这些,2015年瞿德刚在"迪尚G.Revive"第十届中国时装设计大赛成果奖中荣获铜奖,同年在"雪仙丽"中国时尚家居新生活文化创意设计大赛中设计作品《苗岭馨情》荣获金奖;2016年在"魅力东方"中国国际内衣创意设计大赛中设计作品《塑·时线》荣获铜奖,同年在"乔丹杯"第11届中国运动装备(服装)设计大赛中运动装《篮球梦空间》荣获铜奖,在大连杯国际青年服装设计大赛"机造生活"荣获优秀奖。

瞿德刚2016年毕业于中法艾蒙时尚学院服装设计与制版专业、巴黎国际时装艺术学院服装设计与制版专业。他毕业后就出现了创立自己的设计工作室的想法,因为在艾蒙学习的时候,老师传授的都是关于独立设计师品牌设计与运营类的专业知识,因此奠定了他有能力做独立设计工作室的思想基础。瞿德刚认为工作是在做自己喜欢的事,用自己的梦想挣钱养活自己,虽然很俗,但是很幸福。瞿德刚从事过男女时装、童装、皮草、家居服、内衣等多种不同的服装品类设计,跨度很大,那时候他就想多接触一些不同的设计品类,了解不同的服装品类应该具备的款式、面料、色彩的需求,吸收各方面的经验。这也是后来做工作室,能够把工作室经营下来的一个支撑吧。他觉得创业之前的工作经历是梦想实现的基础,同时也是纯粹的为了生活!毕竟自己就是来自湘西大山的孩子,在当地人眼里,毕业后就不能再跟父母要生活费了。工作经历是对于梦想的实现,是纯粹的生活手段,也确实是有效的铺垫和基础!创业时期的他遇到的困难有很多,那时候压力也很大,最严重的时候,头发出现了斑秃。而父母不遗余力的帮助、经济上的扶持、好友对他的支持和鼓励,都是他最好的坚持!

后来瞿德刚觉得设计师需要沉淀,"90后"设计师更应如此。对自己这几年的成长与变化,时间和经历就是设计成长所需要的最好的感悟。经历过这些年的工作与学习,他觉得自己特别缺乏的是对"精神物质"的接触。因此,在2022年11月,他放下了自己工作室的工作,参加了国家艺术基金自贡扎染艺术创新人才培养的项目学习,跟随四川省省级民间扎染艺术张晓平大师、现代扎染蒋才坤教授系统学习扎染技艺,真正深入骨髓地学习民间艺术,学习自贡扎染技艺的点滴,学习中国民间传统工艺的内涵,真正体会何为中国匠人的"工匠精神"。在学习中他还通过对云南、贵州、江苏民间工艺的采风学习,由衷感受到中国民间传统文化的博大精深,由衷体会到民族的就是世界的!瞿德刚认为创新和学习更是一个设计师一辈子不应该放下的课题。作为一名优秀的设计师,首先应该具备良好的修养,较强的作图能力,对服装设计的面料、款式、色彩、工艺知识的掌握,最主要的是对市场的理解与把握。创新和学习更是一个设计师一辈子不该放下的课题。如何创新,如何结合市场,这是他在自己的职业生涯最困惑的问题。因为这不是由你的导师决定、你的评委决定,而是由广大的消费大众购买来决定的!设计师的产品都是需要被客户所接受的。产品如果没有被市场接受,也就同等于"废物"。他以前喜欢舒适、简单的后现代风格,而现在更喜欢民族的味道。

对于未来,瞿德刚将工作重点分为两部分:一是工作室培训部的壮大,要吸引更多优秀的人才加入自己的团队,做培训后,经常有很多没有任何服装设计基础的人来咨询做衣服,因此,他想让更多喜欢服装设计的人和爱好者可以学会设计和制作自己想要做的服装,把服装设计发展成为每个人都可以实现的生活的一部分;二是他现在在学习扎染,在2023年3月,他们的大团队会有一个作品展,那时候他也会推出自己的一系列关于扎染在服装服饰品作品中的系列设计展出。

作为一名创业者以及参赛多次的服装设计从业者,他自己用几十次的参赛经验来传授给大家一些学习方法:不能为了参加大赛而盲目参赛,而应把大赛作为学习的载体,同时感受设计意图。在学生阶段,实践的经历是非常重要的,参加大赛可实现从图纸到成衣的转变,从而提升服装专业学生对设计的理解。毕业设计是对大学四年学习成果的总结,大赛是提前预习如何总结设计。所以,在大赛和毕业设计上,他建议不要以任何的结果为目的,而是真正地以深入学习设计思维的方法为主线。同时要把文化创意和生活感受融入自己的设计作品的创意上来。而对于他的竞争对手,他说:"我不是你们的对手,我只是想来和你们做朋友。"在他看来,对手于他而言是用来相互切磋、相互学习提升自我的一种途径,而非用来比拼输赢的。

如果说创新创业有颜色,那么一定是中国红!

创新是整个人类社会发展的不竭动力。没有创新,就没有中国的进步,就没有中国的未来。习近平总书记指出:创新是一个民族进步的灵魂,是一个国家兴旺发达的不竭动力,也是中华民族最深沉的民族禀赋。在人类历史上,中华民族曾为人类文明进步做出过不可磨灭的贡献,这些进步和贡献的取得,正是中华民族勇于创新和善于创新的结果。

吴家豪是一名就读于广东职业技术学院原2014级(现2016级)的在校"老同学"。他不仅仅是一名新时代的大学生,还是一名退役军人,更是一名中共预备党员。

吴家豪说:"每一个当兵的,都有着一段快乐又悲痛的回忆,也对自己的军旅生涯有着一段特殊的感情。从坐着军车进入军营,四处张望。当班长喊集合,仓皇失措地放下背包,以不是十分正规的军姿站到班长面前,到带着一身伤疤退役,脱下卸掉军衔的军装,百般不舍。那些汗水流淌的记忆已封存在相框中,当闭上双眼就陷入无尽的回想:斗骄阳,战飞雪,使我们磨炼出坚强的意志和一个全新的自我,原来我也能如此优秀。

离开军营这么多年了,他的内心依然无法平静。那些画面已经无法重现,只是在夜里经常泛起涟漪,令人泪水滂沱。军人们的眼泪,又有多少人能够理解?一年接一年,所有事物都在变,唯一不变的是每年的今天。

岁月残忍地把我们吹散了,曾经的日记如同凋零的树叶,它不可能自己再重返树枝上。冬去春来,纵使阳光不能定格在脸上,但我仍相信,我的光芒会在黑夜中耀眼夺目。生命里有了当兵的历史,也不负此生。铁打的营盘流水的兵,伴随军号的余音,卸下了肩上的勋章。"

退伍不褪色的他,在国家大力号召创新创业的浪潮下,复学后便毅然投身创办了佛山市随便吧科技有限公司,成为一名红色青年创业者。带领校园新零售——随便吧团队,参加了"挑战杯——彩虹人生""挑战杯——创青春""第四届'互联网+'创新创业大赛""佛山市高明区双创大赛"等多项赛事,并荣获一等奖、三等奖、铜奖等,取得优异的成绩。同时成功入选由共青团广东省委牵头,联合广东省发改委、经信委、教育厅、科技厅等共12家厅局级单位共同发起"青创100"广东大学生创新创业引领计划,成为其100人中的一员,同时入选了佛山市高明区青创联盟。

吴家豪说:"创新创业的美丽不在于宽度,而在于深度,更在于温度。在信息量爆炸的时代,创新创业信息变的扑朔迷离,从小到大,传统教育给我们的都是成功的经验和正能量的案例,少有人告诉我们要学会去经历失败,更少有人学会去享受失败和困难,所以创新创业变得像是某些书本里或者朋友圈讨论话题里说起来的那么轻松容易,大部分人一毕业想到的就是创业,根本的原因,是因为真心想做好一件事,还是脱离了客观审视自我之后的无计划举动?创新创业,对于传统的零售业来说,能创业就已经很不容易了,创业从模仿开始,创新以创业为根基,业都没创,何来的新?离开了创业谈创新,谈模式,谈先进,是十分荒谬的。要说一定要将传统行业作出新的模式,并非不可能,但谈何容易?我们才疏学浅,年龄尚轻,生活阅历和社会经验都不足以支撑起新落地的创新挑战,唯有勤勤恳恳,脚踏实地,在摸索中前进,在稳重求进。"

吴家豪的创业项目是"夜猫盒子",一个致力于在消费升级趋势下的新零售项目,他们希望通过一个盒子重塑你的美好生活,打造一个半小时生活圈。

他认为"新"不是创出来的,是生长出来的,是进化出来的。如今他和他的团队一直在路上,或许他们在茫茫的创业大军中并不是最耀眼的,但是他们一定是最努力的。如果说创新创业有颜色,那么一定是中国红!

(资料来源:广东职业技术学院创业校友资料库)

3.4 创新创业实战

1. 实战项目一

头脑风暴法创新思维实践。

1)项目描述

结合所学专业知识,从人本创新设计角度,确定小组研发的产品项目,运用头脑风暴法进行分析,并提出新设想,按照以下格式完成实践。

2)实施步骤

一个受委托的团队更能够激发出更好的想法(它并不以会议的时间长短来判断)。在这种情形下,头脑风暴会议需要遵循以下原则。

(1)指派一个团队领导人(主持人),以免主观臆断;鼓励所有人参加;主持人不应该直接参与(直到另一个会议),只是指导和记录。

(2)参与人数是一组6人。

(3)头脑风暴法持续30～45分钟,最初的10分钟通常会用在问题的定位和熟悉上;接下来的20～25分钟,我们会看到创意先是剧增,然后会有一个平台期,接着剧减,在最后的10分钟,可能还会有一些灵感的闪现。

(4)不要把与会人员局限在这个领域的专家,可以引入新的知识经验背景,可以让一些其他专业领域的人员参加。

(5)取决于头脑风暴会议的不同目标,与会人员会带入不同的想法。

(6)避免与会人员具有一种等级组合,老板、督察和管理者不要出席这样的会议,因为他们的参与会无形中影响或抑制其他与会者的参与。

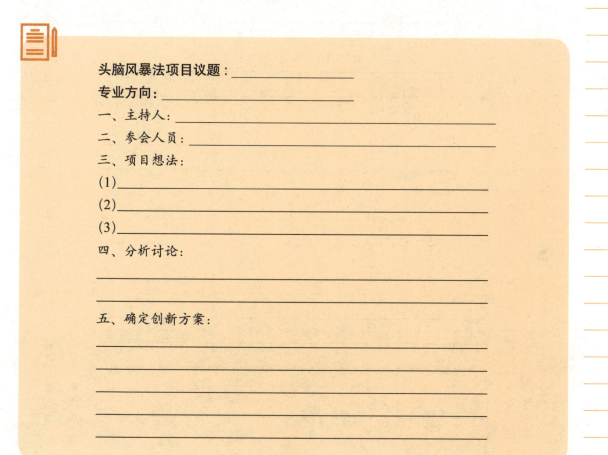

头脑风暴法项目议题:_____
专业方向:_____
一、主持人:_____
二、参会人员:_____
三、项目想法:
(1)_____
(2)_____
(3)_____
四、分析讨论:
_____
_____
_____
五、确定创新方案:
_____
_____
_____
_____

课堂随笔

2. 实战项目二

ZK法创新思维实践。

1）项目描述

结合所学专业知识,联系实际生活,运用ZK法系统分析专业领域中所需解决的问题,从技术创新设计角度分析,确立核心问题,寻找最佳具体创新解决方案,并按照以下图表格式完成实践。

2）实施步骤

(1)"起"——诱导思想前决定联想的目标。

(2)"承"——展开想象的翅膀,自由联想。

(3)"转"——由第二阶段的思考转为集体的思考。

(4)"结"——结合上述思考与讨论,设计创造实践方案。

ZK法创新思维实践项目课题:_____

专业方向:_____

一、发现问题:

_____

_____

二、确定联想:

_____

_____

三、个人自由:

_____

_____

四、小组集体:

_____

_____

五、设计创新:

_____

_____

_____

_____

3.5 总结与提高

我的收获：_____

还没解决的问题：_____

需要改进的地方：_____

其他：_____

拓展阅读

项目4　商机来源与创业机会
——怎样发现创业机会

学习引言

识别机会是创业过程的起点,一个具有创业动机的潜在创业者在采取创业行动的第一步就是识别创业机会。创业有着极大的困难,有的人成功了,但更多的人失败了,成功的人是如何创业的呢?在创业之前他们都做了些什么呢?许多人说创业机会实际上来源于一个想法或者主张,创业想法就是对一个人或者组织识别机会或在环境中发展需求的回应,从而对拟创办的企业产生的初步设想。

有一位哲学家让弟子走过一片麦田,只许前进,而且只给一次机会摘一只他们认为最好最大的麦穗。第一个弟子:走了几步,看见一只又大又漂亮的麦穗就摘下了,但继续往前发现还有更大的,已经没办法;第二个弟子走进麦田,他总是提醒自己,后面还有更好的,可是当他快到终点的时候才发现机会全都错过了。

在创业中,许多人像第一个弟子对项目没有深入了解,就草率地选择了一个项目投入金钱及时间,过了几年发现不合适,想调整的时候已经来不及了。也有人像第二个弟子总觉得下一个项目更好,但是又毫无头绪,精力都用在了寻找更好的项目和工作上,浪费了大量的时间和机会,那到底应该怎么做呢?

其实,这位哲学家还有第三个弟子,他把麦田分成了三部分:第一部分先观察麦穗,对麦色的大小进行分类;第二部分思考分类,不断地验证和调整分类;第三部分是他根据观察思考的结果做出决策和行动,摘下了自己最满意的麦穗。记住寻找创业机会是一样的,聪明人会提前观察思考,而不是贸然决定或者是犹豫不决,用最少的时间成本、试错成本,把握机会找到自己最适合的项目,然后尽最大的努力去奋斗。

那么一个好的创业想法必定是很好的创业机会吗?一个好的创业机会必定来源于好的创业想法?一旦产生了好的创业想法和创业机会,就需要对它进行识别和评估,这对降低风险和减少失败方面起到很重要的作用。作为新时代的大学生,我们如何找到一个好的创业想法?下面我们一起来学习创业机会的来源、识别与评估,寻找创业的奠基石。

学习目标

知识目标：理解创业机会的概念，了解商机的来源和途径，熟悉创意激发的技法。
能力目标：理解商机识别的过程和影响因素，掌握创业机会的评估原则、方法。
素质目标：培养创新意识、创业精神和企业家思维方式，具备全局观念。

问题导航

（1）什么是创业机会？
（2）如何发现创业机会？
（3）怎么识别好的商机？
（4）如何把握商业机会？

4.1 创新创业知识链接

4.1.1 商机的来源

对于创业者来说，发现赚钱信息并把握创业机会的能力是必备的素质之一。在日常生活中，创业者需要有意识地加强培养自己市场调研的习惯，多看、多听、多想，才能发现和抓住被别人忽视或遗忘的机会。

1. 问题

商业的根本是使顾客的需求得到满足，而顾客的需求没有得到满足就是问题。寻求商机的重要途径，就是善于去发现和体会自己和他人在需求方面的问题或生活中的难处。比如，有一位大学生发现学生放假时有交通难的问题，于是创办了一家客运公司，专做大学生的生意，这就是把问题转化为创业商机的成功案例。

2. 变化

曾有知名企业管理大师将创业者定义为那些能"寻觅变化，并积极反应，把其当作机会充分利用起来的人"。产业结构变动、消费结构晋级、城市化加速、人们观念改变、政府改革、人口结构变动、居民收入水平提高、全球化趋势等都是变化，其中都蕴含着大量的商机，关键是要善于发现和利用这些商机。比如，居民收入水平提高，私人轿车的拥有量将不断增加，这就会派生出汽车销售、修理、配件、清洁、装潢、二手车交易、驾校、代驾等创业机会。

3. 发掘

美国人李维斯看到采矿工人在工作时跪在地上，裤子膝盖部分特别容易磨破，于是他灵机一动,把矿区内废旧的帆布帐篷收集起来,洗干净重新加工成裤子,"牛仔裤"就这样诞生了,而且风靡全球。李维斯将问题当作机会,最终完成了致富梦想。创业需要机会,而机会要靠发掘。

4. 新知识、新技术

知识经济的一个重要特征就是信息爆炸。技术不断地更新换代,这些都蕴藏着大量商机。比如,伴随健康知识的普及和技术的进步,仅仅日常的饮水问题就带来不少创业机会,各种净化水技术派生出诸多饮用水产品和相应的饮用水供应站,涉及家庭饮用水、公共饮用水等。

5. 竞争

商场竞争特别残酷,但既是挑战,也是机会。如果你看出了同行业竞争对手的问题,并能弥补竞争对手的缺陷和不足,这就将成为你的创业机会。因此平时做个有心人,多了解周围竞争对手的情况,看看自己能否做得更好,能否提供更优质的产品,能否提供更周全的服务。如果可以,你也许就找到了创业机会。

4.1.2 创业机会识别

创业机会从何而来?从日常生活的问题中寻找创业机会,因为创业的本质是通过解决用户的问题来满足用户的需求。所以对于大学生来说,发现问题是寻找创业机会的第一步。

李嘉诚曾说过:"每一批富翁都是这样造成的:当别人不明白他在做什么的时候,他明白自己在做什么;当别人不理解他在做什么的时候,他理解自己在做什么;当别人明白了,他们富有了;当别人理解了,他们成功了。"比尔·盖茨曾说过:"这是一个绝妙的生存时代,从来也没有过这么多的机会,让人去完成从前根本无法做到的事情。"

因此在寻找机会之前,我们首先要分清楚机会与创业机会的区别。机会是营造出对新产品、新服务或新业务需求的一组有利环境。创意是一种思想、概念或想法,它可能满足、也可能不满足机会的标准。一个好的创业想法未必是很好的创业机会,在新产品中超过80%的都是失败的,许多企业失败不是因为创业者没有努力工作,而是因为没有从真正的机会开始。因此,在寻找创业机会时,我们需要明确四个问题,如图4-1所示。

图4-1 需明确的四个问题

创业机会是指创业者可以利用的商业与社会发展的机会,是有吸引力的、较为持久的和适时的一种商务活动的空间,并最终表现在能够为消费者和客户创造价值、增加价值的产品或服务中,获得利润回报的商业机会。一个好的想法必须转化为创业机会,才会变得有价值和意义。还有一种创业机会称为创造社会价值的发展机会,这种旨在解决社会问题的机会开发活动称为社会创业。社会创业是20世纪90年代以来在全球范围内兴起的一种新型创业形式。创业机会是存在客观环境中,等待创业者发现,还是产生在创业者的人脑之中,可以后天构建的呢?由此,产生了两种创业机会的起源和产生过程的观点:"创业机会发现说""创业机会构建说"。

1. 创业机会发现说

创业机会发现说是指创业机会先于创业者的意识存在于外生的客观环境中,等待独具慧眼的个体去发掘。在外部环境中,如果我们盯住人们的需要,我们的确可以发现一些机会。如在双创年代,有成千上万的创业者和小微企业需要有一个联合办公的地方,因为他们可能无法支付创业初期的场地费用,并且初创者创业团队人员很少,甚至只有创业者本人,不需要那么大的办公室。除了办公室,初创者还需要大量的资金、人脉等各种创业服务,基于这个发现,毛大庆建立了优客工场,为创业者提供办公空间和创业孵化服务。

2. 创业机会构建说

创业机会构建说认为创业机会并非一定预先客观存在并等待被发现的,创业机会可以通过创业者对社会环境、顾客和市场的内心反复迭代思考与研判以达到机会的想象性创造。简单地说,创业机会是可以被创业者构建出来的。如20世纪80年代,日本的索尼公司推出了一款革命性的产品Walkman随身听,这是一款爆品,卖得非常成功。当时索尼公司的联合创始人盛田昭夫曾经说过:"在索尼公司推出随身听之前,没有人有需求,这个需求就是构建出来的。"2007年乔布斯推出苹果智能手机时,诺基亚和摩托罗拉生产手机已经有二三十年的历史了,而且当时已经称霸手机市场,所以我们不能说乔布斯发现了生产智能电话的创业机会,但是乔布斯在智能手机领域创建了一个机会,并取得了巨大的成功。

创业机会不是固定不变,无论是被发现还是被构建,创业机会从形式上看是动态变化的,创业机会初级形式是未被满足的需求和未被充分利用的资源。诺贝尔经济学奖获得者当代奥地利学派掌门人伊斯雷尔·柯兹纳(Kirzner)把机会定义为未精确定义的市场需求或未得到利用/未得到充分利用的资源和能力。未被满足的需求,如土壤修复、污水整治、雾霾治理等,收入水平提高,促使人们形成对美好生活的向往,未被满足的需求有教育、医疗、旅游、健康等各方面精致的需求还有待提高。

创业者需要想尽办法满足需求和利用资源,如科学研究所内的科研成果、银行的存储基金等,把握住机会就会变成一个创业想法,在最开始的时候创业者还不能很好地把握这个创业机会,他们的头脑中只能形成商业的概念,还没有形成创业机会。商业概念初步成熟后,才能形成创业机会,再经过迭代更新,逐步演变为创业项目,创业机会动态发展过程如图4-2所示。

图4-2 创业机会动态发展过程图

4.1.3 创业机会的来源

1. 外部环境的持续变化

真正有价值的创业机会来源于外部环境的变革,因为这些变革可以为人们带来创造新事物的潜力,使人们可以做以前没有做过的事情。创业是由于环境改变所引起的机会发掘和利用的行为,因为改变为人们提供了接触与众不同事物的机会。当改变出现的时候,创业者可以利用新的机会创造出新的价值。

2. 知识与技术的变化

知识与技术的变化可以让人们获得新的知识、方法、工具或者力量,使人们可以更有效率地完成过去的事情,打破既有的现状。过去30年互联网的浪潮一波接一波,由于互联网的出现,使传统的广告业、媒体业等发生了巨大的变化。基于互联网技术产生了大量的创业机会,技术变革越来越普遍,使创业发展潜力巨大,给创业者带来的机也就越来越多。麦肯锡发布了一项报告,里面研究了技术对未来经济的影响程度,研究的对象是一些正在取得飞速发展、具有宽泛影响且对经济影响显著的技术。相反,那些过于遥远的、仅能影响一两个行业的以及2025年之前不大可能实用化的技术(如混合动力),或者是虽然即将成熟但不够大众化的技术(如私人太空飞行)等,则不在考虑范围内。

如图4-3所示,麦肯锡认为,未来10多年最具经济影响性的技术应该是那些已经取得良好进展的技术,如已经在发达国家普及并在新兴国家蓬勃发展的移动互联网;知识工作的自动化,比方说用计算机语音来处理大部分的客户电话;物联网,比方说将传感器嵌入物理实体中,用来监控产品在工厂的流动;以及云计算。按照麦肯锡的估算,到2025年,这些技术的每一项对全球经济的价值贡献均超过1万亿美元(即便是预测的下限)。不过麦肯锡的报告中令人感兴趣的预测是一些新潮技术的经济影响相对较低,如无人驾驶汽车、3D打印、可再生能源等。对于创业者来说,当我们识别创业机会的时候,需要持续地关注知识与技术的变化。

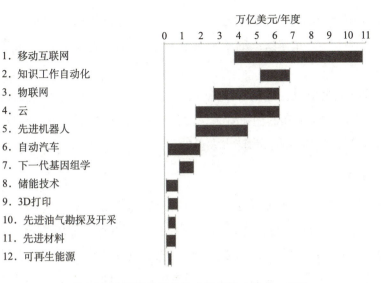

图4-3 至2025年预估潜在经济影响的上、下限

3. 政府的管制与政治变革

政府的管制与政治变革是创业的重要来源,因为这些变革可以废除过去的禁区与障碍,可以清除许多不利于企业的官僚政治障碍,使创业者可以进入一些曾经被禁止的行业。我国是政府主导的市场经济国家,政府有许多管制政策,这些管制变化就意味着有创业机会。如近几年出现的各种各样的互联网金融创业企业、各种在线支付工具、各种各样的众筹模式等,这些互联网创业项目的出现,正是国家对互联网金融管制政策的放松或者解决。今天滴滴出行已经成为人们生活中很重要的互联网应用企业,正是政府对公共服务管理进行了改革,使网约车服务平台得到了快速发展。

当然无论是互联网金融、网约车服务平台等,国家对这些行业的管制政策还没有完全成型,这些行业的创业者还需要时刻关注这方面的变化。另外政府还会通过补助或者其他支援的方式来支持特定类型的创业活动的政策,这些政策也会鼓励创业者开展各种各样创办企业的活动。

4. 经济和社会变革

一个国家经济增长、居民收入增长、汇率变化、周期性的经济波动等经济因素,往往是创业机会的重要来源。社会趋势的变化、人们偏好的变化、观念的变化、人口结构特征的变化、时尚审美的变化,这些变化往往意味着可以让警觉的创业者提供人们所需要解决的产品与服务。如近年来,随着人们收入的提高,人们的消费需求从简单的衣食住行向高端服务业转变,"90后""00后"消费群体的崛起改变了社会的流行时尚,人口的老龄化为创业者提供了为老年人养老服务的创业机会。

5. 市场和产业变化

消费者的需求瞬息万变,消费热点、消费方式、消费特点等各类消费行为日新月异。新兴市场的兴起、主流消费群体的转移和变化都意味着新的创业机会。有的时候在行业内部出现兼并、收购和消亡等各种现象,行业机构也会发生变化,这种变化会改变行业竞争态势,使创新创业成为可能。如传统的零售业,从 20 世纪 90 年代中期以来随着电子商务的兴起,对传统零售业形成巨大的挑战,今天卖东西这么简单的事情,已经变得越来越复杂了,线上的销售对实体店产生了巨大冲击。

总之,持续变化是创业机会的重要来源,没有变化就没有创业机会,当然有些变化不怎么具有商业价值。因此,对于潜在的创业者来说,我们要善于通过系统的搜寻具有商业价值的变化,捕捉变化的信号,通过理性的行为产生大量的创业点子。

6. 人性需求的永不满足

创业机会构建的说法提出创业机会并非客观存在,也非创业者的意识,而是被创业者构建出来的。这个定义无非是想说明创业机会并非明显存在于外部环境中,需要创业者通过创造性的想象力构建出来,并且借助于创业者的社会化技能促使市场或者社会接受这个商业创意,但是我们并不能就此认为创业者可以闭门造车,凭空想象商业创意。因此,创业机会应该满足人性的需求,才可以被市场接纳,创造出社会价值。

人性需求指的是由人的本性产生的想达到某种目的的要求或欲望,这是消费者或者用户各种需要的动机的底层来源。人类的需求从广度到深度都无穷无尽,人们有更便捷、更实用、更美好、更愉悦、更快、更酷的各种需求,人性的需求永不满足。为创业者洞察人性并创造想法提供了机会。

(1) 即时需求:指人们不但有明确意识的欲望,并且明确地显示出来的渴望有马上需要得到满足的需求。即时需求在消费者的购买使用中起到了相当大的作用,如机场中的很多商店就是基于这种需求创办的,即使一碗面条价格比机场外的高出许多,人们都会不得不去消费。

(2) 潜在需求:指人们虽然有明确意识的欲望,但由于种种原因还没有明确地显示出来的需求。我们可以根据这些原因把潜在需求分为购买力不足型、适销商品短缺型、对商品不熟悉型、市场竞争型等。当条件成熟,潜在需求就会转换成显性需求。在消费者的购买行为中,大部分都是由潜在需求的购买引起的。如人们对无害香烟的需求、对安全居住环境的需求、对节油汽车的需求。

(3) 显性需求:指人们已经有明确的购买欲望,并且有能力购买某种产品或服务的有效需求。如人们的衣食住行,这些都是显性的,因而围绕着人们的显性需求,在我们的周围就会产生大量的创业机会,当然这种需求是显然存在的,所以也会产生激烈的市场竞争。

(4) 隐性需求:指人们还没有认识到的需求,由于这些需求处于潜意识层次,人们没有直接提出,不能清楚描述,不能完全知道明确的需求。由此,需要创业者具有敏锐的洞察力,通过仔细分析及深入挖掘和引导,才能把它显示出来。

马斯洛的需求层次结构是心理学中重要的激励理论之一,是由美国著名的心理学家亚伯拉罕·马斯洛在 1943 年提出的,包括人类需求的五级模型,通常被描绘成金字塔内的等级,从层次结构的底部向上,需求分别为生理、安全、社交、尊重和自我实现。马斯洛需求层次理论如图 4-4 所示。这种五阶段模式可分为不足需求和增长需求。前四个阶段通常称为缺陷需求,而最高级别称为增长需求。马斯洛指出,人们需要动力实现某些需要,有些需求优先于其他需求。

图4-4 马斯洛需求层次理论图

创业者需要识别顾客的需求处于哪个层次,从而构建合适的创业想法去满足这些需求,人类的衣食住行就是生存的需求,每天都离不开,因此这个需求蕴含了很大的市场空间,也是众多的商业巨头一直想要占领的区域之一。

马斯洛需求层次具有抽象性和一般性。一般性是指生存和安全的根本需求层次;抽象性是指高级别的需求,比较抽象,不容易发现,难以满足。

对于创业者而言,我们需要了解的是人们对产品与服务具体的诉求是什么。在经济社会中,消费者对产品或服务的人性需求可分为功能、品质、体验及参与需求,如表4-1所示。

表4-1 消费者对产品或服务的人性需求分析

类 型	内 涵	实 例
功能需求	消费者或用户对产品(服务)所具有的基本效用和使用价值的需求	汽车代步、冰箱保鲜、网站咨询、社交软件等
品质需求	消费者对产品或服务的水准和质量方面的需求	高水平功能、高信赖度、高耐用度等
体验需求	消费者本人亲身参与产品和服务的体验,获取真实的感受	评价咨询内容体验、产品线上体验平台等
参与需求	消费者主动参与的产品和服务的研发全过程,确保满足消费者的需求	个性化定制产品

创业者面对需求时会出现真假难辨的情况。真需求是指痛点,即用户强烈想要购买产品或服务,并持续使用的需求。伪需求分为两种:一种是无痛点,即无需求,此时用户对你的产品或服务没有任何需求;另一种是痒点,即弱需求,这个时候用户可能需要你的产品或服务不强烈,用户可能不愿意频繁地使用或者购买。

我们比较容易辨别的是无痛点的需求,但是比较难辨别的是哪些需求属于痒点,是一种弱需求;哪些需求是一种痛点,是一种强需求。如维生素是一种痒点,可有可无,有了更好,没有也影响不大,解决的是用户不太重要的事情。而痛点是止痛药,没有止痛药时病人会痛晕过去,对病人来说是非常重要的。创业者要寻找痛点,帮助用户解决最重要的问题,满足最迫切的需求。每个痛点都是一个机会,哪里有抱怨,哪里就有痛点;哪里有痛点,哪里就有创业机会。痛

课堂随笔

点的本质实际上是用户未被满足的刚性需求,那么我们应该如何选择痛点呢?寻找痛点的方法如表 4-2 所示。

表4-2 寻找痛点的方法

方 法	途 径	步 骤	目 标
学会发现	研究用户的抱怨,收集用户的吐槽大数据分析法; 认真观察用户行为	（1）定方向; （2）做调查; （3）收反馈; （4）再调整	锁定创业方向,构造创业想法,创造社会价值
发现市场空白	想到了,但要验证并提高洞察力,快速发现空白点		
未满足的客户需求	（1）关注顾客需求; （2）关注日常生活和工作需求		
竞争对手的不足之处	（1）取代现有市场 （2）提供更有竞争力的价格替代、优质服务替代等		

4.1.4 创意激发

1. 创意激发的内涵

当大学生听到创业这一个词,是否也会受到这个词语的影响?满脑子想到的都是必然要去创办公司,开办一个企业呢?当你认为自己没有钱、没有团队、没有客户的时候,你要不要时常遐想一下,从而产生一个有效的创意方案,哪怕仅仅是一个创意点呢?这其实才是真正创业的开始。众所周知的硅谷钢铁侠就马斯克,我们看到的是他今天创办的特斯拉、Space-X 这样跨时代的企业,但是我们所不知道的是他的思维、他产生的创意其实在大学时期的作业中就已经开始萌芽了,可回收火箭技术以及电池组的研究是他当时读大学时的两份期末作业。他当时就从这种期末作业的创意创想中找到了一些未来创业的可能性。

创意是一种通过创新思维意识,从而进一步挖掘和激活资源组合方式,进而提升资源价值。而激发是产生创意的方法,包括思维导图、头脑风暴法和奥斯本检核表法等创新思维方法。创意实际上是独创性或是突破性的点子。创业者创建企业的起点是其所能提供的基本产品和服务,而基本产品和服务的选择则需要具有市场前景的创意。创意常常来源于顾客、现有企业、企业的分销渠道、政府机构,以及企业的研究与开发活动。但产品创意所针对的市场应足够大,大到足以支持一个新的风险企业。

2. 创意激发技法

（1）思维导图。首先我们来了解一下人的大脑。人脑中传递信息的载体叫作"神经元",它通过生物电的形式将我们身体感受到的各种信息与大脑进行信息传递。思维导图就是这样一个模拟"神经元"的思维工具,将具象思维和抽象思维结合起来的思维痕迹,通过图像、线条和文字描绘成图,使左右脑同时运作并进行发散性思考,从而激发出更多的灵感和创意点。思维导图可以激发联想,通过一个关键词激发出更多相关词汇,进而衍生出图像、事件等。思维导图还可以保存思维,当人在思考的时候,会有很多想法冒出,思维导图可以帮助我们把丰富多样的想法进行逻辑整理,有助于科学研判,轻松高效锁定创意点。

(2) 5W2H法。发明者以五个W开头的英语单词和两个H开头的英语单词进行设问,发现解决问题的线索,寻找发明思路,进行设计构思,从而搞出新的发明项目,这就叫作5W2H法,如图4-5所示。提出疑问对于发现问题和解决问题是极其重要的。创造力强的人,都具有善于提问题的能力。众所周知,提出一个好的问题,就意味着问题解决了一半。提问题的技巧高,可以发挥人们的想象力。相反,有些问题提出来,反而挫伤我们的想象力。

图4-5　5W2H法

(3) 六项思考帽法。六项思考帽是"创新思维学之父"爱德华·德·博诺（Edward de Bono）博士开发的一种思维训练模式,或者说是一个全面思考问题的模型。它提供了"平行思维"的工具,避免将时间浪费在互相争执上。它强调的是"能够成为什么",而非"本身是什么",是寻求一条向前发展的路,而不是争论谁对谁错。运用德博诺的六项思考帽,将会使混乱的思考变得更清晰,使团体中无意义的争论变成集思广益的创造,使每个人变得富有创造性。戴上不同颜色的帽子,分别从不同的倾向角度去面对问题,得出的结论会有所不同,综合这些思维结果所得出的结论往往是最好的决策。六项思考帽法如图4-6所示。

图4-6　六项思考帽法

4.1.5 创业机会的评估

创业成功的概率很低,大部分的创业梦想都会落空,创业者在整合资源、开发机会之前,都需要科学客观地评估所识别到的创业机会,以避免对没有开发价值的创业机会做出错误的警觉,从而避免浪费和损失。

1. 创业机会评估的基本原则

(1) 阶段性评估原则。创业机会的形式从模糊到具体是呈现出动态变化的发展过程。因此对创业机会的评估也不可能一次性完成,需要贯穿创业机会发展的全过程,做出分阶段的评估。如在最初阶段,创业者可能仅凭经验或者直觉去评估,或者通过一些非正式的市场调查来判断这个机会是否值得考虑开发。随着机会的开发,这种评价会逐渐变得正式和系统,通过一些规范的手段来考察机会的商业价值。

(2) 机会调整和放弃原则。创业是一种干中学的高风险行为,创业者在反复多次的机会评估中,可能调整、修订其最初的创业想法,甚至识别出其他更有价值的新机会,从而改变创业路线。也就是说创业者在机会识别的过程中,在某个阶段可能需要放弃一些机会。

(3) 非正式评估和正式评估原则。创业者常常需要在对机会做出正式评估和非正式评估之间做出平衡。在最开始的阶段,由于创业机会"开窗期"时间比较短暂,创业者需要进行调查验证的时间非常有限,因此很多创业者都会采取非正式评估(如直觉或者是简要的市场调查)对创业机会进行判断。随着创业进程的不断推进,创业者也会在不同阶段展开科学系统的全面正式评估,避免风险出现,并及时做好创业机会调整。

(4) 定性评估和定量评估原则。评估创业机会具体的方法很多,归纳分类为定性评估和定量评估。创业者首先根据经验或直觉对创业机会作出定性判断,然后根据需要进一步作出更精确的计算来完成定量评估。

2. 有价值创业机会的基本特征

(1) 真实需求。对于市场而言,机会是具有客观性的,不管创业朋友是否意识到和发现到,机会都会客观地存在于市场环境之中。而对于创业者来说,市场机会不可能随时都显露出来,可能机会的发现会存在一定的偶然性,但是重点还得靠自己去发掘和寻找,懂得如何从变化的市场环境中预测和寻找机会。一个好的创业机会需要满足有效需求,这个需求不仅要有消费者的购买意愿,而且要有消费者的购买能力。

(2) 能够收回投资。一个好的创业项目需要有一个足够大的市场或者未来有一个足够大的市场增长空间,这样可以为创业者在承担了风险、努力工作后可以带来回报和收益。另外从财务角度分析,企业在运营一段时间后进入投资回收期,即从项目的投产之日起,用项目所得的净收益偿还原始投资所需要的年限。投资回收期衡量的是收回初始投资的速度快慢,因此投资回收期越短越好。

(3) 具有竞争力。机会对同一类人或者同一类的企业都是均等存在的,但是每个人、每个企业对相同的市场机会在认识上会有一定的差异性。另外,每个企业的市场竞争力也不同,在利用市场机会时,能够获利的可能性及大小也会有所差别。消费者认为购买你的产品或服务比购买其他的产品或服务能够获得更多的价值。一个没有竞争能力的创业机会即便发展成企业,也难以取得持续的成功。

(4) 实现目标。创业者苦苦识别、评估和开发某个机会,是为了满足创业者的某种愿望或创业动机。如果创业机会无法给创业者带来这种满足感,难以实现创业者的目标,这个机会就不是一个好的创业机会。好的机会能够创造价值,而也只有有价值的机会才值得去把握和利用。这里所说的价值指两个方面:一是指用户方面,二是指创业者方面。只有更加满足用户的需求,能为用户解决实质性的问题,能给创业者创造收益,这才是机会真正的价值所在。因此,好的机会必须同时给用户和创业者都能产生价值。

(5) 有效的资源和技能。任何机会的开发都需要资源和技能,一个好的创业机会必须在创业者所具备的资源和能力范围内。只有创业者和创业机会在资源整合、能力匹配的时候,创业活动才有可能产生,创业也才有可能取得成功。

3. 创业机会的具体评估方法

(1) 定性评估方法。创业机会往往蕴含着极大的不确定性和复杂性,初创者很难获得足够的信息进行精确的定量计算,另外机会转瞬即逝,详细调查时间非常有限,也有可能由于创业者的创业启动基金非常有限,不足以完成详细的市场调查,从而选择定性评估,迅速作出主观判断,然后采取行动。定性评估分析法主要有以下两种类型。

① 史蒂文森定性评价法。哈佛商学院的著名教授霍华德·史蒂文森(Howard Stevenson)指出,在评价创业机会时,需要考虑以下五个要点:第一,机会的大小、存在的时间跨度和市场规模随时间增长的速度;第二,潜在的利润是否足够弥补资本、时间和机会成本的投资,带来令人满意的收益;第三,机会是否开辟了额外的扩张、多样化或综合的商业机会选择;第四,在可能存在的障碍面前,收益是否会持久;第五,产品或服务是否真正满足真实的需求。

② 贾斯汀·朗格内克的定性评价方法。美国贝勒大学(Baylor University)教授贾斯汀·朗格内克提出评价创业机会的五条标准:第一,对产品有明确界定的市场需求,推出的时机也是恰当;第二,创业项目必须能够维持持久的竞争优势;第三,创业项目具有一定程度的高回报,允许适当投资失误;第四,创业者和机会之间必须互相合适;第五,机会中不存在致命的缺陷。

(2) 定量评估方法。定量评估方法是指通过计算出评价创业机会的各项指标的数值来评估创业机会的一种方法。首先选择对创业机会成功有重要影响的因素,然后通过专家小组对创业机会评价体系的每个指标设定为三个等级:最好3分,好2分,一般1分。形成打分矩阵表,如表4-3所示。专家打完分后,我们求出每个指标在不同创业机会下的加权平均分,从而可以对不同的创业机会进行比较,如果其加权平均分越高,说明该创业机会越有可能成功。

表4-3 标准打分矩阵评分表

评估指标	专家评分			加权平均分
	极好（3分）	好（2分）	一般（1分）	
易操作性				
市场接受度				
投资回报				
专利权状况				
市场大小				
制造简单性				
成长潜力				

注意：

① 根据具体情况选择合适的因素进行评估；

② 认真选择打分专家，建议选择具有丰富的实际经验或者专业技术能力的专家；

③ 我们在评估创业机会的时候，常常需要对不同的机会进行比较。

(3) 定性和定量结合评估方法。蒂蒙斯创业机会评价体系如表4-4所示，涉及行业和市场、经济因素、收获条件、竞争优势、管理团队、致命缺陷问题、个人标准、理想与现实的战略差异八个方面的53项指标。通过定性或量化的方式，创业者可以利用这个体系模型对行业和市场问题、竞争优势、财务指标、管理团队和致命缺陷等作出判断，来评价一个创业项目或创业企业的投资价值和机会。

表4-4 蒂蒙斯创业机会评价体系

评价要素	评价指标
行业和市场	1. 市场容易识别，可以带来持续收入
	2. 顾客可以接受产品或服务，愿意为此付费
	3. 产品的附加价值高
	4. 产品对市场的影响力高
	5. 将要开发的产品生命力长
	6. 项目所在的行业是新兴行业，竞争不完善
	7. 市场规模大，销售潜力达到1000万元到10亿元
	8. 市场成长率在30%～50%甚至更高
	9. 现有厂商的生产能力几乎完全饱和
	10. 在五年内能占据市场的领导地位，达到20%以上
	11. 拥有低成本的供货商，具有成本优势
经济因素	1. 达到盈亏平衡点所需要的时间在1.5～2年
	2. 盈亏平衡点不会逐渐提高
	3. 投资回报率在25%以上
	4. 项目对资金的要求不是很大，能够获得融资
	5. 销售额的年增长率高于15%
	6. 有良好的现金流量，能占到销售额的20%～30%
	7. 能获得持久的毛利，毛利率要达到40%以上
	8. 能获得持久的税后利润，税后利润率要超过10%
	9. 资产集中程度低
	10. 运营资金不多，需求量是逐渐增加的
	11. 研究开发工作对资金的要求不高

续表

评价要素	评价指标
收获条件	1. 项目带来的附加价值具有较高的战略意义
	2. 存在现有的或可预料的退出方式
	3. 资本市场环境有利，可以实现资本的流动
竞争优势	1. 固定成本和可变成本低
	2. 对成本、价格和销售的控制较高
	3. 已经获得或可以获得对专利所有权的保护
	4. 竞争对手尚未觉醒，竞争较弱
	5. 拥有专利或具有某种独占性
	6. 拥有发展良好的网络关系，容易获得合同
	7. 拥有杰出的关键人员和管理团队
管理团队	1. 创业者团队是一个优秀管理者的组合
	2. 行业和技术经验达到了本行业内的最高水平
	3. 管理团队的正直廉洁程度能达到最高水准
	4. 管理团队知道自己缺乏哪方面的知识
致命缺陷问题	不存在任何致命缺陷问题
个人标准	1. 个人目标和创业活动相符合
	2. 创业家可以做到在有限的风险下实现成功
	3. 创业家能接受薪水减少等损失
	4. 创业家渴望进行创业这种生活方式，而不只是为了赚大钱
	5. 创业家可以承受适当的风险
	6. 创业家在压力下状态依然良好
理想与现实的战略差异	1. 理想与现实情况相吻合
	2. 管理团队已经是最好的
	3. 在客户服务管理方面有很好的服务理念
	4. 所创办的事业顺应时代潮流
	5. 所采取的技术具有突破性，不存在许多替代品或竞争对手
	6. 具备灵活的适应能力，能快速地进行取舍
	7. 始终在寻找新的机会
	8. 定价与市场领先者几乎持平
	9. 能够获得销售渠道，或已经拥有现成的网络
	10. 能够允许失败

课堂随笔

注意：

① 蒂蒙斯创业机会评价指标体系是一个非常全面，甚至看起来非常庞杂的评价指标体系，但同时也存在指标多而全、主次不够清晰等特点，在一定程度上影响评价的有效性。因此，创业者可以根据自己的创业机会、行业特点和市场分析等，在评价体系中选取关键点，简化评价体系，提高评价的使用效能。

② 蒂蒙斯创业机会评价体系的运用，要求使用者具备敏锐的创业嗅觉、清晰的商业认知、丰富的管理经验和系统的行业信息，要求比较高，所以难度也比较大。

③ 蒂蒙斯创业机会体系还存在各维度划分不尽合理和存在交叉重叠等不足之处。

4.2 创新创业课堂实践任务

任务一：商机规划

任务描述：结合所学专业，我们如何寻找创业机会？分析专业、行业中存在的痛点问题，筛选出最迫切需要解决的问题，激发创意，完成小组商机画板，如图4-7所示。

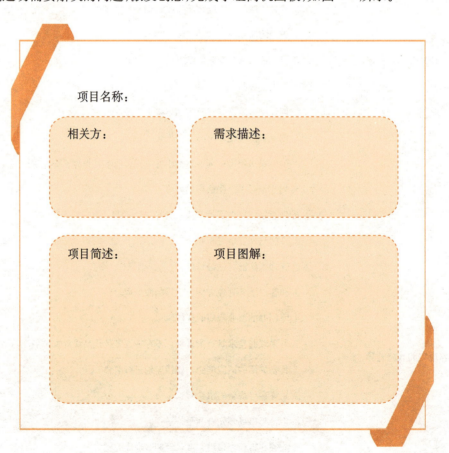

图4-7 商机画板

任务二：烦恼画板

任务描述：思考生活中存在的问题（你的烦恼）或未被满足的需求，对这些问题进行分类，选出最具代表性的烦恼，描述通过这些烦恼所挖掘出的用户需求，完成小组烦恼画板，如图 4-8 所示。

图 4-8　烦恼画板

任务三：创意激发

任务描述：结合所学专业，分析当前专业领域的热点话题，激发创意，并运用所学创意激发技法，筛选最佳创意。

创意激发项目名称：_____
专业方向：_____
一、热点话题
_____
_____

二、采用的创意激发技法是
_____
_____

三、分析、讨论
_____
_____

四、最佳创意
_____
_____
_____
_____

4.3 拓展阅读

又是一年就业季，你考虑创业吗？

2022年春节过后，高校毕业生迎来就业季。2022届全国高校毕业生预计1076万人，为助力高校毕业生等重点群体创业就业，国家发展改革委等8部门近日联合印发《关于深入实施创业带动就业示范行动 力促高校毕业生创业就业的通知》。高校毕业生创业就业有哪些新趋势、新特点？相关政策支持力度如何？高校毕业生创业面临哪些困难？记者在部分省份进行了调查。

更多创业梦想从校园起飞

哪里有创业，哪里就有就业的活力，创业带动就业的乘数效应越发凸显。

今年26岁的袁建在贵州大学学习设计，是一名即将毕业的研究生。原本本科学习计算机的他，因兴趣爱好结缘轻奢文具，并开启了自己的创业之旅。

袁建和合作伙伴于2018年开始创业，贵州大学国家大学科技园就是他们创业梦起步的地方。经过几年发展，袁建和自己的团队创建了自主高端钢笔品牌，将纯银雕刻、陶瓷制作、漆器工艺等技术融入钢笔设计，形成了具有东方美学气质的产品。如今他们已自主开发近20款产品,备受市场青睐。

目前,在贵州大学国家大学科技园里像袁建一样的在孵企业有108家,其中学生创业在孵企业36家。

创业走向大众,创新来自万众。记者在采访中了解到,越来越多的大学生选择创新创业,创新创业的数量和质量稳步提高。

上海市青年创业就业促进会高校双创导师团专家、上海第二工业大学招生就业处处长经晓峰表示,高校毕业生创业呈现鲜明特征:结合经济社会发展需求,在乡村振兴等国家战略、攻克"卡脖子"技术等领域找到定位;与高校人才培养目标相契合,促使技术和专利创业更多涌现;公益服务类创业逐年增多。

帮扶政策提供保障和动力

华南农业大学团队的"未来农机——无人农场的领航者"项目,在2021年举办的中国国际"互联网+"大学生创新创业大赛上荣获高教主赛道师生共创组金奖。

目前,团队已经在广东广州增城区和广东佛山三水区建成了水稻无人农场和花生无人农场,与传统生产方式相比,无人农场经济效益显著提高。和华南农大团队一样,各地大学生成功创业,离不开多举措优化大学生创新创业环境,为创新创业提供保障。

湖北省人大代表、武汉岱家山科技企业加速器有限公司总经理助理邓培说:"创新创业并不是某个单项工作,而是一项系统的工作,系统性的支持政策可为高校毕业生创新创业提供一定的保障和动力。"

记者调查了解到,在帮助大学生创业就业方面,各地从优化环境、提升能力、强化服务等方面出台了系列扶持政策措施:以创建示范为抓手,发挥示范基地带动作用;以课程建设为着力点,将创业教育融入人才培养全过程;以项目和大赛为依托,搭建创业实践锻炼平台;以优化大学生创新创业环境为保障,强化创业资金扶持,支持大学生创新创业等。

地处改革开放前沿的广东,近年来支持大学生创新创业频出实招硬招。其中,发挥各级各类双创赛事的引领和承载作用,仅过去七届中国国际"互联网+"大学生创新创业大赛广东省分赛,就有超1万个参赛项目成功孵化落地创办企业。在系列政策的助力下,涌现出了图匠科技、有米科技、荔枝微课、九尾科技等一批由大学生创立的高新技术企业,带动一大批高质量就业。

创业之路如何走得更远

总体来看,目前大学生在毕业前后选择创业的比例并不高,更多毕业生选择继续深造或就业。有关人士认为,要以创新驱动为导向,以"敢闯会创"为核心要素,支持大学生创新创业。

贵州大学国家大学科技园副主任王爱华分析,一方面是因为创业不易,门槛较高,刚走出校门的大学生往往缺乏资金和经验;另一方面是大众创业的土壤还不够"肥沃",很多政策需更加细化更有针对性,才能更精准有效地帮助大学生创业。

2020年6月,武昌理工学院大学生武汇创办了武汉易点拾光科技有限公司。她的创业项目从传统的花卉义卖开始,经过不断转型升级,已发展成为一家成熟的企业。

课堂随笔

"目前，大学生具备良好的创业环境，不少身边同学在校期间都会参与各类创业项目。但因能力有限、资源欠缺，加之对政策了解不足等原因，很多同学的创业项目只是停留在想法层面，难以转型落地，最终成了'空壳'。"武汇说。

经晓峰表示，大学生创新创业能力不强及企业管理运营经验不足、高校创新创业实训不够等问题仍然存在。除高校要进一步做实创新创业课程、实训、指导之外，政府也要加强"管家式服务"，为大学生提供更多便利。

武汉理工大学创业学院院长肖静表示，创业是一个艰难的过程，创业之路若想走得更远，不仅需要在心理上做好准备，同时还要做好"硬技能"和"软技能"的双重准备。"任何领域的创业都不可能单打独斗，只有依靠团队才可能基业长青。"

（记者：朱舜，郑天虹，骆飞，吴振东，田中全，赵旭　资料来源：新华网，2022-2-16.）

"90后"小伙，考研意外发现商机，帮人戒手机年入千万

一位"90后"男孩，考研期间发现"部分年轻人想戒掉手机的成瘾性"的商机，研制出一个神秘的盒子，做起了帮人戒手机的生意，靠着这个产品年入近千万元。

很多人都意识到玩手机上瘾，但帮人戒手机还真能赚到钱吗？"90后"堵舜又是如何做的？只要会呼吸，就在玩手机！大多数时候，我们其实不是多想玩手机，也没啥要紧事要处理，就是形成了肌肉记忆，不自觉地解锁、点击、滑动、浏览……这样的问题，不只存在工作时不知不觉"摸鱼"的你，对一些考公、考研的学生更是致命打击。

2小时过去了，单词没背，微积分没写，测试题没刷……虽然早就有了各种防沉迷的软件，但软件可以退出，可以设置白名单……手机瘾上来的时候，总有法子关掉软件。2018年，全职考研的堵舜遇到了同样的问题。为了戒掉手机，他买了把带定时功能的锁，直接把手机锁进盒子里，时间到了才能取出来。物理戒手机！办法虽然简单粗暴，但却真的管用。

这也让堵舜意外发现了商机：对于考公考研、"二战"甚至"三战"的人来说，有人压上了所有身家，有人揣着全家的期待，有人抱着不成功便成仁的决心，顶着巨大的压力备考，这时，如果有一个神器，能帮你控制玩手机的欲望，简直就是救了你的命！他边考研边思索，考研结束后，对考研结果的期待已经转换成了创业的冲动。说干就干，2019年，拿着父亲给的10万元启动资金，25岁的堵舜正式创业。在堵舜看来，虽然一把定时锁、一个盒子就能实现所需，但太简陋。他想做的，是一款消费类电子产品。于是构思、设计，找模具厂，找电路板厂，再找工厂组装……谁知创业可比考研难多了。最初的开模生产，他敲定了一家锁具厂，技术很强，他考察过，工厂也承诺满满。但原本承诺三个月出货，过了半年还是没动静。后来才知道，因为他生产量太少，人家根本不重视——好像小米起步阶段的"雷布斯"也遇到过同样的难题。

他开了16个小时的车去讨债，10万元的启动资金耗掉大半——那是最黑暗的时候，堵舜边开车边流泪，一路身心俱疲。吃一堑，长一智，此后，他更加谨慎。2020年5月，第一代产品终于上市。这是一款颇有颜值的盒子，带有定时电子锁，可以设定最短5分钟，最长12小时的

时间,手机放进去,到时才能打开。堵舜还给产品设置了两次后门开锁机会,以便紧急使用。产品出来了,怎么卖,他早有想法,必须走线上——本来就是个小众产品,线下太累。抱着试一试的心态,他把视频发在了仅有200粉丝的抖音上。没想到,播放量很快突破30万,第一期3000套产品迅速卖光,后台还有众多等待发货的私信。

2020年8月,堵舜跑到了深圳,为第二代产品找到了更好的生产团队,有了稳定的生产,宣传上他也开始和知识类博主合作,用户定位更加精准,渠道更高效。相对此前的艰辛,接下来就是爽文男主的剧本了,单价99元、109元,卖得好的时候一个月有一万多单,天猫、京东、拼多多等很多平台代理商也找上门,甚至还出现了海外代理。2021年,罗振宇在自己的节目里推广起了这款产品,堵舜表示,绝对没给广告费。首次创业成功,但堵舜很明白,这是个小众市场,空间有限。好在有了第一桶金,在继续帮助大家摆脱"手机依赖症"的同时,他也开始寻找硬件领域新的机会。

(资料来源:微信公众号"创业邦",2022-05-07.)

4.4 创业实战

1. 实战项目

创业机会评估。

2. 项目描述

结合课上的任务实践,将所发现或者创建的创业机会,运用创业机会评估法,完成小组创业机会评估,并形成评估报告。

创业机会评估报告

一、项目名称:＿＿＿＿＿＿＿＿＿＿＿＿＿＿＿＿＿＿＿＿＿＿＿＿＿＿

二、专业方向:＿＿＿＿＿＿＿＿＿＿＿＿＿＿＿＿＿＿＿＿＿＿＿＿＿＿

三、采用创业机会评估法:＿＿＿＿＿＿＿＿＿＿＿＿＿＿＿＿＿＿＿＿

＿＿＿＿＿＿＿＿＿＿＿＿＿＿＿＿＿＿＿＿＿＿＿＿＿＿＿＿＿＿＿＿＿

四、评估相关量表:＿＿＿＿＿＿＿＿＿＿＿＿＿＿＿＿＿＿＿＿＿＿＿

＿＿＿＿＿＿＿＿＿＿＿＿＿＿＿＿＿＿＿＿＿＿＿＿＿＿＿＿＿＿＿＿＿

五、评估结果:＿＿＿＿＿＿＿＿＿＿＿＿＿＿＿＿＿＿＿＿＿＿＿＿＿

＿＿＿＿＿＿＿＿＿＿＿＿＿＿＿＿＿＿＿＿＿＿＿＿＿＿＿＿＿＿＿＿＿

＿＿＿＿＿＿＿＿＿＿＿＿＿＿＿＿＿＿＿＿＿＿＿＿＿＿＿＿＿＿＿＿＿

＿＿＿＿＿＿＿＿＿＿＿＿＿＿＿＿＿＿＿＿＿＿＿＿＿＿＿＿＿＿＿＿＿

＿＿＿＿＿＿＿＿＿＿＿＿＿＿＿＿＿＿＿＿＿＿＿＿＿＿＿＿＿＿＿＿＿

4.5 总结与提高

我的收获：_____

还没解决的问题：_____

需要改进的地方：_____

其他：_____

_____

_____

_____

_____

拓展阅读

项目5　创业者与创业团队
——如何找到你的事业合伙人

学习引言

想必大家一定听到过"三个臭皮匠，顶个诸葛亮"这个说法吧。如图5-1所示。你是否曾经好奇，为什么三个跟沙场打仗完全不沾边的市井"皮匠"，竟能与足智多谋的诸葛亮相提并论呢？

图5-1　三个臭皮匠，顶个诸葛亮

其实，"皮匠"与"裨将"同音。裨将在古代是一种官职，是军队的"副将"。诸葛亮当年用草船借箭一计大破曹军，其实还有一段小插曲。在开战前一天，诸葛亮命令其部下三位大将，在十二艘小船边上插上草靶子，并用布幔遮盖。三人认为，曹操生性多疑，行军谨慎，用这样普通的草垛做掩饰很容易会露出破绽，难以让曹军信服。三人心生一计，不动声色地将草靶子用稻草人替代，并装上铠甲，远远看就像真人一样，果然让曹军中计。最后，三位副将立下大功被广为传颂。

课堂随笔

可见，即便是诸葛亮这样的智者，也难免出现顾全不周、思虑不全的时候，所谓"智者千虑，必有一失"。团队的出现，正好可以弥补个人的不足，这就是"众人拾柴火焰高"的道理所在。同样，在创业过程中，与其单枪匹马、单打独斗，不如组建一支有力量的队伍共同作战。可是，话说回来，是否只要创业团队里汇聚的都是实力超强的高手，就一定能成功呢？

现代管理学之父大师彼得·德鲁克曾说过："团队，是平凡的人做不平凡的事。"最典型的代表，就是《西游记》里以唐僧、孙悟空、猪八戒、沙僧组成的四人取经天团，被人们誉为是团队组建的"梦幻组合"。你可能很奇怪，这团队里除了孙悟空有过硬的技术，其余三个好像明明都没有过人之处，单看战斗技能不过关，综合实力也谈不上，关键时候还可能出现"幺蛾子"，为什么就能成功取到西经呢？

反观《水浒传》里宋江领导的梁山108位好汉，这支队伍不仅人多势众，更是汇集了各路武功高强、足智多谋的英雄好汉，而最后却依然以起义失败告终。你有想过，这到底是为什么呢？

创建团队很重要，如何挑对人更重要。俗话说"不怕神一样的对手，就怕猪一样的队友"。然而创业团队的组建，并不能用简单的"1+1=2"的思维，因为稍有偏差，就会出现"1+1<2"的后果。如果想实现"1+1>2"的效果，就要把握组建团队的策略，更要学会管理团队的技能，这样才能让团队在创业的各个阶段持续、稳定地发力。

那么西游记的"梦幻天团"妙在哪里？如何才能慧眼识英雄，为你的创业团队选对人？怎样做好团队管理工作，让团队发挥最大的人力效应呢？

学习目标

知识目标：了解创业者、创业团队的内涵，了解创业团队的构成原则及关键因素，了解成功创业团队的基本特征。

能力目标：掌握团队组建的原则与方法，掌握培育创业团队沟通的方法及团队管理的技巧。

素质目标：认识到创业团队的独特价值，重视组建优秀创业团队的重要性，培养团队意识和责任感，培养创业团队精神。

> 问题导航
>
> （1）创业者有哪些特征？你适合创业吗？
> （2）为什么要组建创业团队？
> （3）怎样为创业团队找到"对"的人？
> （4）如何组织并管理好你的创业团队？

5.1 创新创业知识链接

5.1.1 创业者

创业者是指发现某种信息、资源、机会，或掌握某种技术，并以一定的形式进行转化利用，创造出更多的财富、价值，实现某种追求或目标的人。简单来说，就是通过挖掘资源，创造更多资源。

创业者的英文单词是 entrepreneur，这个单词来自法语，由 entre（在两者之间）和 preneur（买主、承租人）结合构成，最早期是指在欧洲组织生产并促进商品货物流通，面对一定风险情况下做出经济决策的中介人（Richard Cantillon，1755）。可见，创业者身上最明显的特征之一就是冒险精神，因此，创业者在早期也被视为冒险家。

正因为善于捕捉资源，组织生产，并且具有冒险家精神，创业者身上通常具备以下几种特质：创新思维能力、风险承担能力、组织管理能力、竞争进取意识、社会责任感等。

5.1.2 创业团队

创业团队是为进行创业而形成的集体（图5-2）。通常由少数具有技能互补的创业者组成，创业团队需要具备五个重要的团队组成要素，称为5P，即目标（purpose）、人（people）、定位（place）、权限（power）、计划（plan）。

目标：创业团队的共同目标，为团队成员的行动和方向导航，没有目标，创业团队就没有存在价值。

人：构成创业团队最核心的力量。人力资源是所有创业资源中最活跃、最重要的资源，只有将人力资源化作人力资本，才能发挥团队的最大价值。

定位：一是指团队的总体定位，即创业团队在企业中处于什么位置，对谁负责等；二是团体中的个体定位，指各成员在创业团队中分别扮演什么角色。

图5-2 创业团队

创业团队组建5P法则.mp4

权限：创业团队当中领导人的权力大小及行使范围。一般来说，在创业团队发展的初期阶段，领导权相对比较集中。创业团队越成熟，领导者所拥有的权力相应越小。

计划：要实现团队最终目标而采纳的一系列具体行动方案。

5.1.3 创业团队的类型

创业团队大体上可以分为三种，分别为星状创业团队（star team）、网状创业团队（nesh team）和虚拟星状创业团队（virtual star team）。

1. 星状创业团队

一般在该团队中有一个核心主导人物（core leader）。主导人物有了创业的想法，然后根据自己的设想进行创业团队的组织。

主要特征：

（1）组织结构紧密，向心力强，主导人物在组织中的行为对其他个体影响大。

（2）决策程序相对简单，组织效率较高。

（3）容易形成权力过分集中的局面，从而导致决策失误的风险加大。

（4）当其他团队成员和主导人物发生冲突时，因为核心主导人物的特殊权威，使其他团队成员在冲突发生时往往处于被动地位，在冲突较严重时，一般都会选择离开团队，因而对组织的影响较大。

2. 网状创业团队

这种创业团队的成员一般在创业之前都有密切的关系，比如同学、亲友、同事、朋友等。在创业团队组成时，网状创业团队没有明确的核心人物，大家根据各自的特点进行自发的组织角色定位。

主要特征：

（1）团队没有明显的核心，整体结构较为松散。

（2）组织决策时，一般采取集体决策的方式，通过大量的沟通和讨论达成一致意见，因此组织的决策效率相对较低。

（3）由于团队成员在团队中的地位相似，因此容易在组织中形成多头领导的局面。

（4）当团队成员之间发生冲突时，一般都采取平等协商、积极解决的态度消除冲突。团队成员不会轻易离开。但是一旦团队成员间的冲突升级，使某些团队成员撤出团队，就容易导致整个团队的涣散。

3. 虚拟星状创业团队

这种创业团队是由网状创业团队演化而来，基本上是前两种的中间形态。在团队中有一个核心成员，但是该核心成员地位的确立是团队成员协商的结果，因此核心人物从某种意义上是整个团队的代言人，而不是主导型人物，其在团队中的行为必须充分考虑其他团队成员的意见，不像星状创业团队中的核心主导人物那样有权威。

主要特征：

（1）团队的核心人物是团队成员通过讨论协商达成一致意见选出来的。

（2）与星状创业团队不同，核心人物只是具有一定的权威；在决策时还需要考虑其他成员的意见，权力不过度分散，也不过度集中。

5.1.4 创业团队的构成原则

创业团队的构成原则如图5-3所示。

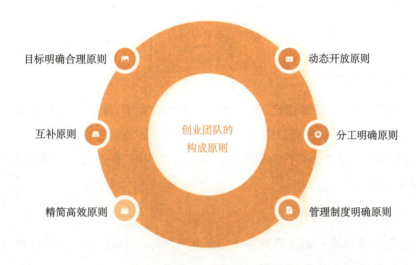

图5-3 创业团队的构成原则

1. 目标明确合理原则

目标必须明确，这样才能使团队成员清楚地认识到共同的奋斗方向是什么。与此同时，目标也必须是合理的、切实可行的，这样才能真正达到激励的目的。

2. 互补原则

创业者之所以寻求团队合作，其目的就在于弥补创业目标与自身能力间的差距。只有当团队成员相互间在知识、技能、经验等方面实现互补时，才有可能通过相互协作发挥出"1+1>2"的协同效应。

3. 精简高效原则

为了减少创业期的运作成本，最大比例地分享成果，创业团队人员构成应在保证企业能高效运作的前提下尽量精简。

4. 动态开放原则

创业过程是一个充满了不确定性的过程，团队中可能因为能力、观念等多种原因不断有人在离开，同时也有人在要求加入。因此，在组建创业团队时，应注意保持团队的动态性和开放性，使真正完美匹配的人员能被吸纳到创业团队中来。

创业团队构成原则.mp4

5. 分工明确原则

创业团队的职权划分就是根据执行创业计划的需要,具体确定每个团队成员所要担负的职责以及相应所享有的权限。团队成员间职权的划分必须明确,既要避免职权的重叠和交叉,也要避免无人承担职责而造成工作上的疏漏。

6. 管理制度明确原则

创业团队制度体系体现了创业团队对成员的控制和激励能力,主要包括了团队的各种约束制度和各种激励制度。

5.1.5 创业团队管理策略

1. 建立良好的沟通机制

美国著名学者奈斯比特曾指出,未来竞争是管理的竞争,竞争的焦点在每一个社会组织内部成员之间及与外部组织的有效沟通上。保持团队成员之间的有效沟通是任何团队管理艺术的精髓,团队成员之间能否进行有效沟通、交流、合作共事,直接关系到团队能否建立一种正常、和谐的人际关系。

2. 建立责权统一的管理制度

合理的制度规范是统一团队思想并让团队具有战斗力的有力保障,是使团队稳定发展的关键。在制定管理制度过程中,要做到以下两点。

(1) 妥善处理团队内部各种权力和利益关系。充分发挥团队成员的优势互补作用,坚持控制权和决策权的统一。同时,要梳理好团队内部的利益关系,重视契约精神,明确团队成员的利益分配。

(2) 制定团队管理规则。创业团队必须制定相关的管理规则。规章制度能让团队中的每个人都处在相同的行为准则约束下,朝着共同的目标前进。严格的管理制度能够极大地提高工作效率,促进目标任务的完成。

3. 制订团队执行计划

执行力是一种显著的生产力。团队成员需要对公司制订的业务计划和目标进行细化、量化,并坚定不移地贯彻执行下去,其过程中的每一个运作细节、项目流程等都要落到实处,以保证创业目标持续推进。

4. 打造团队精神

团队精神是大局意识、协作精神和服务精神的集中体现。核心是协同合作,反映的是个体利益和整体利益的统一,并进而保证组织的高效率运转。团队精神能够使团队成员齐心协力,朝着一个目标努力。要培养团队的敬业精神、学习精神和竞争精神,塑造良好的团队文化,做好团队价值观、团队使命、团队愿景、团队氛围的培养。

创业团队沟通技巧.mp4

5.2 创新创业课堂实践任务

任务一：寻找创业者的特质

1. 任务描述

创业者，简单来说是指通过实现发现资源，利用资源，进而创造更多资源，并能持续履行某种目标及一定社会责任的人。创业者和企业家并不相同，不是所有的企业家都能称为创业者。创业，先要"创"，才有"业"，因此，创业者是一个能实现从 0 到 1 建立自己事业的人。创业之路千差万别，但创业者身上往往具有某些殊途同归的特质。

2. 资料分析

阅读以下资料并思考：创业者身上都有哪些特质？

冬奥会幕后隐形赢家，一年狂赚38亿美元

当各大品牌斥巨资押宝冬奥时，这家公司不做广告、不打折促销，却稳坐冬奥会的幕后隐形赢家的宝座。

运动员的入场服饰、比赛服装、运动手套、户外穿的鞋，背后都是它，连人们平时穿的波司登、匡威、探路者、太平鸟、AJ、北面，仔细看都有这么一个标志：GORE-TEX。今天来讲讲，一年收入 38 亿美元，号称打死也不上市的傲娇公司——戈尔特斯。

作为一家面料供应商，戈尔特斯凭一己之力活成了"甲方爸爸"。

要用戈尔特斯的面料，戈尔特斯的 Logo 必须出现在商品上，且要永久可见；除此之外，必须通过授权认证。而且戈尔特斯有"三不授"标准：

不是一流的品牌不授！不是一流的产品不授！没有一流的市场管理能力也不授！

一句话，能用 GORE-TEX 面料的产品，必须自带高品质气场。

你以为戈尔特斯公司是一个服装品牌，实际上这是一个科技面料品牌。戈尔特斯在服装功能面料领域的地位，相当于高通在手机芯片领域及英特尔在计算机芯片领域的地位。其实最初，戈尔特斯公司成立是为了解决"cotton kills（棉花杀人）"的问题，这是一个在登山者之间广为流传的说法。对于登山滑雪等运动，棉花既能保暖也能成为"死神的杀手"，原因在于棉花易吸收水分，这就直接导致棉花的保暖性急速下降。人体本身会排出大量的汗液，而汗液也会被棉花所吸收，滑雪服的透气性至关重要；除此之外，水分会吸收身体的热量并传递到外部，因此滑雪服的表面需要采用防风防水的面料。

防风、防水还要透气，没有一家服装公司能同时解决这一问题。1958 年，离开杜邦公司的 Bill Gore 和他的妻子 Vieve Gore 在自家的地下室创立戈尔特斯公司。

20 世纪 70 年代中期，戈尔特斯公司在实验中发现，当聚四氟乙烯处于薄膜状态时，每平方英寸有 90 亿个极微小细孔的薄膜，这些微孔比水滴小 2 万倍，使渗入的水滴被挡在薄膜层外，

课堂随笔

从技术上做到了真正的"防水"。但这些微孔却比水蒸气分子大700倍,可以让身体表面水汽分子透过薄膜尽情挥发。用到户外服饰上,GORE-TEX既能阻隔雨雪和大风,又能排汗透气保持人体的干爽,这一极富革命性创新的技术产品被美国《财富》杂志列为最好的一百个美国产品之一,被称为"世纪之布""人类的第二层皮肤"。宇航局、军事作战部、消防部、国际医疗救援组织等都找上门,抢着用戈尔特斯公司的面料,GORE-TEX迅速占领了近80%的市场。

戈尔特斯公司的技术不仅适用于纺织品上,从吉他琴弦、三星电子产品防水技术,到人造血管、心脏搭桥支架等医疗产品,甚至连波音飞机等所用到的电子材料,都能看到戈尔特斯公司的技术应用。很难想象,一家做科技面料的公司,有超过3400项的发明,各类业务遍及全世界25个国家。

不同于大多数公司一头扎进一片红海的大众市场,烧钱做品牌、做市场,戈尔特斯公司选了一条有足够大的刚需、足够细分的市场,找到没被解决的问题,解决它,成为这个赛道的冠军。

用这个逻辑再延伸一下,以做超市生意为例,你首先想到的是什么?估计你会想到租售地皮,建停车场,做数字管理系统,提供收银机和收银员等。不过这些你能想到,别人也能想到。

另辟蹊径的德国旺众则瞄准了没人关注的超市手推车,悄悄做起了大生意。在全世界的购物车中,每两辆就有一辆是旺众生产的。毕竟全世界的超市都需要手推车,而且每隔几年就要换新,利润相当可观。

所以,还是那句老话,做生活中的有心人,机会就会出现。

(资料来源:微信公众号"创业邦",2022-2-23.)

1009次的失败与1次的成功

有一个人,一生中经历了1009次失败,但他却说:"一次成功就够了。"

5岁时,他的父亲突然病逝,没有留下任何财产。母亲外出做工,年幼的他在家里照顾弟妹,并学会自己做饭。

12岁时,母亲改嫁,继父对他十分严厉,常在母亲外出时痛打他。

14岁时,他辍学离家,开始了流浪生活。

16岁时,他谎报年龄参加了远征军,因航行途中晕船厉害,被提前遣送回乡。

18岁时,他娶了媳妇,但只过了几个月,媳妇就变卖了他所有的财产逃回娘家。

20岁时,他当电工、开轮渡,后来又当铁路工人,没有一样工作是顺利的。

30岁时,他在保险公司从事推销工作,后因奖金问题与老板闹翻而辞职。

31岁时,他自学法律,并在朋友的鼓动下干起了律师行当。一次审案时,却在法庭上与当事人大打出手。

32岁时,他失业了,生活非常艰难。

35岁时,不幸又一次降临到他的头上,当他开车路过一座大桥时,大桥钢绳断裂。他连人带车跌到河中,身受重伤,无法再干轮胎推销员的工作。

40岁时,他在一个镇上开了一家加油站,因挂广告牌把竞争对手打伤,引起一场纠纷。

47岁时,他与第二任妻子离婚,三个孩子深受打击。

61岁时,他竞选参议员,但最后落败。

65岁时,政府修路拆了他刚刚红火的快餐馆,他不得不低价出售了所有设备。

66岁时,为了维持生活,他到各地的小餐馆推销自己掌握的炸鸡技术。

75岁时,他感到力不从心,因此转让了自己创立的品牌和专利。新主人提议给他1万股,作为购买价的一部分,他拒绝了。后来公司股票大涨,他也失去了成为亿万富翁的机会。

83岁时,他又开了一家快餐店,却因商标专利与人打起了官司。

88岁时,他终于大获成功,全世界都知道了他的名字。

他,就是肯德基的创始人——哈兰·山德士。他说:"人们经常抱怨天气不好,实际上并不是天气不好,只要自己有乐观自信的心情,天天都是好天气。"

(资料来源:http://www.360doc.com/content/14/0129/00/824277_348647745.shtml.)

阅读以上材料,你认为创业者身上应该拥有哪些必备的特质?请分类写在卡片内,并与同学进行交流和补充。

创业者的特质

1. 技能特征:＿＿＿＿＿＿＿＿＿＿＿＿＿＿＿＿＿＿＿＿＿
2. 性格特征:＿＿＿＿＿＿＿＿＿＿＿＿＿＿＿＿＿＿＿＿＿
3. 其他:＿＿＿＿＿＿＿＿＿＿＿＿＿＿＿＿＿＿＿＿＿＿＿

任务二:创业者素质测试

1. 任务描述

你想创业吗?你适合创业吗?你身上具备创业者必备的知识素质和心理素质吗?来动手做两个测试,看看你目前是否做好创业的准备。

2. 测试

(1)回答下面的问题,每道题只能选填一个选项。完成题目后对比参考答案,答对得1分,答错不得分,最后算出自己的总分。

创业者知识素质自我测验题

1. 你在哪一种条件下会决定创业?(　　)
   A. 等有了一定工作经验以后
   B. 等有了一定经济实力以后
   C. 等找到天使投资或风险投资(VC)以后
   D. 现在就创业,尽管自己口袋里没有几个钱
   E. 一边工作一边琢磨,等想法成熟了就创业

课堂随笔

2. 你认为创业成功的关键是（　　）。
   A．资金实力　　　　　　　　B．好的创意
   C．政府资源和社会关系　　　D．专利技术

3. 以下哪项是创业公司生存的必要因素？（　　）
   A．高度的灵活性　　　　　　B．严格的成本控制
   C．可复制性　　　　　　　　D．可拓展性
   E．健康的现金流

4. 开始创业后你立刻做的第一件事情是（　　）。
   A．找钱，找 VC　　　　　　　B．撰写创业计划书
   C．物色创业伙伴　　　　　　D．着手研发产品
   E．选择办公地点

5. 创业公司应该（　　）。
   A．低调埋头苦干　　　　　　B．努力到处自我宣传
   C．看情况顺其自然　　　　　D．借别人的势进行联合推广

6. 招聘员工时最重要的是（　　）。
   A．学历高低　　　　　　　　B．朋友推荐
   C．成本高低　　　　　　　　D．工作经验

7. 产品进入市场的最佳策略是（　　）。
   A．价格低廉　　　　　　　　B．广告投入
   C．口碑营销　　　　　　　　D．品质过硬

8. 和投资人交流最有效的方式是（　　）。
   A．出色的现场 PPT 演示　　　B．详细的商业计划书和财务预测
   C．样品当场测试　　　　　　D．有朋友的介绍和引荐
   E．通过财务顾问的代理

9. 选择投资人的关键因素是（　　）。
   A．对方是一个知名投资机构　B．投资方和团队不设对赌条款
   C．谁估值高就拿谁的钱　　　D．谁出钱快就拿谁的钱
   E．只要能融到钱，谁都一样

10. 你认为以下哪一项是 VC 投资决策中最重要的因素？（　　）
    A．商业模式　　B．定位　　C．团队　　D．现金流
    E．销售合约

11. 从哪句话里可以知道 VC 其实对你的公司并没有兴趣？（　　）
    A．"我们有兴趣，但是最近太忙，做不了此项目。"
    B．"你们的项目还偏早一些，我们可以考虑跟投一些。"
    C．"你们如果找到领投的 VC，我们可以考虑跟投一些。"
    D．"我们对这个行业不熟悉，不敢投。"

E．上面任何一句话

12. 创业团队拥有51%的股份就绝对控制了公司吗？（　　）

    A．正确　　　　　　　　　　　B．错误

13. 创业公司的CEO，首要的工作责任是（　　）。

    A．制定公司的远景规划　　　　B．销售、销售、再销售

    C．人性化的管理　　　　　　　D．领导研发团队

    E．搞到投资人的钱

14. 凝聚创业团队的最好办法是（　　）。

    A．期权　　　　B．公司文化　　C．CEO的魅力　　D．工资和福利

    E．团队的激情

15. 创业公司的财务预测中最重要的是（　　）。

    A．销售增长　　B．毛利率　　　C．成本分析　　　D．资产负债表

16. 创业公司的日常运营中，以下工作最重要的是（　　）。

    A．会议记录的及时存档　　　　B．业绩指标的合理安排和及时跟踪

    C．团队的经常性培训　　　　　D．奖惩制度

    E．管理流程的ISO 9000认证

17. 创业公司的日常运营中，最棘手的问题是（　　）。

    A．人的管理　　B．销售增长　　C．研发的速度　　D．资金到位情况

    E．扩张力度

18. 创业公司产品市场推广效果的衡量标准是（　　）。

    A．广告投入量和覆盖面　　　　B．营销推广的精准程度

    C．产品出色的品质保证　　　　D．广告投入和产出比例

    E．产品价格的打折力度和品牌的市场渗透率

19. 防止竞争的最有效手段是（　　）。

    A．专利　　　　B．产品包装　　C．质量检查　　　D．不断研发新产品

    E．比竞争对手更快地占领市场

20. 创业公司的第一个大客户竟然是个土豪，你会（　　）。

    A．一视同仁地对他提供你公司的标准服务

    B．指导他如何来积极配合你的工作

    C．严格管理他，想办法让他的能力提高

    D．提供"全面服务＋免费成长辅导"

21. 你认为创业公司中的最大风险是（　　）。

    A．市场的变化　　　　　　　　B．融资的成败

    C．产品研发的速度　　　　　　D．CEO的个人能力和素质

22. 当创业公司账上的现金低于3个月的时候，应该采取哪项措施？（　　）

    A．立刻启动股权融资

B. 通知现有公司股东追加投资

C. 立刻大幅削减运营成本，包括裁员

D. 打电话给银行请求贷款

E. 把自己的存折和密码交给公司会计

23. 创始人之间发生矛盾时，你会（　　）。

A. 坚持原则，据理力争　　　　B. 决定离开，另起炉灶

C. 委曲求全，弃异求同　　　　D. 引入新人，控制局势

24. 投资创业公司的理想退出方式是（　　）。

A. 上市　　　B. 被收购　　　C. 团队回购　　　D. 高额分红

E. 以上都是

参考答案：

DCEDB　　DDCEC　　EBBBA　　BADED　　DCCE

分析：

0～8分：还不具备创业的基本知识，不要贸然创业；

9～16分：游走在创业的梦想和现实之间，继续打磨吧；

17～24分：已经做好了创业的基本准备，大胆往前走！

（2）回答下面问题，请按照实际情况填写"是""多数""很少"及"从不"，填写"是"记4分，"多数"记3分，"很少"记2分，"从不"记1分。

创业者心理素质测试

1. 在急需做出决策的时候，你是否在想：再让我考虑一下吧？（　　）

2. 你是否为自己的优柔寡断找借口说："是得好好慎重考虑，怎能轻易下结论呢？"（　　）

3. 你是否为避免冒犯某个或某几个有相当实力的客户而有意回避一些关键性的问题甚至表现得曲意逢迎呢？（　　）

4. 你是否已经有了很多写报告用的参考资料，但仍责令下属部门继续提供？（　　）

5. 你处理往来函件时，是否读完就扔进文件筐，不采取任何措施？（　　）

6. 你是否无论遇到什么紧急任务，都先处理琐碎的日常事务？（　　）

7. 你非得在巨大的压力下才肯承担重任吗？（　　）

8. 你是否无力抵御或预防妨碍你完成重要任务的干扰与危机？（　　）

9. 你在决定重要的行动计划时常忽视其后果吗？（　　）

10. 当你需要做出可能不得人心的决策时，是否找借口逃避而不敢面对？（　　）

11. 你是否总是在快下班时才发现有要紧事没办，只好晚上回家加班？（　　）

12. 你是否因不愿承担艰巨任务而寻找各种借口？（　　）

13. 你是否常来不及躲避或预防困难情形的发生？（　　）

14. 你总是拐弯抹角地宣布可能得罪他人的决定吗？（　　）

15. 你喜欢让别人替你做自己不愿做的事吗？（　　）

任务三：探索团队的力量

1. 任务描述

你和朋友们一起参加了一个国外观光旅行团，在坐飞机飞往目的地的途中，突然飞机的引擎出了问题，加上信号出现干扰，无法联系地面，现在只能通过降落伞迫降到一座热带荒岛上。这座荒岛野草灌木丛生，荒无人烟，夜晚可能有野兽出没。

由于降落伞无法携带过重的物品，为了生存，你和飞机上的群友只能商量每人携带一些物品跳伞，物品清单如下：药箱、手机收音机、打火机、3支高尔夫球杆、7个大的绿色垃圾袋、指南针（罗盘）、蜡烛、手枪、一瓶驱虫剂、大砍刀、蛇咬药箱、一盆轻便的食物、一床防水毛毯、一个热水瓶（空）。

2. 任务要求

（1）请先以个人形式把这14样物品以重要顺序排列出来，排序填写在第一栏。

（2）5～7人为一组，以小组为单位进行讨论，并对这14样物品按照重要顺序重新排序，排序结果填写在第二栏（讨论时间不超过20分钟）。

（3）老师把专家意见表发给每个小组，小组成员将把专家意见转入第三栏。

（4）用第三栏减第一栏，取绝对值得到第四栏；用第三栏减第二栏，取绝对值得到第五栏。

（5）把第四栏累加起来得出个人总分，第五栏累计起来得出小组总分。

以上任务如表5-1所示。

表5-1 荒岛求生物品序列表

序号	求生物品清单	第一栏：个人排序	第二栏：小组排序	第三类：专家意见排序	第四栏：个人和专家排列的差值（绝对值）	第五栏：小组与专家意见排列的差值（绝对值）
1	药箱					
2	手提收音机					
3	打火机					
4	3支高尔夫球杆					
5	7个大的绿色垃圾袋					
6	指南针（罗盘）					
7	蜡烛					
8	手枪					
9	一瓶驱虫剂					
10	大砍刀					
11	蛇咬药箱					
12	一盆轻便的食物					
13	一床防水毛毯					
14	一个热水瓶（空）					

(6) 把每个小组的分数情况记录在卡片上并分析,如表5-2所示。

表5-2 个人及团队得分统计表

小组	全组个人得分	团队得分	平均分
第一组			
第二组			
第三组			
……			

思 考 贴

你的个人得分高还是小组的得分高?为什么?

你的小组是以什么方法达成共识的?

你的小组是否有出现意见不统一的现象?是怎么解决的?

你在这个游戏中感受到了什么?

专 家 意 见 卡

(1) 药箱。用于治病、急救。

(2) 手提收音机。用来接收无线电信号。但电池容易受潮,而且使用寿命不长,且笨重。

(3) 打火机。火既可以用来防野兽,也可以用来烧熟食,防潮湿,点燃火堆求救。

(4) 3支高尔夫球杆。可用于打蛇,也可以作为打猎武器。

(5) 7个大的绿色垃圾袋。打猎时用于伪装,也可以取暖、蓄水。粪便的味道容易吸引野兽,可用垃圾袋包装粪便掩埋。

(6) 指南针(罗盘)。茫茫荒岛,就是知道东西南北又能如何呢?你不知道哪个方向是正确的,可用查看太阳方向等方法辨别方向,且在没有地图配合的情况下,只知道方向是无用的。

(7) 蜡烛。因为潮湿,生火就困难了,有了蜡烛就方便多了,可以保留火种。

(8) 手枪。打猎用。但用处不大,因为火药容易受潮,枪声也容易引来野兽。

(9) 一瓶驱虫剂。蚊虫多,传染疾病,防止毒虫。用于驱虫。

(10) 大砍刀。荒岛夜晚有野兽出没,刀既可以打猎,也可以救命,还能开路。

(11) 蛇咬药箱。荒岛蛇多,要做好被蛇咬后的治疗。

(12) 一盆轻便的食物。荒山野岭中动、植物多,食物比较容易获取,所以不需带太多食物。

(13) 一床防水毛毯。晚上睡觉防潮,防雨淋,可以作雨披,也可以保温。

(14) 一个热水瓶(空的)。用于储水,因为海水不能喝。也可用垃圾袋代替,热带荒岛无须保存热水。

任务四：搭建创业团队

1. 任务描述

在西游记的梦幻团队里（图5-4），四人性格及特长各异。唐僧没有打斗能力，但他信念坚定，目标明确，一心只为取得西经，怀有大慈大悲之心，其坚定的佛念甚至能打动邪魔妖物。他手头上持有紧箍咒，即便是孙悟空这种天不怕地不怕的战神，也必须要听他指挥，不敢忤逆。孙悟空天性顽劣，脾气暴躁，但怀有一身通天本领，战无不胜，攻无不克。猪八戒好吃懒做，但为人性格圆滑，幽默乐观，心地善良。沙僧性格木讷，战斗力一般，但胜在踏实勤恳，沉稳踏实，任劳任怨。

图5-4 西游记四师徒

假设你现在要创业，要你在这四人当中挑选两人加入你的创业团队，请问你会选哪两个？为什么？

我选择唐僧，因为_____

我选择孙悟空，因为_____

我选择猪八戒，因为_____

我选择沙僧，因为_____

答案选好了吗？我们可以去网上了解一下企业家会怎么看。

经过刚才的讨论，请你思考一下，唐僧师徒四人在一支创业团队中所担任的角色及分工分别是什么，并填写一下表格（表5-3）。

表5-3 西游记团队角色分工

人物	团队角色	任务分工
唐僧		
孙悟空		
猪八戒		
沙僧		

2. 资料分析

无团队，不创业：腾讯的"五虎将"

1998年，辞职后的马化腾很快开始着手组建自己的团队，他首先想到的就是自己的大学同学张志东，并得到了对方的积极响应。1998年11月11日，在这个后来对互联网意义重大的特殊日子里，马化腾与张志东"合资"注册了深圳腾讯计算机系统有限公司。之后不久，腾讯又吸纳了三位股东：曾李青、许晨晔、陈一丹。为了避免合伙企业最容易出现的争夺权力现象，在腾讯创立之初，马化腾就和四个伙伴约法三章：各展所长、各管一摊，马化腾是CEO（首席执行官），张志东是CTO（首席技术官），曾李青是COO（首席运营官），许晨晔是CIO（首席信息官），陈一丹是CAO（首席行政官）。

俗话说"一山不容二虎"，特别是在企业迅速发展壮大的过程中，要保持创始人团队的稳定合作往往更加困难，而腾讯却成功地做到了这一点，这在很大程度上要归功于计算机工程师出身的马化腾从一开始就对合作框架的理性设计。从腾讯最初的股份构成上来看，五个人一共凑了50万元，其中，马化腾出资23.75万元，占47.5%的股份；张志东出资10万元，占20%；曾李青出资6.25万元，占12.5%的股份；许晨晔和陈一丹各出资5万元，分别占10%的股份。虽然马化腾能够拿出更多的钱，但他却自愿将自己所占的股份降到一半以下，他说"要他们的总和比我多一点点，不要形成一种垄断、独裁的局面。"同时，马化腾自己又一定要出主要的资金，占大股。"如果没有一个主心骨，股份大家平分，到时候也肯定会出问题，同样完蛋"。

除了对合作框架的理性设计外，腾讯创业团队保持稳定的另一个关键因素，在于彼此之间能够"合理组合"，且每一个人都有自己非常明显的优势，马化腾自不用多说，我们来分别了解一下其他四人。

1. 技术天才张志东

张志东性格和马化腾比较像，都十分低调。相比马化腾，张志东更少见于公众场合。张志东是一个超级厉害的技术天才。在深圳大学求学期间，马化腾的成绩始终名列前茅，其计算机能力比起一些专业老师都毫不逊色。但成绩最拔尖的不是马化腾，而是张志东。不仅如此，即便放大到当时深圳甚至全国计算机发烧友的圈子里，张志东都是人中翘楚。

凭借着丰富的理论知识和多年的技术积累，张志东在腾讯公司的技术水平始终都属于顶级，即便腾讯的对手们也都钦佩不已。QQ最初的架构设计就是张志东主导完成的，而这个架构目前还在使用，可见张志东的技术实力。除了拥有令人敬佩的技术水平外，张志东低调的作风也为业内人士称道，尽管手握数百亿元的财富，但在物质上却追求极低，多年来一直保持着非常质朴的生活习惯。

2. 营销干将曾李青

李华是腾讯创业初期对外招聘的第一个外地大学生，2000年，他从湖南某大学计算机系毕业后进入腾讯，内部编号18号。据李华回忆，他第一次见到马化腾本人的时候，心中很是吃惊，在他看来，马化腾更像一位学长而非老板，他当时甚至认为，腾讯的另一位创始人曾李青才是真正的大老板。

其实，这也怪不得李华，从外表上看，曾李青的确更有老板相，连马化腾都坦率承认："曾李青长得就像老板，出去别人握手都先跟他握，我的名片只写工程师，不敢写总经理，怕人家觉得你们这公司玄乎了。"这两个人虽然都是大高个子，但曾李青要富态很多，穿着上更商务一些，在语言表达和人际沟通方面也比更擅长技术的马化腾强一些。腾讯创立初期，曾李青主要负责市场开拓，是一位营销干将，腾讯最终能够成功在香港上市，曾李青在市场上的努力可以说是核心因素。不过，令人遗憾的是，在腾讯上市后不久，曾李青离开了腾讯，成为一名天使投资人，他也是腾讯创业元老中最早离开的一个。

3. "好好先生"许晨晔

许晨晔和马化腾、张志东同为深圳大学计算机系的同学，毕业后又成为南京大学计算机应用专业的研究生，毕业后在深圳电信局数据分局工作。许晨晔是一个非常随和、有自己的观点但不轻易表达的人，是有名的"好好先生"。他最大的爱好是与人聊天，兴趣则多种多样。

在许晨晔极少的公开发言之中，有一段珍贵的讲话，谈的是他们是如何走到一起创业的。许晨晔笃定地说："虽然我们毕业之后接触并不太多，但是我们知道各自的风格，我虽然不知道要做的事情能得到怎样的程度，但是我知道大家肯定是认认真真地去做，不会说是打打闹闹玩一会儿，做来做去没有下文的那种人，所以，这个事情就值得我参与。当时并没有其他特别的想法，就是觉得这个事情做了不会浪费时间。所以当时大家都很爽快地答应了。"

许晨晔是腾讯创业元老中目前仍留在腾讯的，腾讯官方对他的描述是："腾讯公司主要创办人之一，首席信息官，全面负责网站财产和社区、客户关系及公共关系的策略规划和发展工作"。

4. 低调功臣陈一丹

陈一丹是马化腾的中学同学，也是深圳大学的同学，不过他读的专业是化学系。在腾讯创业团队中，如果说马化腾和张志丹都是低调的人，那么陈一丹更加低调，任职腾讯15年的时间内，他几乎没有一次接受过媒体对他的个人专访。

陈一丹在腾讯主要负责集团行政、法律、人力资源和公益慈善基金事宜，同时也负责集团的管理机制、知识产权、政府关系等。说到陈一丹对腾讯的贡献，马化腾的评价最为公允，他说："腾讯创业过程中缺少Charles（陈一丹英文名）不可能成功，他为公司的职能体系、价值观和文化建设和公益慈善事业的付出独一无二。可以说，Charles在腾讯完美地诠释了'首席行政官'的定义。"

2013年，陈一丹正式宣布卸任腾讯首席行政官（CAO），担任腾讯终身荣誉顾问。此后，陈一丹开始投身文化、公益及教育行业，被誉为"中国互联网公益教父""互联网公益第一人"。尤其值得一说的是，2017年5月，陈一丹还曾以年度捐赠23.7亿元现金列福布斯中国慈善榜榜首。

（资料来源：https://baijiahao.baidu.com/s?id=1603942913442359023&wfr=spider&for=pc.）

总结分析：经过以上的活动思考，你认为要组建一支成功的创业团队，应该遵守怎样的原则？请把它写下来。

第一原则	第二原则	第三原则	第四原则	第五原则

任务五：做好团队管理工作

1. 任务描述

组建好一支队伍后，如何才能让团队在创业中发挥最大的人力效应呢？良好的团队管理工作至关重要。本次任务是完成两项子任务挑战，并归纳总结出团队管理的要素。

2. 具体任务

（1）杰克·韦尔奇曾说过一句话："竞争、竞争、再竞争；沟通、沟通、再沟通。"可见，通畅的沟通机制是企业不断前进的命脉。那么如何跟团队里的成员做沟通，每个团队成员的沟通方式又有哪些特征呢？

探索活动：快过年了，你们要给一位很重要的客户送上新年礼物，感谢他一路以来对公司的支持。现在请小组成员在礼物卡 A～E 中抽取一张卡片（卡片不能重复抽，每人抽一张）。抽到卡片后，各人根据自己抽到的字母，翻到本项目第 108 页查看所代表的礼物，尽量说服大家使用自己抽中的礼物。在 10 分钟内，请你们小组讨论出一个礼物方案。

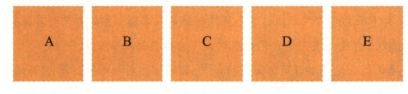

我抽到的卡片是：＿＿＿＿＿＿＿＿＿＿＿＿＿＿＿＿＿＿＿＿＿＿＿＿＿＿＿

小组讨论结果是：＿＿＿＿＿＿＿＿＿＿＿＿＿＿＿＿＿＿＿＿＿＿＿＿＿＿

在刚才讨论沟通的过程中，你发现小组成员和自己的沟通方式，都有哪些特点？

＿＿＿＿＿＿＿＿＿＿＿＿＿＿＿＿＿＿＿＿＿＿＿＿＿＿＿＿＿＿＿＿＿＿＿＿＿＿

＿＿＿＿＿＿＿＿＿＿＿＿＿＿＿＿＿＿＿＿＿＿＿＿＿＿＿＿＿＿＿＿＿＿＿＿＿＿

卡片字母代表的礼物：A 代表一瓶名贵的红酒；B 代表一件公司自产的贺年家用装饰产品；C 代表一幅来自名书法家的墨宝；D 代表高档商场购物卡；E 代表扶贫助农的天然无公害有机茶叶礼盒。

团队沟通小锦囊

在团队中，不同角色的成员，所具有的性格特征也各有异同。在组建团队中，不同性格的人具有不同的沟通特点，以下是四种常见的沟通类型的人及沟通技巧。

（1）友善型（熊猫型）。这类人亲切、友好、稳定，不慌不忙，以大局为重，和为贵，愿意支持他人意见。

沟通技巧：随和型的人看重的是双方良好的关系而不是只注重结果。因此在与该类型的人进行沟通时，首先要建立好关系。在沟通过程中要注意保持微笑，放慢语速，要有频繁的眼神接触，不要给对方压力，尽量多提问：你有什么想法？有什么意见？这种情况下一般来说，他们会为你带来很多好的意见。

(2) 分析型（猫头鹰型）。这类人处事精准，慎重，依制度，有条不紊，注重细节，埋头苦干，摆数据，引经据典。

沟通技巧：注重细节，遵守时间，尽快切入主题，要一边说一边拿纸和笔在记录，不需要有太多眼神的交流，避免有太多身体接触，尊重对方个人的空间。与分析型的人在说话的过程中，一定要用很多准确的专业术语，多列举一些具体的数据，多做计划，并使用图表。

(3) 表现型（孔雀型）。这类人热情、冲动、愉快、幽默、善言辞，能鼓动气氛，活泼外向。

沟通技巧：在和表现型的人沟通的时候，我们的声音相应要洪亮。要有一些动作和手势。如果我们表情很死板，没有动作，那么表现型的人的热情很快就消失掉，所以我们要配合着他，当他出现动作的时候，我们的眼神一定要看着他的动作，否则他会感到非常失望。在和表现型人沟通的过程中说话要非常直接。表现型的人不太注重细节，甚至有可能说完就忘了，所以达成协议以后，最好与之进行一个书面的确认，这样可以提醒他。

(4) 控制型（老虎型）。这类人锐利、果敢、咄咄逼人，注重事实，强调效率，说话快且有说服力，目的性和计划性强。

沟通技巧：控制型的人非常强调效率，要在最短的时间里给他一个非常准确的答案，不能模棱两可，一定要有计划，他们最看重的是结果。跟对方说话时要非常直接，不要有太多的寒暄，直接告诉他你的目的，不要感情流露太多，要直奔结果，从结果的方向说，而不要从感情的方向去说。说话的时候声音要洪亮，要充满信心，语速一定要比较快。如果你在控制型的人面前声音很小，缺乏信心，对方就会产生很大的怀疑。你在和他沟通的过程中，要有一定的目光接触，目光接触是一种信心的表现，要表现出自己的自信。

不同沟通风格的基本需求如图5-5所示。

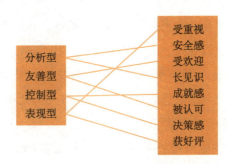

图5-5 不同沟通风格的基本需求

想一想：在刚才的讨论中，你们小组内有意见分歧吗？你认为团队沟通受阻的原因一般有哪些？大家是如何处理分歧的？你满意最后的结果吗？为什么？

> **思考贴**
>
> 我认为团队沟通受阻的原因是：_____
> 解决分歧的方法有：_____
> 对于最后的结果，我的评价是：_____

课堂随笔

(2) 发挥你的想象力,请你为"7人分食一锅粥"这个故事编写相应的结局。

在一座山林里,有7个人生活在一起,他们都不是什么坏人,但不免有自私的心理。因为粮食有限,所以他们每天要分食一锅粥,然而他们却没有称量用具。因此,怎么分粥才能保证公平,不让大家饿肚子,成为一个待解决的难题。

大家试验了很多种不同的方法,主要方法如下。

方法一:设置一个专人负责分粥。

你猜猜,这样做有什么结果?

_____

方法二:大家轮流主持分粥,一周内,每人一天。

你猜猜,这样做有什么结果?

_____

方法三:投票选举一位思想品德高尚的人为大家分粥。

你猜猜,这样做有什么结果?

_____

方法四:选举一个分粥小组和监督小组,形成监督。

你猜猜,这样做有什么结果?

_____

除了上面四种方法外,你还能想出什么好的办法吗?

_____

7人分食一锅粥——最后的结局如下。

方法一的结果:没多久大家就发现每次主持分粥的这个人给自己的量最多,于是换人。

结论:一个人分粥一定会因为私欲而导致其他人饿肚子。

方法二的结果:相比方法一,这样做看起来好像解决了公平问题,但最后的情况变成每个人在一周中只有自己分粥那天吃得饱且都有剩余,其余6天都会挨饿。

结论:这种轮流的方法会造成资源浪费。

方法三的结果:刚开始还能维持公平,但不久主持分粥的人就开始为自己和奉承他的人多分。

结论:毕竟主持分粥的人是人不是神,很难绝对公平。

方法四的结果:这把公平问题解决了,可是因为监督小组总是提出多种方案,分粥委员会否定后重新表决,粥虽然分完了,但也早就凉了,大家都不想吃了。

结论:这种内耗情况不是大家想要的。

最后解决办法:7个人每人轮流分粥,负责分粥的人最后一个才能领粥。结果,每次7只碗里的粥都一样多,大家都能吃饱且不挨饿!因为如果分粥人不能平均分,自己一定只剩下最少分量的那一份,所以无论如何,这个分粥人都会严格遵守公平,尽量让每碗粥都一样多。

结论:这样最公平,而且高效!

思 考 贴

(1) 这个故事说明了什么？
(2) 你对团队管理有哪些新的启发？

5.3 拓展阅读

史上最牛创业团队

中国共产党，被人民誉为是全球最牛的创业团队。1921年，这个团队在一条船上成立了一家公司，没有办公室，没有营业执照，没有正式员工。靠马克思的商业计划书，拿到苏联的天使投资。历经数次破产危机，终于在遵义选出天才CEO，一举兼并收购西方和国内强有力的竞争对手资产，于1949年10月1日在北京宣布上市。其后几经改革重组，目前市值突破10万亿美元，居全球第二。

中国共产党独特而强大的组织优势

中国共产党具有崇高组织使命、严密组织体系、严肃组织纪律的高度组织化特点，展现出强大组织动员力、行动力、战斗力。组织优势是实现中国共产党的领导这一中国特色社会主义最大优势的根本保证。通过建立健全一整套系统严密的党内法规，规范党的全面领导行为，为巩固优化党的组织优势提供了制度化保障。通过深化党和国家机构改革，对党和国家组织机构、管理体制进行一次系统性、整体性重构，不断完善和发展中国特色社会主义制度，推进国家治理体系和治理能力现代化，更好体现了中国共产党的领导这一中国特色社会主义最本质特征。

独特而强大的组织优势，是一把打开"中国共产党为什么能"的"金钥匙"。习近平总书记强调："党的力量来自组织，组织能使力量倍增。"

具有崇高组织使命，展现强大动员力

中国共产党是使命型政党。《共产党宣言》指出："过去的一切运动都是少数人的或者为少数人谋利益的运动。无产阶级的运动是绝大多数人的、为绝大多数人谋利益的独立的运动。"共产主义远大理想和中国特色社会主义共同理想是中国共产党人的精神支柱和政治灵魂。中国共产党以马克思主义为指导，以实现民族复兴为自觉使命，以实现共产主义为最高理想，将使命注入血脉骨髓，写进奋斗纲领，融入政治实践。这与西方一些选举性政党"你方唱罢我登场"，经常上演"选举闹剧""议会群殴"的行为形成鲜明对比。

中国共产党坚守使命建设党。建党近百年来，中国共产党筚路蓝缕、风雨兼程，历经苦难辉煌，初心不改、使命不移。以建党引领建国，以兴党引领兴国，以强党引领强国，推进中国特色社会主义进入新时代，在古老的中华大地上奏响了"中国共产党能""马克思主义行""中国特色社会主义好""新中国70年发展快"的青春之歌，为久经磨难的中华民族迎来了从站起来、富起来到强起来的历史性飞跃，"马克思、恩格斯设想的人类社会美好前景不断在中国大地上生动展现出来"，中国共产党也在这场伟大的社会革命中不断进行自我革命而日益强大。政党没有使命与责任意识，终究走向衰落。苏联共产党放弃共产主义的理想目标，否定马克思主义意识形态的指导地位，直接导致了苏联解体。近年来，许多传统的欧洲主流政党为了赢得大选，不能坚守政党创立时的宗旨，沦为一些特定利益群体的工具，丧失了整合和表达不同群体利益的功能，难以代表和满足民众的需要而相继走向衰落。

使命呼唤担当，使命引领未来。中国共产党正是基于强烈的使命感和责任感，在长期执政中展现出强大的组织动员力。习近平总书记强调："时刻不忘我们党来自人民，根植人民，永远不能脱离群众，轻视群众，漠视群众疾苦。"中国共产党强大的组织动员力来自人民，根植于人民，服务于人民，始终把初心和使命转化为立党为公、执政为民、锐意进取、开拓创新的自觉行动。

中国共产党执政70年的绩效显著。"两弹一星"奠定大国地位，赢得抗美援朝战争提振民族士气。党的十八大至十九大五年间，中国脱贫攻坚战取得决定性进展，六千多万贫困人口稳定脱贫。2018年国内生产总值达90.03万亿元稳居世界第二，连续多年对世界经济增长贡献率超过30%，党的面貌、国家的面貌、人民的面貌、军队的面貌、中华民族的面貌发生了前所未有的变化，中华民族正以崭新姿态屹立于世界的东方，在中华民族历史和世界历史上书写了一部感天动地的奋斗史诗。

具有严密组织体系，展现强大行动力

严密的组织体系是发挥组织优势的关键。列宁指出，"无产阶级在夺取政权的斗争中，除了组织而外，没有别的武器""给我们一个革命家组织，我们就能把俄国翻转过来"。列宁做到的，中国共产党同样也做到了。习近平总书记强调："我们党是按照马克思主义建党原则建立起来的，形成了包括党的中央组织、地方组织、基层组织在内的严密组织体系，这是世界上任何其他政党都不具有的强大优势。"中国共产党从初创时的五十几名党员发展为拥有9000多万党员、461万个基层组织的强有力的紧密组织，1949年以来在中国长期执政。正是在中国共产党强有力的组织领导之下，"两弹一星"问世，青藏铁路修通，三峡大坝建成，南水北调成功，天宫、蛟龙、天眼、悟空、墨子、大飞机等重大科技成果相继问世。

人才立党，骨干强党；功以才成，业由才广。中国共产党集中了数量众多的先进分子和各方面优秀人才。这是中国社会具有强大内聚力和发展活力的重要政治基础。中国共产党选贤任能，不断提高领导干部的执政本领和领导水平，为长期执政能力的建设培养和储备强大的主体力量。历史和现实表明，正是拥有了像焦裕禄、孔繁森、杨善洲等一大批勇于担当、甘于奉献、勤政为民的优秀执政骨干，中国共产党才赢得了事业的大发展、大进步、大繁荣。中国共产党强调干部的政绩要经得起历史、实践、人民的检验，对攸关长远的事情"一届接着一届干"，这在那些热衷于"推特治国""一届隔着一届干"甚至"一届对着一届干"的西方国家是不可想象的。

从三湾改编"支部建在连上"的战斗堡垒，到长征路上党小组"保证一个不掉队"；从救灾现场的"临时党支部"，到生产车间的"党员突击队"，一个支部一座堡垒，一名党员一面旗帜。据统计，自1921年7月中国共产党成立到1949年10月中华人民共和国成立，仅中共党员就约有370万人为革命献出宝贵生命；中华人民共和国成立后，雷锋、时传祥、李素丽等一大批党员在普通岗位干出不平凡业绩；"改革先锋"100人中80%以上是中共党员。以他们为代表的革命烈士、先进典型群体是中国共产党拥有巨大组织优势的有力证明。

具有严明组织纪律，展现强大战斗力

政党如果只有数量没有质量，光有阵容没有合力，将权力的占有和支配视为自身存在的唯一目的，注定被强大的权力所异化。国民党败逃台湾前也曾人数众多，手握国家政权，有800万武装，为什么三年之内就在中共中央从河北山区西柏坡发出的嘀嗒嘀嗒电报声中分崩离析？1948年蒋介石在一次讲演中大骂国民党："老实说，在古今中外任何革命党都没有像我们今天这样颓唐腐败；也没有像我们今天这样的没有精神，没有纪律，更没有是非标准，这样的党早就应该被消灭、被淘汰了。"其实，蒋介石冒天下之大不韪发动"四一二"反革命政变时就为自己充当了掘墓人；抗战胜利国民党接收大员痴迷"五子登科"就敲响了失败丧钟。历史证明，国民党最终倒在了千千万万青年知识分子奔赴延安的坚定脚步声和淮海战役百万支前民工独轮车的嘎吱嘎吱声中。

"中国共产党是世界上最大的政党。大就要有大的样子。"大党是不是有"大的样子"，要看数量，看规模，更要看其政治领导力、思想引领力、群众组织力、社会号召力，看其是否具有旺盛生命力和强大战斗力。毛泽东指出："我们要建设的一个大党，不是'乌合之众'的党，而是一个独立的、有战斗力的党。"邓小平强调："我们这么大一个国家，怎样才能团结起来、组织起来呢？一靠理想，二靠纪律。组织起来就有力量。"习近平总书记也强调，我们这么大一个政党，靠什么来管好自己的队伍？靠什么来战胜风险挑战？除了正确的理论和路线方针政策外，必须靠严明的纪律。苏联解体、东欧剧变警示我们，绝不能把党搞成想来就来、想走就走的"大卖场""私人俱乐部"。

全面从严治党锻造强有力的组织权威，是防止一盘散沙局面再演的战略抉择。中国共产党的组织优势是实现中国共产党的领导这一中国特色社会主义最大优势的根本保证。制度治党、依规治党是全面从严治党之重器，是长远之策、根本之策。通过建立一整套系统严密的党内法规，规范党的全面领导行为，为巩固优化党的组织优势提供制度化保障。通过深化党和国家机构改革，对党和国家组织机构和管理体制进行一次系统性、整体性重构，不断完善和发展中国特色社会主义制度，推进国家治理体系和治理能力现代化，保证"党政军民学、东西南北中，党是领导一切的""党是最高政治领导力量"，更好发挥党"总揽全局、协调各方"的中国特色社会主义领导核心作用，更好体现中国共产党的领导这一中国特色社会主义最本质特征。通过贯彻落实新时代党的组织路线，建立一支高素质专业化复合型的忠诚干净担当的干部队伍，做到党中央提倡的坚决响应、党中央决定的坚决执行、党中央禁止的坚决不做，把"四个意识""四个自信""两个维护"落地落实落细，为中国共产党的组织优势提供强大的组织保障和力量之源。

习近平总书记指出："中国共产党一经成立，就把实现共产主义作为党的最高理想和最终目标，义无反顾肩负起实现中华民族伟大复兴的历史使命，团结带领人民进行了艰苦卓绝的斗争，谱写了气吞山河的壮丽史诗。"某种意义上可以说，中国共产党的历史，与中华民族追求民族独立和民族复兴的历史进程彻底融合，这在世界范围的政党发展史上也是独一无二的。所以也有人说，中国共产党是"史上最牛创业团队"。

肩负中华民族伟大复兴千年伟业的百年大党风华正茂、正当其时。青春之国家、青春之民族必然以充盈组织优势的青春之党为领航。发扬、实践并发展好中国共产党的组织优势，引导

课堂随笔

动员全体人民"组织起来",形成万众齐心的磅礴伟力,必将能把中国特色社会主义伟大事业推向成功的彼岸。

(资料来源:https://www.gmw.cn,2019-09-23,作者为周敬青)

5.4 创新创业实战

1. 实战项目一

高职学生创业者素质调研。

良好的创业者素质,是创业成功最重要的一环,也是创业者能力提升的关键一步。一般来讲,创业者素质包括心理素质、身体素质、知识素质、能力素质、创业精神等方面。只有了解自身的创业者素质,才能够更好地提升自身的创业者能力。请你通过问卷调查的方式,调研高职学生群体创业者素质的现状。

(1) 设计高职学生创业者素质调查问卷。自主寻找相关资料,明确调查问卷的目的和内容,编写不低于20个调查问题的问卷提纲。

(2) 实施问卷发放,收集数据。可通过线上收集和线下发放的途径进行调查数据的收集。在线上收集可使用问卷星在微信、QQ或其他社交平台收集,线下收集可在学校图书馆、教学楼、宿舍等地实施问卷的发放和填写。

(3) 整理和分析数据。这是实施问卷调查的关键一环。同学们可通过Excel、SPSS等数据处理软件,或采用问卷星自带的数据分析功能进行数据的整理和分析。

(4) 总结调查结果。从总体层面对高职学生创业者素质的现状进行总结和分析,最后以小组PPT汇报的形式呈现调查结果。

2. 实战项目二

组建你的创业"梦之队"。

根据本项目的内容,按照团队组建的原则、方法和注意事项,建立一支创业团队(不多于5人),参考表5-4的内容,并以小组PPT汇报的形式向同学介绍展示你们的团队。在班上评选出创业"梦之队"。

表5-4 创业团队信息表

团队名称	
设计Logo	
团队口号	
团队愿景	
创业项目	
团队领导者	
团队成员及分工	
团队管理制度	

5.5 总结与提高

我的收获：_____
还没解决的问题：_____
需要改进的地方：_____
其他：_____

拓展阅读

项目6 创业资源获取和管理
——拿什么创业

学习引言

2003年5月,我国首次以国务院名义发布了有关大学生创业的政策——《关于做好2003年普通高等学校毕业生就业工作的通知》,要求对从事个体经营的大学毕业生减免管理类与登记类等各项行政事业性费用,并为其提供创业担保与小额贷款。自此,我国各部门相继提出了与大学生创业相关的很多政策,与此同时,这些政策也得到了各个地方政府的积极响应,在系列政策的支持下,掀起了大学生创业的浪潮。创业成了助力大学生发展、解决大学生就业问题的一种新的有效模式。但结果不尽如人意,近几年平均创业成功率只有2%左右,其中很重要的原因就是资源协同性不足,很多大学生认为自己拥有"一腔热血"和"一技之长"就可以完成创业,对创业资源的认知存在一定的局限性,不知道获取和管理源对于创业的重要意义。大学生在创业过程中需要哪些创业资源,结合大学生自身特点,这些创业资源需要如何获取,如何对创业资源进行详细的分类与管理,这需要我们对创业资源的组成进行分析,并找出当下我国大学生创业资源在开拓过程中存在的问题,在此基础上提出通过协同模式的应用来对创业资源进行高效开拓的路径。

学习目标

知识目标:识别创业资源组成部分,了解创业资源获取途径、管理方法。

能力目标:培养针对现有创业资源分析其配置合理性的能力。

素质目标:了解创业资源与行业特点之间的辩证关系,正确认识并理性分析自身特长在创业项目中发挥的作用,了解创业资源获取的技巧和策略。

> **问题导航**
>
> （1）什么是创业资源？
> （2）创业资源该如何配置？
> （3）如何管理创业资源？

6.1 创新创业知识链接

6.1.1 创业资源识别

资源识别是创业者为了实现创业计划所进行的一种有意识地识别资源价值、资源需要和确定资源潜在来源的过程。图6-1列出了一些常用的创业资源。

图6-1 创业资源

按资源性质，可分为以下几种类型。①政策资源：影响地区创业水平的措施；②人力资源：创业者及团队的知识、经验、人际关系网络等；③财务资源：创业者的负责资金、权益资金等的数量总和；④技术资源：包括关键技术、制造流程、专业设备等；⑤组织资源：包括创业团队的管理系统、组织架构、作业流程、工作规范、决策体系等；⑥市场资源：创业团队控制或拥有的，能将产品或服务转化为消费需求的渠道；⑦教育资源：创业团队的受教育背景等。

提示：大学生因其特殊的背景，教育业资源是非常重要的资源之一，如校内双创基地、创新工坊等政策场地的支持（图6-2）。

1. 政策资源举例

浙江省是中国民营企业最发达、民间创业最活跃的省份。社会支持创业的氛围浓厚，政府也顺应潮流，出台了多项支撑政策，如《关于促进普通高等学校毕业生就业创业的实施意见》提出，高校毕业生创业可依法分期缴纳注册资本，毕业两年内的高校毕业生自主创业自筹资金不足的，可在创业地按规定申请不超过30万元的小额担保贷款，贷款期限不超过3年。

图6-2 按资源性质分类

广东省扶持高校毕业生创业就业,出台包括政府投资开发的孵化器等创业载体应安排30%左右的场地,免费提供给高校毕业生。高校毕业生自主创业,可申请最高30万元创业担保贷款,带动5人以上就业的,贷款额度可提高至50万元。月销售额15万元以下的小规模纳税人免征增值税等扶持政策共十八条。

按资源的表现形态,可以分为有形资源和无形资源两大类。有形资源通常指那些具有一定实物、实体形态的资源,如自然资源以及建筑物、机器设备、实物产品、人力、资金等;无形资源则是指那些不具有实物、实体形态的资源,指科技、品牌、文化、管理、互联网、新媒体等(图6-3)。

图6-3 按资源表现形态分类

2. 利用无形信息资源发展起来的阿里金融

早期的阿里巴巴网站只是一个给商家提供网上展示商品的平台,用户只要注册登录,即可以获得免费展示产品的服务,但用户鱼龙混杂,甲方希望乙方先付款,乙方又希望甲方先发货,阿里巴巴为此推出了一项"诚信通"的服务,企业在交易网站上建立自己的信用档案。之后衍生出"诚信通指数",对交易双方的信用状况进行量化评估,通过这套系统,阿里巴巴把企业基本情况、经营年限、交易状况、商业纠纷、投诉状况等统统纳入了"诚信通指数"统计系统。2021年阿里巴巴有超过1100万的注册买家,2760万的注册用户。阿里巴巴以一种民间的方式,建立了一套更接近企业真实信用情况的数据库,这个数据库,为以后阿里金融的壮大打下了坚实的基础。

按资源的参与程度，可以分为直接资源和间接资源。直接资源是指直接参与企业战略规划的资源要素，如财务资源、市场资产、人力资源等；间接资源是指不直接参与创业战略和执行的资源，如政策资源、信息资源等对创业战略规划起到间接作用（图6-4）。

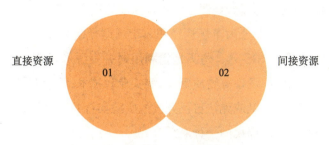

图6-4　按资源的参与程度分类

按资源的重要性，可以分为核心资源和非核心资源。核心资源包括技术资源、管理资源、人力资源等，是创业企业有别于其他企业的核心竞争力，是创业机会识别、筛选和运用三大阶段的主线；非核心资源包括场地资源、环境资源等（图6-5）。

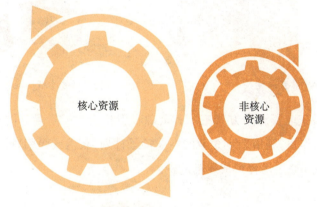

图6-5　按资源的重要性分类

按资源的来源，可分为自有资源和外部资源。自有资源来自内部的积累，是创业团队自身所拥有的资源，如自身的专业知识支撑、创业人员所拥有的创业项目、前期的规划完整程度等；外部资源来自外部机会的发现，是创业者从外部获取的资源，如从其他投资者处筹集到的资金、经营空间、原材料等。自有资源的拥有状况（尤其是技术和人力资源等）会影响外部资源的获得和运用（图6-6）。

创业资源性质分类.mp4

图6-6　资源的来源分类

6.1.2 创业资源获取途径

资源获取是在确认并识别资源的基础上,利用其他资源或者得到所需资源并使之为创业企业服务的过程,如何获取创业资源,是摆在创业者面前的重大决策问题(图6-7)。

获取资源方式按资源属性,分为市场途径和非市场途径两大类。通过市场途径获取的方式包括购买、联盟和并购等(图6-8)。购买是指利用财务资源通过市场购入的方式获取外部资源,主要包括购买厂房、装置、设备等物质资源,购买专利技术,聘请有经验的员工等;联盟是指通过联合其他组织,对一些难以或无法自己开发的资源实行共同开发;并购是指通过股权或者资产收购,将企业外部资源内部化的一种交易方式。

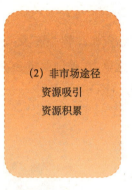
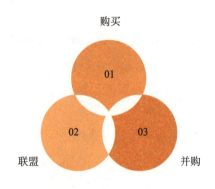

图6-7　创业资源获取途径　　　　　图6-8　通过市场途径获取资源的方式

通过非市场途径获取资源的方式主要有资源吸引和资源积累等(图6-9),资源吸引是指发挥无形资源的杠杆作用,利用新创企业的商业前景计划,获得或吸引资源。资源积累指利用现有的资源在企业内部通过培育形成所需的资源。

创业资源的获取(1).mp4

创业资源的获取(2).mp4

图6-9　通过非市场途径获取资源的方式

6.1.3 创业资源管理

资源管理是对拥有的静态资源进行必要的配置,积累有用资源,剥离无用资源,才能保障初创企业获得持续的发展和竞争优势。从创业资源整合的角度,主要有创业企业之间的整合、企业与产业资本的整合,企业与金融资本的整合等方式。创业企业之间的整合指同行或产业上下游企业之间通过联盟或股权置换的方式在人力资源、物质资源、客户资源、技术资源等方面实现优势互补,协同发展;创业企业与产业资本的整合,指由一批创业企业和几个核心企业,以核心企业为枢纽,产业的上、中、下游企业之间彼此搭配、衔接,产供销联成一体,形成群体的竞争优势。创业企业与金融资本的整合分为债务融资和股权融资两大类。

创业者要有效、持久地保障资源整合的效果,就需要建立起一套整合资源的机制。首先是要识别利益相关者及其利益。利益相关者主要包括资本市场的利益相关者(如股东等)、产业市场的利益相关者(如顾客供应商等)、企业内部的利益相关者,创业者整合资源的第一步需要识别这些利益相关者及其利益关系;第二步是构建双赢的机制,兼顾资源提供者的利益,使资源提供和使用的双方均能获益;第三步是维持长期合作的信任,通过人际沟通和制度设计等方面形成信任结构(图6-10)。

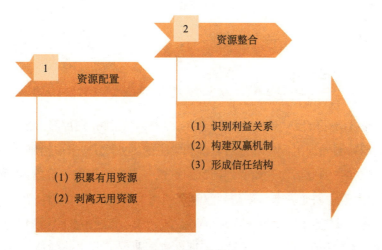

图6-10 创业资源管理

控制财务资源股权配置的重要性如下。

合理地配置股权是企业健康成长的基因。一般来说,创业者的投资在企业全部投资额中应当占有半数以上的份额,或者拥有相对控股权,能够在企业重大经营决策中起决定性作用,尤其在引进风险投资时,一定要注意在接受的资金数量和企业所有权比例之间做出科学权衡,使企业既获得所需资金,又能保证自己对企业的控制权。

创业资源的整合.mp4

6.2 创新创业课堂实践任务

任务一:识别政策资源走向

1. 任务描述

从我国大学生创业政策的脉络走向分析(图6-11)中,能否看出未来政策走向趋势?匹配所在的地区、专业,如你现在有创业意向,能否列举出可从哪些途径搜索相关政策?

2. 创业政策脉络分析

1989年,联合国教科文组织主办的"面向21世纪教育国际研讨会"在北京召开,会上提出"要求将事业心与开拓技能教育提高到学术型与职业性教育同等重要的地位"。自此创业教育开始被人们关注,随后被频繁提及。

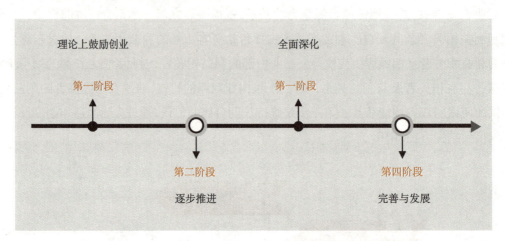

图6-11 我国大学生创业政策的脉络走向分析

第一阶段:探索萌芽阶段(1998—2002年)。1998年年底,教育部发布了《面向21世纪教育振兴行动计划》,明确提出应"加强对教师和学生的创业教育,采取措施鼓励他们自主创办高新技术企业",大学生创业活动开始受到国家的重视与支持。在这一阶段,政策发布主体主要为教育部,在理论上鼓励创业。未对创新创业教育的相关措施进行实质性规定。

第二阶段:逐步推进阶段(2003—2007年)。2005年,我国各部门相继提出了大学生创业相关的很多政策,如《关于进一步加强创业培训推进创业促就业工作的通知》等,进一步增强对大学生创业的扶持力度。2007年,财政部与国家税务总局发布了《关于国家大学科技园有关税收政策问题的通知》《关于科技企业孵化器有关税收政策问题的通知》,其中,对大学生创业提出了相应的税费减免政策。与此同时,这些政策也得到了各个地方政府的积极响应,如山东与河南等省份制定了高校毕业生"试营业制度",提出创业服务"零收费"、经营场地"零成本"、货币出资"零缴付"等支持方案。

这一阶段政策制定主体多元化,重视具体优惠扶持政策。国务院以及国家工商总局、共青团中央、劳动和社会保障部、财政部、国家税务总局等均颁布了相应政策,大学生创业政策制定主体表现为多元化的状态。此外,政策从主要关注创业教育延展到重视相应的创业具体优惠与扶持政策等,同时各省份开始参与相应政策的制定,结合国家层面的政策制定出台地方特色的创业政策,大学生创新创业政策体系已初步形成。

第三阶段:全面深化阶段(2008—2012年)。2010年5月,人力资源和社会保障部在《关于实施大学生创业引领计划的通知》中,提出2010—2012年的主要任务与工作目标是引导45万名大学生创业,保证具有创业能力并且具有创业意向的大学生均能够得到专业的创业指导和创业服务。2010年,在《教育部关于大力推进高等学校创新创业教育和大学生自主创业工作的意见》中,教育部要求各高校应针对大学生进行"一对一"的创业指导与咨询,增强创业服务的有效性及针对性。2011年,《国务院关于进一步做好普通高等学校毕业生就业工作的通知》指出,应组织开展政策咨询、信息服务、项目开发、风险评估、开业指导、融资服务、跟踪扶持等"一条龙"创业服务。另外应注重创新创业教育师资力量的培养。

在这一阶段，大学生创业政策主要呈现以下两个特点：第一，从主要重视创业优惠扶持到注重提供创业服务；从主要注重大学生创业技能的提高到开始重视大学生创业意识的形成、创业知识的丰富等在内的全面创业教育；第二，注重创新创业教育师资力量的培养。

第四阶段：完善与发展阶段（2013年至今）。国务院办公厅下发了《关于做好2013年全国普通高等学校毕业生就业工作的通知》，明确对各地各部门作出指示，提出应进一步完善创业政策，降低高校毕业生的准入门槛，为其创业提供更加完善的税费减免、小额担保贷款及贴息等优惠服务。2015年，人力资源和社会保障部发布的《关于做好2015年全国高校毕业生就业创业工作的通知》关注就业创业相关政策的落实，要求各地各部门落实大学生创业的各项优惠政策（如创业培训、创业服务及小额担保贷款与税收优惠政策），真正地方便大学生投身于创业活动。2018年，教育部发布了《教育部关于做好2019届全国普通高等学校毕业生就业创业工作的通知》，明确指出要"推动双创升级，着力促进高校毕业生自主创业"，提出应当全面深化创新创业教育的改革，完善并落实创新创业优惠政策，加大对应届毕业生在创新创业方面场地、资金、税收等的扶持力度，强化针对应届毕业生的创业指导与服务。2020年3月，为减轻新冠肺炎疫情对高校毕业生创业的不利影响，教育部强调应特别重视大学生创业政策的落实，要求各地教育行政主管部门与全国各高校会同有关部门落实大学生创业优惠政策。2021年9月国务院办公厅发布《关于进一步支持大学生创新创业的指导意见》国办发〔2021〕35号，指出纵深推进大众创业万众创新是深入实施创新驱动发展战略的重要支撑，大学生是大众创业万众创新的生力军。

在这一阶段，我国政府相关部门进一步关注创新创业教育，对大学生创业的扶持力度加大，更加重视相关部门对于创业政策的切实履行与改革发展。

参考思路： 大学生创业政策从国家主管教育部门制定指导性政策，到以国务院牵头，各行政部门参与具体政策的分工，再发展到下沉到区域性的具体扶持政策，以及各院校的切实履行、改革发展与教育培养，从宏观至微观的发展路径。

任务二：资源分析练习

1. 任务描述

以某校大二学生的商业计划书为例，分析该创业学生所拥有的资源按性质来说属于什么资源。对该项目团队撰写的计划书进行分析，还应该针对哪些性质的资源进行补充分析。

2. 计划书案例

一种延长农副产品保鲜期的活养装置。

一、项目背景

该学生家族拥有传统冰箱制造工厂，可为其进行技术测试并已在原品牌基础上试产，还可依托原有渠道。

二、项目优势

学生本人拥有实用新型专利1项,在审发明专利1项。

(1) 国内外相关技术研究现状。

(2) 项目主要技术指标。

三、项目现有成果及研究发展路径

(略)

四、市场分析

(1) 市场背景分析:农药滥用危害,降解技术不足,保鲜技术落后。

(2) 本项目创新点和核心竞争力:创新的保险方法、农药降解方法,独特的核心技术增加蔬果营养。

(3) 市场定位和营销:项目所主要面对的客户群体应为一线城市和二线城市的家庭终端、社区共享食物柜、冷链运输企业乃至于偏远边疆、海岛、远洋舰艇等驻军需求。

五、产业化运营规划

2021年9月—2022年2月:核心技术验证。

2022年2月—2022年7月:家用机研制。

2022年7月—2023年2月:社区、冷链装备。

六、项目营销战略

(1) 产品策略:加强技术研发和改造,提供优质售后服务。

(2) 定价策略:根据不同客户采取不同定价,降低成本,提高性价比。

(3) 促销策略:以深耕珠三角市场为基础,建立代理商制度。

七、财务分析

(1) 资金来源:创始人管理、技术入股、代工厂持股。

(2) 财务预测:家庭终端预计收益、冷链预计收益。

八、项目风险分析

(1) 经验风险分析:现金流的紧张、原材料供应风险、政策调整不稳定性。

(2) 应对风险举措:合理规划团队开销、捕捉市场动态。

九、团队成员分工

(略)

提示:①回顾引言所描述很多大学生认为自己拥有一腔热血和一技之长就可以实现创业……还需要哪些方面考虑资源的配置?②保粮食安全、农产品及三农问题、仓储保鲜冷链物流均为政策相关性非常紧密的行业。③原有传统冰箱行业渠道基础,与所规划市场领域是否能等同为同一渠道?

任务三：管理整合练习

1. 任务描述

以某近视防控项目团队计划书为例，分析其项目已具备哪些资源，还应开拓哪些资源。

2. 计划书案例

青少年眼健康领航者。

一、项目背景

(1) 目前青少年近视率及近视危害：生活、升学、参军、找工作等带来不便。

(2) 目前近视防控难点：用眼环境，筛查难，防控难。

二、产品介绍

(1) 产品介绍：智能检测硬件。

(2) 数据管理：区域数据建档、检测、统计。

(3) 辅助手段：灯光环境改造，药物辅助防治。

(4) 技术壁垒：发明专利2项，实用新型专利1项、软著2项。

三、项目运营

(1) 依托政策：《青少年近视防控光明行动工作方案2021—2025》、2021年教育部《做好中小学生定期视力监测信息报送工作》《广东省公共服务"十四五"规划》《广东省国民经济和社会发展第十四个五年规划和2035年远景规划》。

(2) 市场规模分析。

(3) 市场渠道分析。参与各疾控中心筛查项目招标，参与眼科行业展会，赞助眼科学术会议，设立连锁眼科诊所。

(4) 市场运营。ToB（to business，面向企业）承接眼科医院等筛查工作，ToG（to government，面向政府）进社区科普建档，ToC（to consumer，面向消费者）为眼视力诊所等筛查建档。

(5) 竞争对手分析。

四、发展规划

(1) 财务成本。

(2) 资金来源。

五、团队成员

技术团队、市场渠道团队。

六、风险规避

依托学校创业孵化基地，提早从学生中心挑选培养团队补充成员。

提示：①客户资源来源主要为中小学生。②如何利用现有资源渠道开拓主要客户资源？

6.3 拓展阅读

大学生创新创业如何走稳走远
——《关于进一步支持大学生创新创业的指导意见》解读

教育部数据显示，2015—2020届毕业生中共有创业大学生54.1万，其中毕业生44.4万人，在校生9.7万人。大学生是大众创业及万众创新的生力军，近年来有越来越多的大学生投入创新创业的浪潮，但大学生创新创业实践也面临着融资难、经验少、服务不到位等问题。为提升大学生创新创业能力，增强创新活力，进一步支持大学生创新创业，国务院办公厅印发《关于进一步支持大学生创新创业的指导意见》（以下简称《意见》），这是国务院第一次出台专门的政策文件支持大学生创新创业。

加大财税金融扶持，为创业初期"送炭"

"大学生创业初期，资金是一大难题，虽然有一些好项目，但是因为资金链断裂无法继续，也很容易失败。"教育部有关负责人表示，针对该问题，《意见》明确提出要加大对大学生创新创业的财税扶持和金融政策的支持力度。

《意见》提出，高校毕业生在毕业年度内从事个体经营，符合规定条件的，在3年内按一定限额依次扣减其当年实际应缴纳的增值税、城市维护建设税、教育费附加、地方教育附加和个人所得税；对月销售额15万元以下的小规模纳税人免征增值税，对小微企业和个体工商户按规定减免所得税。

针对大学生创业融资难的问题，《意见》鼓励金融机构按照市场化、商业可持续原则对大学生创业项目提供金融服务。

《意见》提出，落实创业担保贷款政策及贴息政策，将高校毕业生个人最高贷款额度提高至20万元，对10万元以下贷款、获得设区的市级以上荣誉的高校毕业生创业者免除反担保要求；对高校毕业生设立的符合条件的小微企业，最高贷款额度提高至300万元。

针对大学生创业失败的情况，《意见》提出探索建立大学生创业风险救助机制，鼓励有条件的地方采取创业风险补贴、商业险保费补助等方式对大学生创业予以支持。同时，规定毕业后创业的大学生可按规定缴纳"五险一金"，以减少大学生创业的后顾之忧。

完善平台建设，促进大学生双创成果转化

"将创新创业教育与社会需求相结合是目前创新创业教育升级面临的困难，解决这个困难的一个方法就是建立融通创新的生态，以社会需求为导向，利用好高校的智力资源为企业赋能。"中国高校创新创业教育联盟秘书处事业部部长王大力说。

《意见》提出加强大学生创新创业服务平台建设，建强高校创新创业实践平台、科技创新资源开放共享平台、大学生创新创业信息服务平台、全球性创新创业竞赛平台等，优化双创环境，促进大学生双创成果转化。

连续三年担任中国国际"互联网+"大学生创新创业大赛总决赛评委的徐登峰认为，大学生创新创业项目比拼的不仅是项目团队，更是团队背后的大学在细分赛道上的科研实力，做好大学生双创成果转化有助于高校的科研成果从实验室走向市场,实现科技成果转化。

《意见》提出,研究设立大学生创新创业成果转化服务机构,建立相关成果与行业产业对接长效机制,促进大学生创新创业成果在有关行业企业推广应用。同时,做好大学生创新项目的知识产权确权、保护等工作,强化激励导向,加快落实以增加知识价值为导向的分配政策,落实成果转化奖励和收益分配办法。加强面向大学生的科技成果转化培训课程建设。

作为培养大众创业万众创新生力军的重要舞台,《意见》专门针对中国国际"互联网+"大学生创新创业大赛提出了新的要求。《意见》提出,支持行业企业深化赛事合作,拓宽办赛资金筹措渠道,适当增加大赛冠名赞助经费额度。同时,充分利用市场化方式,研究推动中央企业、社会资本发起成立中国国际"互联网+"大学生创新创业大赛项目专项发展基金。

深化创新创业教育,提升大学生双创能力

"新时代,从'从业就业'到'创新创业'是大学生就业趋势之一。虽然不是所有大学生都适合创业,但都需要接受创新创业教育。"徐登峰认为,相比财税金融政策的配套优惠,提升大学生创新创业能力才是大学生创新创业能走稳走远的关键。

对此,《意见》提出深化高校创新创业教育改革,建立以创新创业为导向的新型人才培养模式,健全校校、校企、校地、校所协同的创新创业人才培养机制,打造一批创新创业教育特色示范课程。

在提升教师创新创业教育教学能力方面,《意见》提出实施高校双创校外导师专项人才计划,探索实施驻校企业家制度,吸引更多各行各业优秀人才担任双创导师。

在创新创业资金上,教育部将加大支持力度。《意见》提出,在现有基础上,加大教育部中央彩票公益金大学生创新创业教育发展资金支持力度,加大中央高校教育教学改革专项资金支持力度,将创新创业教育和大学生创新创业情况作为资金分配重要因素。

《意见》出台后,各地各部门支持大学生创新创业力度将进一步加大,协同支持大学生创新创业的机制将更加完善、顺畅,高校创新创业教育改革将进一步深入推进,切实提升大学生的创新精神、创业意识和创新创业能力。教育部有关负责人说。

《广东省进一步支持大学生创新创业的若干措施》政策解读

《广东省进一步支持大学生创新创业的若干措施》(以下简称《若干措施》)已经正式印发实施。现就《若干措施》有关内容解读如下。

一、《若干措施》制定的背景是什么?

党中央、国务院高度重视大学生创新创业工作。习近平总书记指出,创新是社会进步的灵魂,创业是推动经济社会发展、改善民生的重要途径,青年学生富有想象力和创造力,是创新创业的有生力量,希望广大青年学生在创新创业中展示才华、服务社会。纵深推进大众创业万众创新是深入实施创新驱动发展战略的重要支撑,大学生是大众创业万众创新的生力军,支持大学生创新创业具有重要意义。为深入贯彻落实党中央、国务院决策部署,为大学生创新创业营造良好环境、创造有利条件,增强创新创业活力,进一步支持大学生创新创业,结合我省实际情况,广东省教育厅会同有关部门起草了《若干措施》。

二、《若干措施》的主要考虑是什么？

《若干措施》在与《国务院办公厅关于进一步支持大学生创新创业的指导意见》（国办发〔2021〕35号）基本精神相衔接的基础上，结合我省实际，针对大学生创业初期融资难问题，从落细落实创新创业资助、税费减免政策、加大创业担保贷款支持等方面提出具体支持措施；针对大学生创业门槛高等问题，提出提升大学生创新创业便利化服务水平及促进大学生创新创业成果转化等支持措施；针对大学生创新精神、创业意识不足和创新创业能力不够等问题，提出深化高校创新创业教育改革、推进大学生创新创业实践平台建设、加大创新创业宣传引导等支持措施，同时提出了支持大学生创新创业的工作保障机制，并对各项措施的责任部门进行了明确。

三、《若干措施》在创新创业资助方面有哪些举措？

《若干措施》从多个方面着手，给予大学生创新创业资助。一是充分发挥好广东省科技创新战略专项资金（大学生科技创新培育）的引导作用，每年资助不少于1000个大学生团队开展科技创新项目研究。二是开展大学生创新创业训练计划，对入选国家级创新训练项目和创业训练项目给予平均不低于2万元/项的经费支持，入选国家级创业实践类项目给予平均不低于10万元/项的经费支持。三是符合条件的自主创业大学生可申请1万元一次性创业资助，以及每年4000～6000元、最长3年的租金补贴。四是被省人力资源社会保障部门评定为省级优秀创业项目的，可按规定享受5万～20万元资助。五是落实大学生创业帮扶政策，毕业后创业的大学生按政策规定缴纳"五险一金"，减少大学生创业的后顾之忧。加大对创业失败的大学生的扶持力度，按规定落实就业服务、就业援助和社会救助。

四、《若干措施》在加大创业担保贷款支持方面有哪些？

一是加大创业担保贷款及贴息支持力度，符合条件的大学生个人可申请最高30万元的创业担保贷款，创业带动5人以上就业的可申请最高50万元的创业担保贷款，对大学生创办的符合条件的小微企业可申请最高500万元的创业担保贷款。二是引导社会资金进入大学生创业投资领域，为大学生创新创业项目提供资金支持。

五、《若干措施》在深化高校创新创业教育改革和推进大学生创新创业实践平台方面有哪些举措？

一是将创新创业教育融入高校人才培养全过程，建立以创新创业为导向的新型人才培养模式，完善多方协同育人的创新创业人才培养机制。二是举办中国国际"互联网+"大学生创新创业大赛省赛，强化大赛创新创业教育实践平台作用，鼓励各学段学生积极参赛，坚持以赛促教、以赛促学、以赛促创。三是鼓励有条件的高校申报创业管理专业，支持高校将创新创业教育业绩列入教师专业技术职务评聘、岗位聘用和绩效考核的重要指标，将教师创新创业教育成果纳入职称申报的业绩成果。四是要求高校要完善学生创新创业管理办法和创新创业成果的学分认定、置换及成绩评定实施细则，支持在校大学生创新创业。五是"十四五"期间，广东省教育厅持续推进广东省创新创业教育示范学校建设，遴选一批省级创新创业精品教材，建设10个省级双创导师培训基地、100门省级创新创业教育特色示范课程，实施省级优秀双创校外导师千人计划，发挥好带动引领作用。六是加快推动全省高水平大学及高水平理工科大学实现省级大学科技园全覆盖，为大学生提供更多创新创业平台。七是"十四五"期间，广东省教育厅将建设 50 个省级大学生创新创业实践教育示范基地，发挥好示范引领作用。

6.4 创新创业实战

1. 实战项目

拜访一名创业者，或者搜索网络创业故事，详细了解其创业经历后，利用所学知识，分析其在创业过程中分别利用了哪几类资源，从什么途径获取，在创业的过程中整合这些资源所使用的方法，以及挑选管理团队成员的技巧。

2. 学生作业

以小组为单位，课下准备，课上用 PPT 做分享。

6.5 总结与提高

我的收获：_____
还没解决的问题：_____
需要改进的地方：_____
其他：_____

拓展阅读

项目7 创业环境与市场分析
——拨开云雾见明月

学习引言

  小米创始人雷军在一次演讲中说道:"站在风口上,猪都可以飞上天。"自此"风口论"就成了创投界的热词。但风口是什么?你真的知道吗?

  "风口"的本意是指通风的口子,或者山岭顶部的凹部。被用在创业领域,其实指的就是一部分的产业或者领域,因为国家政策的支持,顺应了社会发展潮流或者拥有巨大的盈利潜力,从而获得一个高速发展的机会。

  我们放眼城市道路上行驶着的各种品牌的电动汽车,它们的出现和迅速发展,可以说是适逢其时。

  深圳市场上有一个品牌的冰淇淋,把原来2元一支的雪糕,卖成了20元一支的冰淇淋,它的创业者是如何从原来一个毫不起眼的小本生意寻找到高品质需求的市场从而实现精益创业的?

  若你想去喝一杯咖啡,你可能会第一时间想到遍布城市各个角落的星巴克。星巴克的出现和成为全球知名品牌,深深植根于消费者的内心,他们怎么做到的?

  还有很多创业成功的故事,都给我们启示,一个好的创业必须在行动之前对创业环境和趋势进行观察和分析。事实上创业环境分析是发现创业机会的基础,也是进行创业可行性分析的前提。随时变化的环境,能给创业者带来机遇,也可能给创业者造成威胁。作为创业者,必须清楚宏观的、微观的、行业的等各种环境因素及其发展,以及对具体行业、企业的影响是限制性的还是促进性的,只有这样,创业者才能抓住机遇、避免严重威胁,成功创业。如果你有这些疑问,想知道什么是创业环境与市场分析,请继续往下看吧。

学习目标

知识目标：了解创业环境的分类以及创业环境对新创企业的影响与作用；了解宏观环境与微观环境的影响和作用；学会调研创业市场，能找到市场痛点，找到企业的产品或服务的差异化特点，选择合适自己的创业市场，能采取相应的营销战略。

能力目标：能初步用 PEST 对宏观环境进行分析；能初步了解并使用波特五力分析模型、SWOT 模型；初步掌握市场调查问卷工具，对问卷进行设计。

素质目标：认识到创业环境的分类以及创业环境对新创企业的独特价值，重视宏观环境与微观环境的重要性，培养市场调研及市场调查问卷工具使用意识。

问题导航

(1) 创业环境是什么？
(2) 为什么要进行创业环境及市场的分析？
(3) 你会使用市场调查工具进行分析吗？

7.1 创新创业知识链接

7.1.1 创业项目宏观环境分析

宏观环境又叫总体环境，是指那些给企业造成市场机会或市场威胁的主要力量，主要包括政治、经济、社会文化、技术、自然和法律等因素。宏观环境一般包括政治（politics）、经济（economy）、社会文化（social culture）、技术（technology）、自然（nature）和法律（law）六类因素，简称 PEST。PEST 常常作为一种企业所处宏观环境的分析模型。由于自然环境、法律环境等因素的变化速度较慢，企业较易应对，因而不作为重点研究对象。

宏观环境对企业的发展起着重大的作用，尤其是其不可控性因素对企业的影响非常大。因此，创新创业者必须了解或熟悉相应的宏观环境因素，以适应环境的新变化，抓住发展机遇。

PEST 分析是战略咨询顾问用来帮助企业检阅其外部宏观环境的一种方法，是指宏观环境的分析。宏观环境又称一般环境，是指影响一切行业和企业的各种宏观力量。对宏观环境因素做分析，不同行业和企业根据自身特点和经营需要，分析的具体内容会有差异，但一般都应对政治、经济、社会文化和技术这四大类影响企业的主要外部环境因素进行分析（图 7-1）。

图7-1 四大类影响企业的主要外部环境因素

1. 政治环境

政治环境包括一个国家的社会制度,执政党的性质,政府的方针、政策、法令等。

不同的国家有着不同的社会性质,不同的社会制度对组织活动有着不同的限制和要求。

即使社会制度不变的同一国家,在不同时期,由于执政党的不同,其政府的方针特点、政策倾向对组织活动的态度和影响也是不断变化的。

2. 经济环境

经济环境主要包括宏观和微观两个方面的内容。

宏观经济环境主要指一个国家的人口数量及其增长趋势,国民收入、国民生产总值及其变化情况以及通过这些指标能够反映的国民经济发展水平和发展速度。

微观经济环境主要指企业所在地区或所服务地区的消费者的收入水平、消费偏好、储蓄情况、就业程度等因素,这些因素直接决定着企业目前及未来的市场大小。

3. 社会文化环境

社会文化环境包括一个国家或地区的居民教育程度和文化水平、宗教信仰、风俗习惯、审美观点、价值观念等。文化水平会影响居民的需求层次;宗教信仰和风俗习惯会禁止或抵制某些活动的进行;价值观念会影响居民对组织目标、组织活动以及组织存在本身的认可与否;审美观点则会影响人们对组织活动内容、活动方式以及活动成果的态度。

4. 技术环境

技术环境除了要考察与企业所处领域的活动直接相关的技术手段的发展变化外,还应及时了解国家对科技开发的投资和支持重点;该领域技术发展动态和研究开发费用总额;技术转移和技术商品化速度;专利及其保护情况,等等。

所谓宏观环境,就是指间接影响企业发展的所有因素,如国家的政治或法律因素、经济因素、社会文化因素、科技因素。

宏观创业环境
PEST分析.mp4

7.1.2 大学生创业微观环境分析及工具

1. 大学生创业的微观环境分析

1) 外部环境分析

微观市场环境是直接制约和影响企业营销活动的力量和因素。企业必须对微观环境因素进行分析。分析微观市场环境的目的在于更好地协调企业与这些相关群体的关系,促进企业营销目标的实现。微观环境是指对企业服务其顾客的能力构成直接影响的各种力量,包括企业本身及其市场营销渠道企业、市场、竞争者和各类公众。

2) 内部环境分析

知己知彼,方能百战百胜。其实比"知彼"更为重要的是还要"知己"。因此,创业者在寻找和分析外部机遇时,时刻不能忘记自身的优势与劣势。只有将优势与外部的机遇有机地结合起来,才能使创业成功,内部环境是创业组织内部各种创业要素和资源的总称,比如人员、资金、设施、技术、产品、生产、管理、运行等方面的情况。内部环境是创业者的家园,是创业活动的根基。要从创业团队、资金及其来源、产品竞争力、技术开发水平、生产工艺、市场渠道能力、货源等方面找出自身的优势和劣势。

2. SWOT 分析工具

SWOT 是一种战略分析方法,通过对被分析对象的优势、劣势、机会和威胁等加以综合评估与分析得出结论,通过内部资源、外部环境有机结合起来清晰地确定被分析对象的资源优势和缺陷,了解对象所面临的机会和挑战,从而在战略与战术两个层面加以调整方法、资源以保障被分析对象的实行以达到所要实现的目标。SWOT 分析法又称为态势分析法,是一种能够较客观而准确地分析和研究一个单位现实情况的方法。SWOT 分别代表 strengths(优势)、weaknesses(劣势)、opportunities(机遇)、threats(威胁)(图 7-2)。

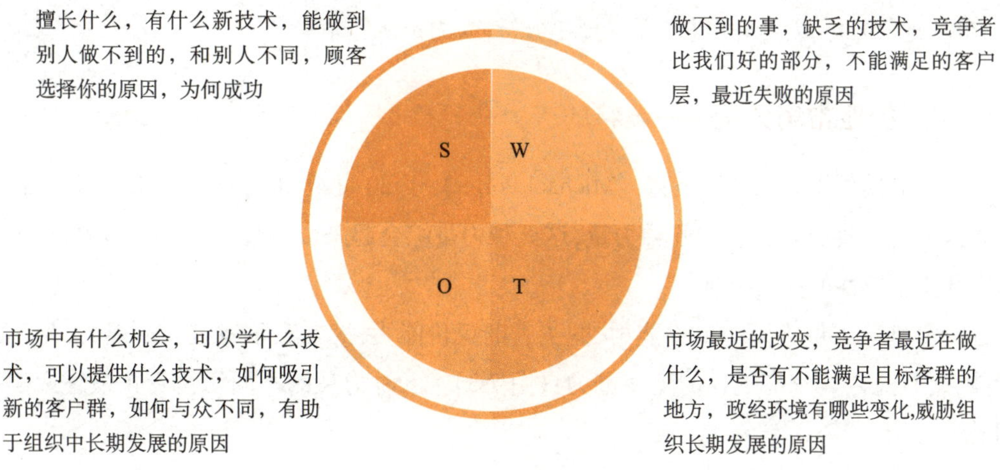

擅长什么,有什么新技术,能做到别人做不到的,和别人不同,顾客选择你的原因,为何成功

做不到的事,缺乏的技术,竞争者比我们好的部分,不能满足的客户层,最近失败的原因

市场中有什么机会,可以学什么技术,可以提供什么技术,如何吸引新的客户群,如何与众不同,有助于组织中长期发展的原因

市场最近的改变,竞争者最近在做什么,是否有不能满足目标客群的地方,政经环境有哪些变化,威胁组织长期发展的原因

图 7-2 SWOT分析工具

课堂随笔

微观创业环境分析.mp4

3. 创业过程中需要注意的微观环境因素

1）企业资源

企业资源是指企业的资源状况和企业资源所表现出来的优势和劣势情况，以及企业对其未来目标的制定和实施的影响而形成的各种要素，如品牌形象、员工队伍、知识产权等。

从资源的范围看，企业的资源可分为内部资源和外部资源。企业的内部资源包括人力资源、财力和物力资源、信息资源、技术资源、管理资源、可控市场资源、内部环境资源；企业的外部资源包括行业资源、产业资源、市场资源、外部环境资源。

从资源的外部形态看，企业的资源也可分为有形资源和无形资源。有形资源主要是指财务资源和实物资源。它们是企业经营管理活动的基础，一般都可以通过会计方式来计享其价值；无形资源主要包括时空资源、信息资源、技术资源、品牌资源、文化资源和管理资源等。相对于有形资源来说，无形资源似乎没有明显的物质载体而看似无形，但它们却成为支撑企业发展的基础，能够为企业带来不可比拟的优势。

2）企业文化

企业文化（又叫组织文化）是一个企业在日常的运行、生产经营和管理活动中表现出来并实践的理念、价值观等精神财富和物质形态，它包括组织价值观、企业精神、处事方式、行为准则、企业制度、信念、仪式、符号等，是企业文化形象的展示，企业的价值观是企业文化的核心。

3）企业核心竞争力

企业的核心竞争力是企业内部多种要素的结合，是企业长期形成的，在其竞争领域表现出来的，支撑企业过去、现在和未来的竞争优势和能力，或者说，是其不容易被竞争对手所模仿或效仿的，能带来独特利润的能力，它具有价值高、不易模仿、稀缺性、不可替代性等特点。核心内容包括知识、制度和资源。

企业的核心竞争力要从以下几个方面进行考虑：管理的规范化、竞争对手分析、资源竞争分析、市场竞争分析、差异化分析、无差异化分析、人力资源竞争等。

7.1.3　行业市场分析——波特的五力分析模型

波特五力模型由迈克尔·波特（Michael Porter）于20世纪80年代初提出，它认为行业中存在着决定竞争规模和程度的五种力量，这五种力量综合起来影响着产业的吸引力，对企业战略制定产生全球性的深远影响。

五力分别是：供应商的议价能力、购买者的议价能力、潜在竞争者进入的能力、替代品的替代能力、行业内竞争者现在的竞争能力（图7-3）。五种力量的不同组合变化最终影响行业利润潜力变化。

波特的五力分析模型.mp4

图7-3 波特五力分析模型中的"五力"

1. 供应商的议价能力

供方主要通过其提高投入要素价格与降低单位价值质量的能力,来影响行业中现有企业的盈利能力与产品竞争力。供方力量的强弱主要取决于他们所提供给买主的是什么投入要素,当供方所提供的投入要素的价值构成了买主产品总成本的较大比例且对买主产品生产过程非常重要,或者严重影响买主产品的质量时,供方对于买主的潜在讨价还价力量就大大增强。

2. 购买者的议价能力

购买者主要通过其压价与要求提供较高的产品或服务质量的能力,来影响行业中现有企业的盈利能力。

3. 新进入者的威胁

新进入者在给行业带来新生产能力、新资源的同时,将希望在已被现有企业瓜分完毕的市场中赢得一席之地,这就有可能会与现有企业发生原材料与市场份额的竞争,最终导致行业中现有企业盈利水平降低,严重时还有可能危及这些企业的生存。竞争性进入威胁的严重程度取决于两方面的因素:进入新领域的障碍大小与预期现有企业对进入者的反应情况。

4. 替代品的威胁

两个处于同行业或不同行业中的企业,可能会由于所生产的产品是互为替代品,从而在它们之间产生相互竞争行为,这种源自于替代品的竞争会以各种形式影响行业中现有企业的竞争战略。首先,现有企业产品售价以及获利潜力的提高,将由于存在着能被用户方便接受的替代品而受到限制;第二,由于替代品生产者的侵入,使得现有企业必须提高产品质量,或者通过降低成本来降低售价,或者使其产品具有特色,否则其销量与利润增长的目标就有可能受挫;第三,源自替代品生产者的竞争强度,受产品买主转换成本高低的影响。总之,替代品价格越低、质量越好、用户转换成本越低,其所能产生的竞争压力就强;而这种来自替代品生产者的竞争压力的强度,可以具体通过考察替代品销售增长率、替代品厂家生产能力与盈利扩张情况来加以描述。

5. 行业现有竞争状况

大部分行业中的企业,相互之间的利益都是紧密联系在一起的。作为企业整体战略一部分的各企业竞争战略,其目标都在于使得自己的企业获得相对于竞争对手的优势,所以,在实施中就必然会产生冲突与对抗现象,这些冲突与对抗就构成了现有企业之间的竞争。现有企业之间的竞争常常表现在价格、广告、产品介绍、售后服务等方面,其竞争强度与许多因素有关。

7.1.4 市场调查分析及工具

1. 市场构成因素

构成市场的因素有三个:一是人口,二是购买力,三是购买动机。

1)人口

人口(图7-4)越是集中的地方,对商品的需求量就越大;人口稀少的地方,对商品的需求量就会相对较少。因此,对于不同的地区,在选择经销商以及分配促销资源时是有区别的。

图7-4 人口

2)购买力

购买力也是构成市场的一个重要因素。对消费市场而言,购买力体现在居民的收入水平上。一个地区的人口越多,居民的收入水平越高,市场就会越发达。收入水平越高的消费者,对于产品的质量、功能、款式等的要求就会越高,而不会太在乎价格。

3)购买动机

有了人口基数和一定的购买力,如果没有购买欲望,也不能最终形成市场,因为没有购买欲望就不会发生购买行为。研究购买欲望首先要研究人们的购买动机。消费者的购买动机主要有感情动机、理智动机、偏爱动机。

2. 市场细分、目标市场选择与产品的市场定位

1）市场细分

市场细分是指在分析消费者需求的差异性基础上，把具有不同需求的消费者分隔开，把需求基本相似的消费者归为一类。市场细分后，一个大市场就被划分成为若干个子市场。

对大学生创办企业而言，市场细分的重要性体现在以下几种。

（1）有利于发掘市场机会。

（2）有利于集中资源投入目标市场，获得最大效益。

2）目标市场的选择

在依据不同的细分标准进行市场细分后，就要选择自己要进入的市场，这就是目标市场选择。在进行目标市场选择时常用的策略有以下几种。

（1）无差异性市场营销策略。

（2）差异性市场营销策略。

（3）集中性市场营销策略。

3）产品的市场定位

选定目标市场后，还要给自己的企业和产品在消费者心目中树立独特的形象和地位，这就是市场定位。

市场定位是相对于竞争者而言的，因为在一般情况下，企业的产品在目标市场并不是处于独占地位，明确的市场定位意味着和竞争对手相比，本企业的产品和品牌在消费者心目中有一个突出的位置，使消费者在面对同类产品时有一个清晰的选择。

常见的市场调研方法.mp4

7.2 创新创业课堂实践任务

任务一：造车新势力崛起——根据小鹏汽车案例进行PEST分析

1. 任务描述

PEST分析是战略咨询顾问用来帮助企业检阅其外部宏观环境的一种方法。一般都应对政治、经济、社会文化和技术这四大类影响企业的主要外部环境因素进行分析。请阅读以下的案例资料，结合所学知识，尝试对小鹏汽车（图7-5）进行PEST分析，思考小鹏汽车企业面临的宏观环境并对这些环境问题进行分析。

2. 案例资料

随着汽车产业向电气化方向发展，在新能源汽车经过了最近几年的市场竞争后，新的格局正在形成，国内造车新势力开始逐步崭露头角。其中小鹏汽车就是个中佼佼者。

小鹏汽车团队成立于2014年，专注于针对一线城市年轻人的互联网电动汽车的研发，第一款量产车的目标是一辆时尚、跨界的电动SUV。

图7-5　小鹏汽车产品

在造型设计上,小鹏汽车造型设计的理念是简洁、实用。追求优雅的车身比例,简洁有力的线条,精致多样的材质细节,强调造型基于功能,让每一个造型特征都变得有意义。特别是内饰的人机交互设计中,尝试更加深入了解用户行为,在深度极致的用户体验中,打造情感化智能化的汽车。

在核心技术上,小鹏汽车的纯电驱动系统以电机、电池、电控为核心。其中电机控制器、充电机等被安置在了前舱内,电池系统则布置在乘员舱地板下方。小鹏汽车的初版电机功率密度达到10kW/L,目标达到14.5kW/L,超过国内平均水平1倍。电池方面,小鹏汽车的电池包已经经过了4次迭代开发,能量密度接近150Wh/kg,不同于国内电动车电池包大多采用自然冷却或者风冷,小鹏汽车设计了液冷电池包,可以在暴晒试验后,输出功率200kW以上而温升控制在10°以内,有效地解决了电池温升问题。该套纯电驱动系统已经进行了台架测试、转毂测试和试验场道路测试,累计测试里程超过5000km。

自成立以来的短短六年时间内,小鹏汽车已经成为中国领先的智能电动汽车公司之一,以领先的软件、数据及硬件技术为核心,为自动驾驶、智能互连和核心汽车系统带来创新。与传统的汽车制造商(或整车厂)以及部分纯电动汽车初创公司(通常依赖第三方供应商的软件解决方案)相比,公司的创新速度以及独有的实力使公司的汽车软件能够适应中国消费者不断变化的需求和中国特定的道路状况,这是小鹏的核心竞争优势。

小鹏汽车的智能电动汽车吸引了中国越来越多热衷科技的中产阶级消费者。公司主要瞄准中国乘用车市场中价格介于人民币15万~30万元的中高端市场。根据IHS Markit的数据,小鹏汽车是2020年中国中高端电动汽车市场销量排名前五的畅销品牌之一。消费者选择公司的产品主要是因为具有吸引力的设计、交互式智能出行体验、长续航里程和先进的技术。

小鹏汽车希望与时下繁荣的共享用车平台合作,推出长租服务,出售使用权而非所有权。由于车辆的模块化设计,使得用户有更多的功能要求或更高的性能要求时,可以方便地进行软硬件替换升级,也为后端盈利提供了更大空间。此外,小鹏汽车已经搭建了一个由电动车发烧友组织的粉丝圈,在开发过程中组织线下活动,倾听客户的意见,并且将改善成果体现在下一个迭代版本中。

(资料来源:https://baike.sogou.com/v141962617.htm.)

3. 材料准备

黑笔、A4纸、大卡纸、便利贴。

4. 任务步骤

（1）思考小鹏汽车企业面临的宏观环境。

（2）运用PEST对这些环境问题进行分析（填写表7-1企业面临的环境分析表）。

表7-1　企业面临的环境分析表

类　别	问题一	问题二	问题三	问题四
政治环境				
经济环境				
社会环境				
科技环境				

任务二：SWOT分析创业案例——带你领略星巴克的咖啡故事

1. 任务描述

SWOT是一种战略分析方法，通过对被分析对象的优势、劣势、机会和威胁等加以综合评估与分析得出结论，通过内部资源、外部环境有机结合起来清晰地确定被分析对象的资源优势和缺陷，了解对象所面临的机会和挑战，从而在战略与战术两个层面加以调整方法、资源以保障被分析对象的实施以达到所要实现的目标。

2. 主题

星巴克的咖啡故事。

3. 问题聚焦

当初，只有雅痞才肯光临星巴克，而现在不需要做特别的广告宣传，客源量远远超出了我们能够估计的范围，包括老年人、年轻人和各个种族以及各种背景的人，就像是全世界的人都冒了出来。

4. 创业特色

约会的场所。

5. 主要产品

咖啡饮品。

6. 故事导入

星巴克于1971年创立于美国西雅图的帕克市场。而它的命名是以赫曼·梅维尔（Herman Melville）在《白鲸记》一书著作中的大副之名而命名的。那位冷静又爱喝咖啡的大

课堂随笔

副 Starbuck，这个名字让人联想到海上冒险故事，也让人忆起早年咖啡商人走遍各地寻找好咖啡的传统。历经近半世纪的经营，范围扩及全球，面对其他咖啡品牌的竞争，星巴克的竞争策略何去何从？

下面介绍星巴克成功四部曲。

（1）采取差异化集中策略，进入利基市场。

① 慎选地点，如选择极品咖啡店少的都会区（从西雅图开始）。

② 要有良好的市场定位。

③ 高质量、高价位的极品咖啡店。

萧兹总结了星巴克的成功秘诀：浪漫、经验、友善、分享、文化。星巴克的特殊之处，正是把经营重心从商品本身转移到远景、创意以及企业哲学上。

（2）扩大规模以降低成本的"成本集中"策略。

① 生产快速。

② 让客户付款方便，推出预付卡、随行卡及双重用途的信用卡。

星巴克建立了"以咖啡为中心"的文化和策略。星巴克的咖啡文化是以味觉、嗅觉、视觉、听觉、触觉"五官皆醉"为核心，五官齐下的策略，让顾客从踏进店门起，接触到的只有咖啡。

（3）推出商店品牌，采取"差异化策略"。

① 1996年跟醉尔思共同推出星巴克咖啡冰淇淋，跟百事可乐合作推出星巴克罐装咖啡。

② 2001年起，推出非咖啡业务。以顾客洞察力为核心，重新定义产业典范。对星巴克来说，市场的竞争不是基于咖啡本身，而是基于享受咖啡的经验。

（4）星巴克从1996年开始进军海外市场，展开"全球化展店"策略。

星巴克在不太注重烘焙咖啡饮料的地区实施开店计划。在各店开幕前，星巴克先推出邮购服务，培养顾客对星巴克的喜好。另外给顾客带来其他利益，导入艺术、音乐，把咖啡厅塑造为第三中性场所，每位员工都是品牌代言人，这种情境铺陈出来的是一种品牌经验。

小组讨论：

（1）你从星巴克案例中学习到了什么？

（2）根据图7-6以举例说明方式对星巴克咖啡进行SWOT分析。

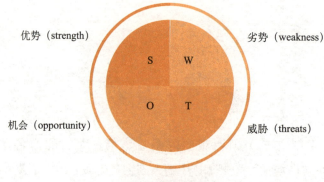

图7-6　SWOT示例

任务三：骄骄的雪糕亚历山达（ALEXANDER'S）——波特五力模型让你了解它的秘密

1. 任务描述

波特五力模型由迈克尔·波特（Michael Porter）于 20 世纪 80 年代初提出，他认为行业中存在着决定竞争规模和程度的五种力量，这五种力量综合起来影响着产业的吸引力，对企业战略制定产生全球性的深远影响。请阅读以下的案例资料，结合所学知识，对亚历山达进行波特五力模型分析，思考亚历山达冰淇淋企业为什么会成功。

2. 案例资料

（1）亚历山达冰淇淋品牌创立于 2014 年，甄选全球优质食材，坚持天然原料制作，严控每道工序，旨在打造更符合国人口味的低甜度冰淇淋。

20 世纪 80 年代，创始人王海达（Alex）的父母从家乡揭阳来到深圳，先后从事种植、零售及雪糕批发工作。1997 年创办冰淇淋厂，发展至现年产能 1.5 万吨的专业冰淇淋生产商。

2013 年 8 月，品牌创始人王海达在对冰淇淋品牌进行调研后发现国产冰淇淋质量良莠不齐，遂立志创建优秀的中国冰淇淋品牌。王海达与黄晓莹、高超联合成立了亚历山达食品有限公司，将父母的工厂作为唯一代工厂，开始冰淇淋制作与研发。

历经 6 个月的生产研发，亚历山达品牌于 2014 年 2 月面世，首批推出榴梿、高原玫瑰、港式奶茶、黑巧克力四款纯天然低甜度冰淇淋；采用 O2O 模式实现深圳主要城区配送，下半年于惠州、广州番禺、成都建仓，同步开展配送服务。同年与特斯拉、渣打银行、中国移动等企业开展"企业试吃"活动获得热烈反响。

2017 年 3 月获得红秀资本千万级融资；2017 年 5 月亚历山达天猫旗舰店开业，开启全国主要城市配送服务；2017 年 7 月进行品牌升级，对品牌外包装及口味进行革新，开启多元化战略，在 O2O 运营与线下体验点结合的基础上，入驻主流线上平台，并将线下体验点区域拓展至全国。

图 7-7 所示为亚历山达产品展示效果。

（2）主人翁 Alex 从深圳外国语学校毕业，考上香港城市大学，学的是工商管理专业，毕业后在香港从事的也是金融行业。这样的路子走下去，父亲会觉得儿子没有走自己的老路，学的是高大上的专业，做的是不求人的工作。但是后来，Alex 放弃了金融行业的工作，他希望能做出中国最好的冰淇淋品牌。

图7-7 亚历山达产品1

Alex 从来没有想过自己会做冰淇淋，他从小到大给父母说得最多的话就是：绝对不可能接班做雪糕。

当有一天，Alex 在车上对父亲说他要做冰淇淋品牌时，父亲沉默了一会儿，只问了一句："你是有点走投无路了吗？"

接下来,父亲疑虑重重地说:"我小学三年级毕业做冰淇淋二十年,你读了二十几年书,竟然还要做冰淇淋?金融不是挺好的吗?"文化程度不高的父亲无论如何也想不通,出国留过学的儿子会投身到制造业当中。

Alex 为什么会做这样的选择?他说,就是想做中国最好的冰淇淋。而父母这些年的积累,对他有潜移默化的影响。但是他强调,自己并不是接班到父母的工厂做高层,而是重新开创一条新路子。"其实,我到现在也不是接班,我们两家是签合同的,各种代工费都是计算出来。不是因为我是老板的儿子就少收钱,流程都是跟厂里商量。"他说:"亚历山达与我父亲旗下的雪糕厂的关系,就是苹果与富士康的关系。"父母的工厂是 ALEXANDER'S 的代工厂与制造商。

如果说父母一辈给 Alex 在传承方面最大的影响,他坦言更多的是精神上的,是那种"工作态度和吃苦耐劳的精神"。他说:"我们现在的创业环境其实已经比他们好很多了,因此我觉得我们要传承到他们吃苦耐劳的精神,而不是遇到一点问题就退缩。"父母勤恳的做事态度对他产生了非常大的影响。"小时候,父母工作到凌晨一二点才睡觉都是很正常的,然后早上 6 点就起床准备当天的工作。因此,在开始创业的时候,我并不会觉得自己是在加班,其实就是把应该做的事情给做了而已。另外,我父母在几年前就将股份分了一部分给在厂里工作了 10 年左右的员工,在员工参股之后,厂里的不良品率和浪费率都有明显的下降。"

ALEXANDER'S 刚刚创立时,单支冰淇淋定价 20 元。Alex 的父母一看就笑了:"我们两块钱都卖不出去,你竟然卖 20 块?"这种定价的确让做了 20 年雪糕的父母震惊。

但是,当 Alex 把亚历山达的设计、包装等全部做出来之后,父母觉得这件事可能是靠谱的(图 7-8)。如今,Alexanders 以 O2O 的形式,在市场上与消费者直接对接,省略掉中间环节,第一年不仅没有亏,而且略有盈利。

大四的时候,他去土耳其工作过两个月,帮助土耳其的公司从中国进货。"这些做经验的积累,对我而言感触很大。我会觉得,其实帮助别

图7-8 亚历山达产品2

人是很开心的,而不是浪费自己的时间。"在国外的生活及工作经历给 Alex 另一个最大的感受就是,要尽可能地降低对环境的破坏。"我们冰淇淋的勺子,用的都是可降解的材料,在大自然中,我们的勺子三个月就可以降解掉。我们现在不是生意越大越好,如果用泡沫箱装冰淇淋,一旦每天有几千份订单,我反而不开心,因为这相当于向中国的土地上扔垃圾。所以,环保与公益不是口号,而是实实在在的事情,我们要对环境和消费者负责,这是首要的,而不是从一开始就考虑成本控制的问题。"Alex 坦言,亚历山达是一个小众品牌,针对的是中国的中产阶级,这个阶层目前正在崛起,"当他们足够大的时候,我们就会成为大众品牌"。

Alex 见证了父母的雪糕厂从家庭作坊式的规模,到如今有 3000 多平的厂房,最多时有 300 多个工作人员同时工作的壮大过程。"以前都是粗糙的加工线,几乎所有的工序都是靠人工,甚至连冰棍的那个细细的棍子,都是靠人工一根一根插上去的。如今,这些都可以用机器代替,更

加科技化了。"

Alex 一再提到"知足常乐"这个词。他从来不羡慕别人,也不攀比,"你买了新车,好,恭喜你!但是,跟我有什么关系?我又不想买,没什么好攀比的,中国人爱比房子、车子、孩子成就之类的,但是我觉得,我们只活一次,一辈子一转眼就过去了,让自己活好就行了"。

(资料来源:https://www.yixi.tv/albums#/speech/detail?id=343)

小组讨论:
(1) 你从王海达身上学习到了什么?
(2) 根据图7-9进行亚历山达(ALEXANDER'S)的波特五力分析。

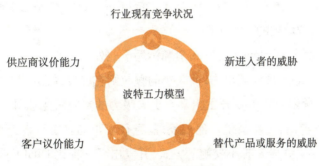

图7-9 波特五力模型

任务四:如何从STP战略中定位目标市场?看世界著名的吸尘器制造商——Dyson(戴森)

1. 任务描述

STP战略中的S、T、P三个字母分别是segmenting、targeting、positioning三个英文单词的首字母,即市场细分、目标市场和市场定位。STP营销是现代市场营销战略的核心,同时也是创业过程中必不可少的环节。请了解以下内容,对世界著名的吸尘器制造商Dyson展开分析。

2. 主题

Dyson品牌故事,黑白的理想世界。

3. 问题聚焦

Dyson一直以用户体验方向进行着创新和改进。

4. 创业特色

致力于设计和研发能用科技来简化人们生活的产品。

5. 主要产品

吸尘器、风筒。

6. 创业历程

1970年,詹姆斯·戴森还在皇家艺术学院学习期间,就发表了他的第一件作品——"海上卡车(Sea Truck)"汽艇。若干年之后,获奖设计产品球轮手推车(Ballbarrow)问世,该推车可以到达其他独轮手推车所无法到达的地方。其后,水陆两用轮型船(Wheelboat)和球型滑轨(Trolleyball)也相继问世,就连在绝大多数直立式真空吸尘器上可见的集成软管(integral hose)也是戴森的发明之一。

1978年,詹姆斯·戴森注意到球轮手推车喷涂室内的空气滤清器频繁遭遇粉状颗粒阻塞(正如真空吸尘器袋遭遇灰尘阻塞一样)。因此,他设计并建造了一座工业气旋塔,通过施加大于重力10万倍的离心力来去除那些粉状颗粒。同样的原理在真空吸尘器上是否适用呢?詹姆斯·戴森就此着手研究工作,在5年内进行了5127次模型试验,最终世界首个无尘袋真空吸尘器经由戴森之手问世了。戴森双气旋TM技术Dual Cyclone系统是自1901年真空吸尘器问世以来,真空吸尘技术领域内的重大突破。

传统的集尘袋被两个Cyclone替换,粉尘和污垢于此处在离心力的作用下从空气中分离出来。较大的颗粒在Cyclone被分离出来,而较小的颗粒则在内旋风器中被分离出来。多圆锥气旋TM技术戴森的科学家们立志要开发出具有更大吸力的真空吸尘器,因此,他们着手研究工作,想要开发出一套全新的气旋系统。他们发现,直径较小的气旋可以产生更大的离心力,因此,他们通过将一股气流分成8股小气旋的方式,开发出了一种比Dual Cyclone真空吸尘技术多出45%的吸力且吸尘效果更好的技术。另一个解决的问题"我喜欢你的真空吸尘器,但你是否会制造一款不需要推来推去的机器?"这句偶然的话语令詹姆斯·戴森陷入思考。同样的原理在真空吸尘器上是否适用呢?

提示:关于STP工具,如图7-10所示。

图7-10　STP工具

团队练习：STP营销策略规划——做一个关于Dyson（戴森）的战略设计（任务20分钟）。

7.3 拓展阅读

风雨洗礼更坚劲——疫情影响下的中国经济观察

新冠疫情来袭，中国经济韧性如何？细微之处最能感知

1亿元授信，48小时完成审批，利率下浮10%，"这为复工复产带来'及时雨'，让我们对今后的发展更有信心。"重庆化医控股（集团）公司董事长王平忙得不可开交。

"在家办公比在办公室还忙，省去了通勤时间，工作效率比平时提高两三成。"在北京一家网络调研公司从事品牌设计的冯辰，春节后就没歇着，隔离、办公两不误。

经历风雨，更显坚韧挺拔。"中华民族是历经磨难、百折不挠的民族，困难和挑战越大，凝聚力和战斗力就越强。我们有能力、有信心、有把握，既要彻底战胜疫情，还要完成既定经济社会发展目标任务。相信中国战胜这次疫情后，将更加繁荣昌盛。"习近平总书记的话掷地有声、鼓舞人心。

突如其来的新冠疫情犹如现代化进程中又一次"压力测试"，中国经济的"抗压"能力究竟如何？带着这一问题，我们走访企业、专家和百姓，感受中国经济在风雨中的韧性和活力。

中国经济从来都是在经历风雨中发展起来、在应对挑战中成长起来的

机器轰鸣声中，一根根铜杆拉伸变形，装运车往来穿梭。2020年2月13日，江西省鹰潭市江南新材料科技有限公司车间内，工人们戴着口罩，忙个不停。

"大风大浪见多了，这点风雨，我们还真不怕！"公司总经理徐一特说。2003年非典疫情防控期间，集团总部曾一度停产停工，但很快就恢复了；2019年国际经贸环境发生变化，企业出口受到波及，但随着共建"一带一路"倡议的推进，又拓展了新的市场，发展势头反而比以前更好了。"疫情终将过去，日子一定会更好。"

"中国经济是一片大海，而不是一个小池塘。""狂风骤雨可以掀翻小池塘，但不能掀翻大海。"回望中国经济发展历程，风风雨雨是常态。从1998年洪灾、非典疫情、汶川地震，到亚洲金融危机、国际金融危机、国际经贸环境变化，中国经济经历过一次次狂风骤雨，却总能履险如夷、化危为机，在风雨之后更加茁壮。

人们不会忘记，1998年，长江、松花江流域发生百年不遇特大洪水，持续时间长、影响范围广，直接经济损失达数千亿元。危机之下，中国实施积极的财政政策，加大基础设施建设力度，扩大国内需求，经济增长步伐稳健。

人们不会忘记，2003年，非典疫情也曾引发对经济的担忧。但事实证明，其对中国经济的影响只是一次性、暂时性的。当年，中国经济增速只在第二季度有所回落，很快又重拾上升趋势。即使是受冲击较大的第三产业，在当年第四季度也出现明显回升。不仅如此，非典疫情时期，人们减少外出，在家中体验线上购物，电子商务、在线支付、物流配送等行业顺势获得跳跃式发展。

课堂随笔

人们不会忘记,2008年5月,四川汶川发生特大地震,不仅给灾区带来巨大损失,也让中国经济再临"大考"。面对灾难,各方众志成城、万众一心,取得抗震救灾的胜利,经济大局也稳如磐石,灾区面貌在短短几年里发生了脱胎换骨的变化。

人们不会忘记,1997年亚洲金融危机和2008年国际金融危机都曾来势汹汹,"中国经济开始衰退""中国经济奇迹终结"等论调一度出现。然而,中国通过积极有效地应对,不仅实现自身平稳发展,也为世界经济复苏作出重大贡献,展现了一个负责任大国的担当。

人们也不会忘记,这两年,面对保护主义、单边主义抬头,经济全球化遭遇波折、风险挑战加剧的复杂局面,中国坚持把外部压力转化为深化改革、扩大开放的强大动力,全面做好"六稳"工作,努力推动经济高质量发展,集中精力办好自己的事。刚刚过去的2019年,中国经济穿越国际经贸环境变化的风雨稳步前行,GDP同比增长6.1%,人均GDP突破1万美元大关。

"中国经济从来都是在经历风雨中发展起来、在应对挑战中成长起来的。历次冲击下中国经济的表现,充分展现出其自身强大的韧性。"中央党校(国家行政学院)马克思主义学院院长张占斌说。

中国经济抵御风险挑战、保持平稳运行的韧性有更坚实基础

风雨中成长起来的中国经济,"块头"已今非昔比,"免疫力"是否还能一如既往?

"中国经济与2003年时相比更具韧性。"《南华早报》网站2月10日发表文章做出的判断,引起很多人的共鸣。"对中国经济具有的强大韧性,我们始终充满信心。"迪卡侬中国副总裁王亭亭说。

2020年春节,迪卡侬负责口罩、酒精、洗手液生产的工厂都提前恢复生产,加班加点保障市场供货。"迪卡侬在中国的成长,得益于广阔的市场、完备的产业链和巨大的发展空间。"王亭亭深有感触。

企业信心源于中国经济的韧性。近年来,中国经济迈向高质量发展,体量变大,体格也在变壮,让这种韧性拥有更加坚实的基础。

韧性来自强大的国内市场。中国有14亿人口的庞大市场、4亿多中等收入群体的巨大购买力,这既是中国经济发展的可靠保障和有力引擎,也为世界经济提供了增长之源、活力之源。

2020年1月7日,特斯拉上海工厂新车开始批量交付,一上市就引发购买热潮,甚至出现"晚一天下单,晚一周提车"的情况,目前订单已排至4个月以后,折射出中国汽车市场的惊人潜力。

"我们在中国有超过50家工厂已复工生产,工厂开工率已达100%。"在华投资近30年的益海嘉里集团总裁穆彦魁认为,中国市场需求依然强劲,且在不断增长,疫情对中国经济短期也许会有一定影响,但他们坚定看好中国的长期发展。

韧性来自巨大的回旋空间。作为在建巨型水电站,三峡集团白鹤滩工程正处于主体建设高峰期,而工程的主要材料,包括钢材75万吨、水泥500万吨、粉煤灰180万吨等,全部由国内厂家供货。"虽然疫情对工程供应链造成冲击,但施工进度依然有保证。"白鹤滩工程建设部党委书记樊义林介绍,主要材料的供应商都有多家,且分布在不同地区。某一家供应商出现问题,可以随时替换。

"中国产业体系完备,抗冲击能力很强。"民生银行首席研究员温彬认为,中国经济腾挪空间很大,当某一个领域受到影响,其他部分可以迅速补上来,而不像小经济体,一旦受到冲击往往很难恢复。

另外,我国经济社会发展还存在不少"短板",但"短板"也是"跳板",差距正是潜力。在补"短板"中接续发力、绵延不断,就能有力推动中国经济不断向前。"以城镇化为例,2019年末,我国常住人口城镇化率为60.6%,明显低于发达国家80%左右的平均水平。城镇化率每提高1个百分点,就有近1400万人从农村转入城镇,不仅会增加城市公共服务设施投入,也会释放巨大的衣食住行等消费需求。"张占斌说。

韧性更来自独特的制度优势。"特殊时期,政府部门对我们在车辆通行、员工上班等方面给予大力支持,银行为我们新增300万元低息贷款,让我们感到不是在孤军奋战。"浙江台州市大安塑料模具有限公司负责人卢辉说。

5部门出台30条金融举措支持疫情防控,中国人民银行定向降准0.5~1个百分点,财政部、税务总局等出台三批税费优惠政策……疫情发生后,多项政策齐伸援手,为企业复工复产和扩能增产提供鼎力支持。

"我们有全国一盘棋、调动各方面积极性、集中力量办大事的制度优势",商务部国际贸易经济合作研究院对外贸易研究所研究员梅新育说,疫情发生以来,在党中央集中统一领导下,迅速动员起全国各方面资源,同心协力执行、全力以赴完成。"中国有强大的组织动员能力和民族凝聚力,加上宏观调控水平不断提高,这是经济韧性的坚实制度保障。"

新冠疫情冲击下各种新消费和新动能层出不穷、活力涌动

疫情冲击下,餐饮、旅游等行业受到影响。然而,各种新消费和新动能也层出不穷,展现出中国经济"春风吹又生"的韧性与活力。

新消费潜力十足。"春节期间,全国211家盒马鲜生门店迎来线上线下双增长,特别是线上流量大增,是去年正月的2.8倍,比节前消费最高峰也涨了1倍多。"阿里巴巴集团副总裁、盒马总裁侯毅说。

2020年春节,"宅经济"的需求量逆势上涨,领跑春节消费市场。春节假期前七天,中国银联网络转接交易金额同比上涨13.3%,其中网络支付交易同比大增46.79%。

消费连续6年成为拉动经济增长的"第一动力"。"疫情防控期间,网上消费更加红火;疫情结束后,一些被压抑的消费需求更是有望获得反弹性释放。"中国贸促会研究院国际贸易研究部主任赵萍说。

新经济迎来机遇。2020年2月份以来,淘宝店数量每天新增3万多家,大量个人、企业转战线上,实现"云复工";2月13日,小米通过淘宝直播、苏宁直播等平台举办"云发布会",发布最新手机产品;春节期间,给相隔异地的父母网上"买单"数大幅增长,和父母绑定淘宝亲情账号的人数增长33%,"云拜年"成了新潮流。

疫情汹涌的同时,"云办公"也火了,数字经济等新业态表现活跃。"新经济企业在这个春节的亮眼表现,折射出新旧动能转换的成效,未来融合型数字经济将有较大发展潜力。"国研新经济研究院执行院长朱克力说。

同时,公众对环保、健康将更加重视。"医疗废水处理、城镇污水提标和生活垃圾处理的需

课堂随笔

求都可能大增。"中持水务股份有限公司总经理邵凯十分看好环保产业发展,并已据此在规划公司未来发展蓝图。

中国社会科学院副院长、学部委员蔡昉认为,新冠疫情虽然会对经济活动产生负面影响,但终究是一次性冲击现象,总体上不会延迟全面建成小康社会目标的实现。

"没有任何力量能够阻挡中国人民和中华民族的前进步伐"。中国经济韧性强劲,内需空间广阔,产业基础雄厚,我们有能力、有信心、有把握,坚决夺取疫情防控和实现今年经济社会发展目标的双胜利,并继续朝着我们的长远目标坚定迈进。

(记者:许志峰、吴秋余、寇江泽、葛孟超 资料来源:http://www.gov.cn/xinwen/2020-03/16/content_5491726.htm.)

7.4 创新创业实战

1. 实战项目

制作你自己的调查问卷。

> **小贴士**
>
> 调查问卷是将一系列的问题,可以通过面对面、电话或在线方式书面或面对面询问来进行。问卷只有在信息有价值时才有意义。

2. 实战步骤

1)关于调查问题

调查问卷必须以易于理解的方式仔细规划和设计,但也要提供足够的细节以获取所需的信息。在设计调查问卷之前,要集思广益需要的信息。可以按表7-2列出问卷调查思考表。

表7-2 问卷调查思考表

你需要什么信息?	设计一个合适的问题

在分析和处理大量信息时,https://www.wjx.cn/(问卷星)或 https://jinshuju.net/(金数据)上有一些很有用的工具可以下载使用。

2）对调查问卷的要求

★ 问题尽量简短。

★ 问题数量尽量控制在 10 个以内。

★ 5～7 分钟即可完成调查问卷的填写。

★ 尽量避免开放式的问题，因为答案可能很长。

★ 对于封闭式问题，可以设置一个"是"或者"不是"的选项以方便回答。

3）实际操作

为你的企业设计和编制一份调查问卷，里面必须包括以下内容：

★ 问卷名称。

★ 最少 8 个问题。

★ 至少一个开放式问题和一个封闭式问题。

★ 多使用视频、图像、照片等形式。

★ 运用技术手段。

★ 可以使用在线工具（这只是一项）。

★ 发送给 40～50 人（包括校内和校外）。

★ 争取采访一个竞争对手。

4）其他内容

★ 与他人合作，请 3 名学生来帮助完成你的问卷。

★ 你需要做出哪些改变？

★ 你学到了什么？

拓展阅读

7.5 总结与提高

我的收获：_____

还没解决的问题：_____

需要改进的地方：_____

其他：_____

项目8　产品设计与市场测试

——客户真正需要的产品是什么

> **学习引言**
>
> 我们走进琳琅满目的超市,看到货架上一件件商品,还不断产生新的商品。在完成购物并结账时,你是否会有这样的疑惑,这些商品都卖得掉吗?商人是如何设计、生产一款产品并最后盈利的呢?
>
>
>
> 事实上,一款产品从设计到最终全面投入市场,需要经过一系列的程序,而这些程序有其特定的要求、规则和科学方法。这些程序的实施,能够让我们充分考量设计的产品的各方面特性,同时检查我们设计的产品是否能够符合市场需求,能否在市场竞争中占据优势。这其中包含了产品设计和市场测试两个主要内容。在本项目中,我们将通过案例来详细学习产品设计与市场测试的具体操作流程和基本原则。

学习目标

知识目标：认识产品设计的重要性；了解市场测试的分析法。
能力目标：掌握产品设计的核心要素；设计一份市场测试问卷。
素质目标：围绕创新创业项目案例，提出新的产品设计；提供新的市场测试方法。

问题导航

（1）产品应如何被设计出来？
（2）如何才能知道市场需要什么？
（3）应如何调整产品以迎合市场需要？

8.1 创新创业知识链接

8.1.1 产品设计的概念

产品设计一般指从制订新产品设计任务书起到设计出产品样品为止的一系列技术工作。其工作内容是制订产品设计任务书及实施设计任务书中的项目要求。内容有产品的性能、结构、规格、形式、材质、内在和外观质量、寿命、可靠性、使用条件、应达到的技术经济指标等。产品设计主要种类有新产品自行设计，外来样品实物测绘仿制，外来图纸设计，老产品的改进设计等（图8-1）。

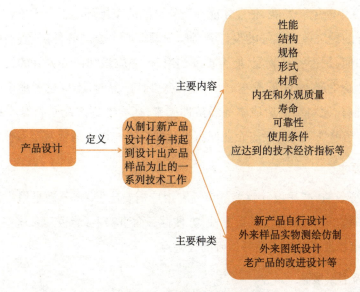

图8-1 产品设计的概念

但随着互联网行业的发展，用户对于能够迎合自己需求不断提升的服务行业的市场有了新的认识。新的服务模式不断得到用户的喜爱及推广，所以产品设计又有了新的内容加入。也就要求我们在做产品设计时应该考虑其时代性、经济性和文化等特色。

产品设计是竞争行业首先要考虑到的环节，一个产品设计从一开始就要全面考虑整个产品的策略、外观、结构、功能，从而确定整个生产系统的布局。因此，产品设计阶段对于一个产品是否能够收获成功起着基础性作用。许多在市场竞争中占优势的企业都十分注意产品设计的细节，以便设计出制造成本合理而又具有独特功能的产品。现在很多公司都把设计看作企业产品创新的基点，并且认为好的设计是赢得顾客的关键。

8.1.2 产品设计的要求

在设计产品时，要考虑很多的因素，一个好的商品能够取得不错的市场反馈，最直观的就是产品的设计。所以一项成功的设计产品应满足多方面的要求，有要迎合社会发展方面的，有产品功能、质量、效益方面的，也有使用要求或制造工艺要求。总体上来讲，产品设计人员需要综合考虑以下五个方面的要求。

1. 迎合社会发展方面的要求

产品的设计创新，要以满足社会发展需要为前提。一件新产品的设计应不仅仅局限于满足当下的社会需要，而要看到较长时期的发展需要，眼光放长远。为了满足社会发展的需要而开发的先进产品，其关键在于技术创新与进步。除此之外，为了让设计的产品具有长远发展意义，设计者还需要加强对国内外技术发展的调查研究，博采众长，尽可能地吸收世界先进技术，并在此基础上加强科研力度，促进科技创新发展。

2. 企业经济效益要求

新产品的设计，目的就是让企业处于不断创新的过程中，而其根本目的就是实现企业的经济效益增长。只有不断创新发展，企业才能在变幻莫测的市场环境下立于不败之地乃至引领市场，从而获得更好的经济效益。好的设计会考虑到顾客所关心的各种问题，例如产品功能功效如何，手感材质如何，是否容易装配，能否重复利用，产品质量如何等；好的设计可以节约能源和原材料，提高劳动生产率，降低成本等。所以，在设计产品时，不仅要考虑产品的功能、质量，而且要考虑产品制作原料和制造成本等经济性因素，还要考虑产品是否具有投入批量生产的可能性，也就是市场前景，毕竟，没有企业愿意设计并投产一款不赚钱甚至亏钱的产品。

3. 用户使用要求

要想获得经济效益，产品设计就要从市场和用户需要出发，充分满足用户使用要求。使用的要求主要有使用的安全性、使用的可靠性、方便性。而事实上，能否迎合这些使用要求也是一件产品能否赢得市场及赢得用户良好口碑的关键点。

4. 外形美观及包装要求

产品设计要与美学结合，考虑长途运输及邮寄特点。因此还要考虑产品外形和使用环境、用户喜好等特点,力争设计出用户喜爱的产品,提高产品外观的美观性,包装易运输。具有设计感的产品外形可以给用户一个好的"第一感",同时,独特的外观设计也能够成为公司的"标签"。除了产品的外形可以体现独特感,产品的颜色、公司的色调如果使用得当,也可以让产品更具有辨识度。例如,饿了么公司主打蓝色调,其商标、APP图标乃至配送员的颜色都是蓝色;而美团则采用了与其截然不同的黄色作为主色调。这样,两种品牌的产品虽然都是同样的外卖业务,但是在外观上就有了明显的区分和辨识(图8-2)。

图8-2 饿了么公司与美团采用不同的主色调

5. 生产制造工艺要求

企业能够大批量生产,要结合生产线的需要并且符合工艺原则。因此,对于产品设计的生产制造工艺要求,就是在规定的产量规模条件下,能够通过经济的加工方法,制造出符合质量要求的产品,这样能够最大限度地降低产品制造的劳动成本,减少材料消耗,缩短生产周期和制造、运输成本等。

8.1.3 产品设计的步骤

产品设计环节涉及的部门和人员比较多,所以每一次产品设计会先选出小组成员形成一个项目团队,产品设计的步骤包括以下方面。

1. 沟通和讨论

项目立项的前提和信息资料输入来源,必须和部门、客户就设计方向、设计内容、设计风格等进行深入的探讨和沟通。

2. 市场用户调研

市场用户调研是产品日后能与市场相融合的必不可少的一环,认真地分析市场上成功与失败的案例,做出既有新的创意又迎合市场的设计。

3. 产品定位策划

分析现有市场产品,做出新产品的价格定位、新产品上市策划等,是产品上市前要考虑的重要商业活动。

4. 创新创意（外观、结构、技术等）设计

设计小组提出概念、创意和设想，进行部门内部设计优化选择，从而进一步完善改进创意。

5. 市场测试与跟踪

通过测试检测市场反馈，并修改设计进行投产后的跟踪。目的是在第一次试装配中能更快速、更全面地发现并解决出现的问题，从而加快整个项目运行的速度，确定产品加工工艺。

6. 市场售后反馈

每一次项目都要有总结和反馈。通过不断地总结和分析，能够使部门内工作协调，提升业务的流程化，同时了解市场情况，更好地把握产品创新方向。可以通过客户的销售部门和售后部门来获取，也可以通过小范围的市场调查来获取。具体方法取决于项目情况。产品设计的步骤流程如图 8-3 所示。

图 8-3　产品设计的步骤

8.1.4　市场测试

市场测试是展示和促销一个品牌，是企业检验产品是否能大规模生产前必须要做的一个重要环节。当公司管理层和新产品开发团队对产品功能测试结果感到满意后，将新产品放到一个可采信的小范围消费者环境中对产品市场效果进行测试。

产品测试的目的是获得最终用户或目标市场对产品（或服务）的评价。其中包含了以下几个方面的内容：了解消费者如何使用，发现现有产品的缺点，评价商业前景，用户是否会再次购买及购买频率多高等消费行为，评价其他产品配方，发现产品对各个细分领域的吸引力，获得营销计划其他元素的创意。

8.1.5　市场测试的方法

新品牌新产品总是在具有领头羊地位的市场上进行测试（即某些可代表广大消费者的主要城市或城镇）。显然，如果该品牌在这些市场中销路很好，它们就可以在全国范围内投放市场或公开亮相。但是，如果产品的缺陷很快被发现，该品牌就需要加以改进，甚至有时也许不得不放弃。市场测试也会带来一定的风险：竞争者可能会跟踪新产品以窃取信息和创意。

常用的测试方法有：①虚拟销售。询问潜在的买主是否有意愿购买，可从虚拟货架上取下商品等。②控制销售。买方必须购买，销售可能是正式的，也有可能是非正式的，但它是在受控制的环境下进行的。③全面销售。由公司决定将产品完全投放到市场上，除非有异常情况，产品将在整个市场一起上市。传统的营销测试通常采取全面销售的方法。

产品在进行市场测试的同时，会通过用户的问卷反馈来收集信息资料。市场调查问卷样本的选取分为以下几种。①个案法。这是对一个人、一个群体、一件事、一个社会集团或一个社

区所进行的深入全面的调查。②综合分析法。这是一个直观有效的分析方法,可以将图形、文字、数据等转化成图表进行综合的分析。综合分析法更加直观,易于掌握,准确率高,所以是运用较为普遍的一种分析方法。③典型案例分析法。这是要求在样本的案例中选取几个比较典型的进行深入分析,找出它们各自的特征并进行比对。

我们在选取调查问卷的样本时应该注意以下两个问题：①样本的选取要有一定的广泛性和代表性。也就是说要从不同层面、不同角度去抽取样本,抽取样本是要获取有代表性的样本作为分析的数据。②样本数量的选择要根据调查经费来决定,因为样本的数量直接关系到样本分析成本,有效的样本数量越多,分析的准确率就越高。除此之外,值得注意的是市场调查样本的选择条件不是永恒不变的,要善于通过产品的具体情况来作出具体的判断与选择。

8.1.6 市场测试的步骤

市场测试的步骤大致可分为六步,如图 8-4 所示。

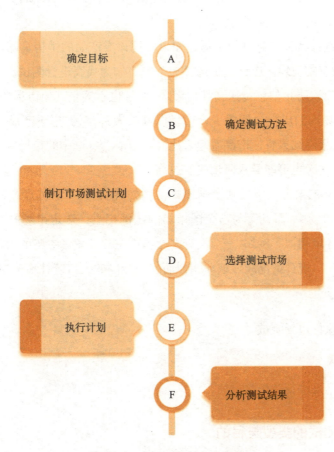

图 8-4 市场测试的六个步骤

1. 确定目标

市场测试的第一步是确定测试目标。常见的市场测试目标有：估计份额和销售量,决定产品购买者特征,决定购买频率和目的,决定在哪里购买（零售渠道）,测量新产品的销售对产品线上现有相似产品销售的影响。

2. 确定测试方法

基本的测试方法有三种：①模拟市场测试。从总体中抽取的样本和目标组的代表暴露在多种刺激下（如新产品创意、广告、促销等），并让参与测试的用户在这些刺激中做出类似的购买选择。②标准市场测试。这种方法是在有限的基础上进行真正的市场测试。③受控市场测试。

3. 制订市场测试计划

制造和分销决策的制订必须保证提供适当的产品，而且出售具体产品的方式在大多数门店应是可行的。另外，用于测试的营销计划细节必须详细地加以规定。应该选出基本的定位方法，制订出保证定位得以实施的商业广告计划、价格策略、媒体计划以及各种促销活动。

4. 选择测试市场

选择测试市场时必须考虑许多因素：市场没有进行过太多的市场测试，否则测试的结果及市场反应可能会不真实。应选择在相应的分类中属于正常发展的市场，具体产品在该市场的销售应该有典型性，不能太高，也不能太低。

应该避免人口统计特征不寻常的市场。如果发现该类产品的销售量随地区的差异而产生极大的变化，那么所有主要地区应该至少选择一个城市作为代表进行测试。

被选中的市场应该防止信息传送到其他市场，而且也不接受其他市场的信息传播。例如，如果在一个特殊市场内的电视台覆盖了该市场以外的大片市场，用于产品测试的广告可能从外界市场招揽顾客，最终结果将使产品看起来比实际更成功。选中的市场应该大到足以提供有意义的结果，但市场太大也可能导致测试成本过高。

选定市场中的分销渠道应该反映全国模式。例如，销售某一具体产品的所有类型的商店都应该出现在选定市场中，而且应与占全国市场的比例相当。选定市场的竞争环境应该与该类产品类别的全国环境相似。例如，一个没有多个国内主要竞争者参与的市场不宜选为测试市场。所选择城市的人口统计情况应该彼此相似而且与全国的人口统计情况相似。

5. 执行计划

按照既定方案执行市场测试。

6. 分析测试结果

根据市场测试结果进行分析并反馈。

8.1.7 市场测试的类型与目的

针对不同的行业、不同类型的产品，使用的市场测试方法也并不相同。化妆品、洗涤用品行业的市场测试，通常会提前准备一定数量的小样，免费派发给消费者，这些消费者在官方网站有注册信息，能够直接跟踪反馈使用效果。而一些医药类、营养类或者替换类的产品，一次测试不够，还要反复去测试，为了精准产品的效果及用户人群。由此可见，市场测试的具体形式、复杂程度和周期，是由产品本身的性质决定的。

产品测试的类型有以下三种。

（1）初始测试。初始测试是诊断性测试，其目的是排查并消除产品的严重问题，并大致了解该产品与竞品相比的优势，还可以发现产品的实际和潜在的使用情况，以便及时调整。这类测试通常是用小样本来完成的（这些样本通常便于获得，如员工）。员工测试通常用于食品类产品的测试。

（2）市场测试。市场测试是要求顾客在规定的时间限制内强制使用公司所提供的产品，并做出反应。这类测试最后会提供一个仿真购买环境，或者是一个实际选择情景，顾客被要求要么选择一系列商品中的一种，包括新产品（通常以降低过的价格购买），要么就选择买还是不买这种新产品。

（3）产品测试。产品测试最复杂的形式是产品在家庭里（或企业里）使用较长一段时间（通常为两个月）。这种测试结果包含了初期期望的逐渐消失和那些只有随着时间流逝才会出现的问题（如时效过期）。被调查者需要在使用的不同阶段填写问卷，还要对在这段测试期里每天使用新产品和竞争产品的实际情况做记录。最终在结束前做一次实际选择情景测试。

产品测试的目的随着被测试产品的发展或生命周期的不同阶段而不同，决定采用哪种测试类型是建立在产品的特点之上的，这些测试种类并没有优劣之分，使用者需要找到最契合产品的测试类型（或测试类型组合）。

第一，在产品发展初期，市场测试为的是使产品的属性特征最优化，从而更加吸引顾客。此外，还利于确定价格，将产品优势转化呈显著的顾客利益。

第二，当产品最终完成但还没有投入市场时，实施产品测试可以识别竞争对手的实力和自身的不足，同时还可以确定产品在目标用户中的定位。

第三，一旦产品推出上市，进行产品测试通常有两个目的。首先，作为质量监控手段，维持产品生命力和持续竞争力；其次，如果产品有进一步改进的潜力，应该对改进产品进行测试。

8.1.8 市场测试中的产品测试方法

市场测试中常用的产品测试方法有以下两类。

（1）单一产品测试。在单一产品测试中，受访者尝试一种产品，然后对这种产品做出评价。收集的数据通常包括购买兴趣、对产品属性的评级等。单一测试的特点是：更加贴近真实的生活，因为它基于顾客通常每次使用一种产品的事实。

单一测试适用于：①产品初期阶段。因为目标是获得有关产品吸引力的基础数据（如你喜欢还是讨厌这种产品）。②当市场上没有直接显著的竞争对手的时候。原因是配对比较测试只能提供相对的被测试的可供选择的产品信息。而单一测试，提供相对的受访者自己的判断信息。

（2）对比产品测试。在对比较产品测试中，受访者按顺序尝试两种产品。试完后，对每种产品进行评价并说出更喜欢哪种产品。因为在受访者尝试完两种产品后才开始问问题，所以对产品的评价通常是建立在两种产品的比较基础之上的。对比产品测试的特点是：测试数据建立在比较的基础上，能更好地分析出产品和竞争产品的差异。

对比产品测试也会有以下不足：①显著的视觉差异能够掩盖在气味及口味上的差异，造成测试结果偏差；②或许会因为不重要的差异掩盖了偏好，影响测试结果的真实性；③对比产品测试与其他测试无法进行成果的横向比较。

确定测试方法后，我们还需要确定在什么场所进行测试。通常来讲，产品测试的场所有以下三类。

第一，在社区/家中（入户）测试。在家中可以烹制、清洗产品；经过一段时间的使用，产品可以在不同的前后关系中被不同的家庭成员评价；这种测试场所对于让消费者困窘或敏感的产品非常有益；对于反应随时间变化的产品非常有益；对于某些日用品，则是唯一的方式。

第二，大堂/大厅测试。它对于快速简略的测试十分有益，对于检查项目设计十分有益，是一种现实的测试。当大量产品被筛选时，在大堂/大厅测试对于获得敏感受访者的信息十分便捷有效；而当需要产品的测试后包装时，对于被测试者的行为观察则会比在家中测试更加容易。

第三，在其他地方测试。当不在家中进行经常性消费，而且环境十分重要时采用。如在酒吧中进行啤酒测试；对于大型产品，如计算机、彩电可以在专门设置的空间进行测试。另外，产品在受访者不知道名称的情况下被测试，还是应该让受访者看见名称，这些取决于测试目的。不标名称的测试不受品牌资产的影响，可以测量出产品真实的物理性能。而在评价一个熟悉的知名品牌时会产生光环效应。从某种意义上讲，品牌形象比产品自身性能更能代表产品。

8.2 创新创业课堂实践任务

任务一：设计市场调查问卷

任务描述：2019年5月，星巴克宣布为了庆祝其"Mores 星冰乐"的回归，决定为少数幸运粉丝送上一套品牌专属的 Mores Sip Kit 星冰乐唇彩系列（图8-5）。该系列包含四款以星巴克经典口味单品命名的唇彩：Chocolicious Bliss、Marshmallow Glow、Graham Glam 以及 Campfire Spark。4款色号+粉色包装，简直少女心爆棚。专注咖啡的星巴克，为何突然卖起口红？星巴克出品口红，是否值得入手？

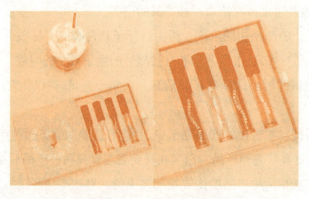

图8-5 星巴克新品口红

请利用问卷星从用户角度设计一个市场调查问卷,获取星巴克用户对该产品的购买意向及使用体验。

任务二:市场测试反馈

任务描述:根据任务一中收集到的问卷数据,分析这款产品的优势和劣势,分析其产品定位等(PPT分享)。

任务三:产品创新设计

任务描述:基于任务二中的分析,尝试为星巴克公司的这款产品提出改进意见(可以但不限于从产品外观、质量、制作成本、产品定位、用户群体等方面思考)(PPT分享)。

8.3 拓展阅读

马应龙药业集团股份有限公司始创于1582年,是一家有着四百多年历史的中华老字号企业。1995年启动国企改制,对于马应龙药业集团股份有限公司发展具有重大的标志性意义,在这一年,宝安集团正式入驻实施控股经营。"宝马联姻"二十年来,马应龙在变革中发展,在发展中创新,各项经营指标始终保持两位数的正增长,由过去传统的生产型企业发展成为一家专业化医药类上市公司。纵览过往,变革、创新与可持续,构成了马应龙二十年改革发展的主线。2019年7月,马应龙口红(图8-6)以"卖痔疮药的马应龙跨界卖口红"登上微博热搜,被网友戏称"史上最强跨界"。

图8-6 马应龙跨界卖口红引发热议

市场营销战略的提出主要是解决企业营运机制问题,宝安集团在控股经营之初即确立市场营销的龙头地位,明确以市场营销为突破口,推动公司的全面改革。

通过该战略的实施,公司建立了市场导向机制,明确"先销售后生产,先生产后生活"的导向性政策。"以销定产"的提出,促使营销工作成为经营重点,公司人力、财力、物力资源向营销倾斜,解决了初期产销不平衡的矛盾,推动了企业由生产型向经营型的战略转型;优化人员结构,推动营销队伍建设,通过企业内部的积极倡导和调整,营销人员占比由1995年的5%提高到2014年的45%;完善营销体系,构建营销网络,实行渠道终端分线管理,不断健全覆盖全国的销售网络;全面推行品牌管理模式,设立品牌经理统筹负责品类的营销推广工作;关注医改动向,争取产品资质,公司有17个品种入选"国家基本药物目录",其中马应龙麝香痔疮膏入选国家基本药物目录独家品种,27个品种入选"国家医保目录",其中4个品种为公司独家品种;构建同商业、医院、连锁药店间的战略合作,在业内首倡集团层面的产业合作,资源共享,合作多赢,形成了具有马应龙特色的营销管理体系。

创新是企业生存和发展的根本,是企业实现可持续发展的第一关键要素。尤其对马应龙这个具有四百多年历史的老字号来说,创新就意味着浴火重生。改制以后,马应龙建立了以市场为导向、以提高自主创新能力和资源整合能力为主要目标的技术创新管理体系,其运行机制主要包括资源配置机制、项目管理机制、风险管控机制、团队管理机制以及可持续发展机制等,每种机制下都设有专门的委员会负责决策和推进。马应龙管理团队对创新经营有高度的认识和重视,他们认为只有坚持技术创新、产品创新与制度创新、商业模式创新相结合,才能更好、更快地促进创新成果向产业化的有效转化,才能促进百年老号插上腾飞的翅膀,弯道超车,快速实现中华老字号的现代化复兴。

1. 品牌经营创新

品牌经营战略的提出主要是解决企业发展方向问题。宝安集团在控股经营初期即恢复马应龙企业品牌,深入挖掘老字号品牌价值;明确了以"肛肠及下消化道领域"为核心的战略发展定位,强化细分市场优势,打造强势品牌;坚持"目标客户一元化,功能服务多样化"的战略发展路径,满足客户需求,培育客户忠诚;建立健全系统化、模块化的战略营运系统、战略保障系统和战略控制系统,推动产品经营向品牌经营的转变,强化企业及各层级员工的品牌意识。

通过实施品牌经营战略,公司在市场细分领域建立与其他同类品牌相区隔的独特优势,打造全产业链条上的核心竞争力。马应龙按照"目标客户一元化,服务功能多元化"延伸战略,围绕肛肠病患者这一目标客户聚焦经营,深化马应龙品牌从药到医的延伸,开办马应龙肛肠专科医院并连锁化经营,构建了集药品经营、诊疗技术、医疗服务为一体的产业价值链。创新品牌传播方式,加强与年轻消费者沟通,打造寓教于乐的创意视频(如《菊花的秘密》《屁股欢乐颂》等)开辟医药行业内容营销的先河;积极拥抱"互联网+",前瞻性布局移动医疗,充分利用产品、连锁医院、线上和线下大药房实体等独特资源,在肛肠及下消化道领域为消费者提供重度闭合的健康垂直服务。

2. 技术整合创新

改制后马应龙单独成立了产品开发中心,逐渐强化研发部门的经营职能。在产品研发方向上,不断完善治痔产品线,向多样化、系列化发展。在研发模式上,突破以往自主研发的局限,灵活整合社会研发资源,逐渐形成了以委托研发、联合研发为主,自主开发、项目引进、项目转让为辅,充分利用高等院校、科研院所和合作组织等各种社会资源的整合式研发模式,建立了半商业化研发运营机制和整合式研发模式,使技术创新能力得到不断加强。

目前,马应龙的产品结构逐步完善,现已形成了以肛肠治痔产品为主,以妇科、皮肤、特药及化妆品为辅的产品线。马应龙企业技术中心被认定为"国家级企业技术中心",马应龙被认定为高新技术企业、湖北省肛肠药物工程技术研究中心。经国家人事部核准,公司与北京大学、军事医学科学院分别组建了博士后工作站。长期以来马应龙一致致力于挖掘传统技术精髓,进行延伸应用开发,2011年马应龙眼药制作技艺成功获评国家级非物质文化遗产,为马应龙针对传统技艺、组方的挖掘、再创新奠定了坚实的基础。

3. 产业结构创新

产业结构创新就是商业模式的创新。马应龙从分析价值创造过程入手,构建核心点,整合产业链,充分利用社会资源,采取轻资产结构,盘活企业资源,提高资源利用率,规避经营风险,建立利益共赢和共享机制,以立足于为客户创造价值为出发点谋共赢,以立足于企业和员工共同成长为出发点谋共享,构建价值链上的利益共同体。

改制以来,马应龙贯彻"工业重速度,商业重质量,诊疗重布局"的思路,聚焦核心优势领域,实现产业立体化和聚焦叠加。目前,马应龙已经发展成为一个拥有药品经营、诊断技术、医疗服务三大业务板块,并向大健康领域延展,以推动中药现代化为己任的经营功能齐全的医药集团公司,跃居医药类上市公司二十强。

工业板块:公司生产功能齐全,肛肠及下消化道类产品生产剂型范围已涵盖膏、栓、中药饮片、口服、片剂、洗剂等,生产功能超过30种剂型,拥有马应龙麝香痔疮膏、麝香痔疮栓、龙珠软膏等独家药品超过20个品种,可供生产的国药准字号药品超过300种。各类软膏年生产能力近亿支,栓剂生产能力过亿粒。生产设施先进,主要品种生产流水线及配套设施的技术水平已处于国内领先水平。除了药品外,马应龙也开始向大健康领域拓展,包括功能药妆产品的开发、婴幼儿护理产品的拓展以及中药饮品的销售等,今后还将围绕大健康领域拓展新的整合业务。

医疗板块:围绕"目标客户一元化,服务功能多元化"的经营思路,马应龙开办肛肠专科连锁医院,向诊疗业务实施品牌延伸,发挥品牌优势和医药互动经营优势。

商业板块：武汉马应龙大药房连锁有限公司拥有近百家直营药店，位列中国连锁药店百强排行榜前三十，获得湖北省首家互联网药品交易服务资质，设立了湖北省第一家网上药店。湖北天下明药业公司是湖北省首批基本药物配送十家企业之一，也是湖北省基药配送覆盖率最高和基药配送量最大的商业公司。

4. 经营体系创新

马应龙在总结、提炼四百年人文内涵和十多年企业改革发展实践的基础上，着手构建了"三维三力系统"：以客户、股东、员工为经营对象，以方针管理模式为主轴的经营管理体系，将传统的平面的产业经营架构升华为立体的多维的经营架构。客户经营系统是构建以客户为中心，通过目标和流程设计，有效配置资源，着力打造企业的产品力、营销力和品牌力，并促进"三力"集成的运营模式。投资者经营系统通过打造公信力、创造力和发展力，对投资者实施影响，获得其认同，并创造价值。人力资源经营系统通过深化落实"让合适的人做合适的事"的人力资源经营理念，不断提升员工的压力、动力和活力。

三维三力系统是马应龙管理实践的结晶，具有较强的理论创新和模式创新，受到社会各界尤其是学术界的广泛好评。三维三力系统的主轴是方针管理模式，可以用"三个环节""两个支撑"和"三个能力"来概括。"三个环节"是指方针制定环节、方针实施环节和方针总结环节，构成方针循环的主线，使各项"指令"能够在企业中由上至下、由下至上地循环并有序落实。"两个支撑"是指绩效管理和预算管理两个基于协调配套的支持系统，前者给予人力资源方面的协调保障，后者提供财务资源方面的协调保障。"三个能力"是指通过方针管理模式的运行要达到强化企业的决策力、执行力和协同力，并实现三力集成的目的。

据了解，2019年马应龙强势推出口红，加入化妆品赛道。目前马应龙的商业模式主要分为三大板块，医药工业板块、医疗服务板块和医药商业板块。医药工业板块以药品制造为主，聚焦肛肠及下消化道领域，明星产品马应龙麝香痔疮膏曾获评国家工信部单项冠军产品。同时，马应龙还生产了包括功能型化妆品、功能型护理品、功能型食品、滋补饮片、医疗器械等健康领域产品。医疗服务板块主要依托马应龙在肛肠治痔领域的独特优势，建立马应龙肛肠连锁医院，构建全国肛肠医疗服务终端网络；医药商业板块则涵盖线下实体药店、网上药店、医药物流等方面。

马应龙的创新、变革，顺应市场需求，推陈出新，继续发展壮大。尤其在2019年进入化妆品行业，企业发展有目共睹。

所以，样本市场深度测试后，从目标市场、营销模式、推广方式三个方面研究并调整商业模式，以便企业能快速找到发展方向，并找到合适的市场营销模式，不断加大品牌的影响力。

（资料来源：搜狐网，https://mbd.baidu.com/ma/s/SuWC6bsc.）

8.4 创新创业实战

新片场——北京邮电大学参赛项目，获得2016年第二届中国"互联网+"大学生创新创业大赛国赛金奖。

新片场在参加作品时的描述是下一代传媒公司，依托创作人社区的互联网影视内容出品发行平台，也是国内领先的新媒体影视创新者，公司的使命是用年轻人的方式为年轻人输出有价值的内容。公司依托于影视创作人平台"新片场"，通过互联网方式，聚集大量互联网内容生产者，发掘和培育优秀的、年轻的影视创作人，为新一代的文化市场提供更优秀、更丰富的内容产品。

新片场以其优质的产品设计及行业领先性获媒体及资本市场认可。公司愿景是做一家百年的企业，以"正直、执行、靠谱、创业精神、创新、成长"为核心价值观。公司愿意与业内优秀创作人一起，共同成长为中国影视领域的中流砥柱。

创业项目源自于创业团队的四个成员的现实生活，新片场的四位创始人正用自己的经历，讲述着"北邮合伙人"的故事。四位创始人都毕业于北京邮电大学，都有一个共同的爱好就是拍摄短片。正是这个爱好，把他们紧紧地拴在了一起，成就了日后的新片场。还在上学时，一个手机俱乐部举办了一个设计比赛，读研究生的尹兴良和陈跃找了几个伙伴参加比赛。很快，他们提交了商业计划书，还拍了个产品使用场景的视频，拿了全球第四名。第二学期，他们开始想把这个产品实现下来，但因为一些原因，最终未能继续下去。不过四个人开始意识到，团队一起努力，或许可以做一些有影响力的事。当时他们经常看国外的视频网站，为何不搭建一个平台，将热爱视频制作的人聚拢在一起，推荐、分享微电影？怀揣着这个想法，想让同样喜欢拍片儿的人能有一个交流的据点。上线之后，很多创作人在这个平台上活跃起来，这是新片场的前身。2012年，新片场正式成立。

凭借着精准的定位，新片场成长为国内最大的影视创作人平台。盈利模式上，新片场的主要收入来源包括：拍摄和发行网络电影、短视频网站等渠道获取的发行收益。在陈跃和团队眼中，网络影视IP化也是重要的商业路径，可见"人"的生意始终是新片场看重的重要一环。

2014年新片场收获来自阿里的千万元投资。2015年红杉资本出资3600万元，认购新片场16%的股份。2015年新片场正式在新三板挂牌上市，成为"中国新媒体影视第一股"。2016年新片场完成C轮融资，而此轮融资，由天星资本领投，红杉资本跟投，融资后估值达到6.7亿元。

2016年新片场影业出品、发行了《四平青年之浩哥大战古惑仔》《痞子兵王之特种使命》等近百部网络电影、网络剧作品，现在在行业里面只要提到网络电影、网络剧，基本上都能看到新片场影业。

据报道，新片场对网络电影的投资，平均每部在300万元左右，一个好的项目大概可以收回上千万元，不过内容都是有赚有赔的。新片场同腾讯、爱奇艺、21世纪福克斯等一起做了"比翼新电影"计划，从腾讯动漫中选出10个头部IP，从新片场创作人社区中选出10名优秀年轻导演，联合起来做漫改电影，在2017年暑期陆续上映。新片场在这个计划中担任制片方的角色，负责扎扎实实把片子做出来。

2016年新片场营业收入为7299.13万元，在新三板所有影视公司中，新片场的营业收入增幅最快。

2017年，8月8日新片场宣布完成1.47亿元人民币的定向增发，新一轮融资将进一步帮

课堂随笔

助其拓展在互联网影视领域的版图。据了解,本轮融资由上市公司完美世界旗下基金领投,其他新引入的投资者包括孚惠资本、永桐资本等多家投资机构,泰合资本担任独家财务顾问。创始人尹兴良被评选进"福布斯30位30岁以下精英"榜单。

2020年6月23日,第11届金鼠标数字营销大赛各奖项获奖作品公布。素有"数字营销风向标"之称的金鼠标,由网赢天下网主办,作为领衔数字营销领域的专业赛事,一直肩负着记录行业发展进化和颠覆创新的使命,挖掘并传递数字营销的黄金价值。此次新片场短视频共荣获三个奖项:①美的冰箱"城市净味正当潮"整合营销方案获得年度数字媒体整合类金奖;②京东818"超能星机队"内容营销获得年度视频整合营销类铜奖;③同时新片场短视频荣获年度数字营销创新力代理公司。这是对新片场短视频创新营销能力的极大认可。

小组讨论:新片场在产品创新设计上有哪些举措?产品设计创新后赢得了哪些新用户?如果你们小组要做与新片场类似的产品,会考虑哪些产品设计创新?

8.5 总结与提高

我的收获:_____
还没解决的问题:_____
需要改进的地方:_____
其他:_____

拓展阅读

项目9　商业模式设计与创新
—— 一个企业怎么赚钱

学习引言

你知道一般企业的营收从0元到1000亿元需要多少年的时间吗？你知道用时最短的企业是哪家吗？我们熟知的华为公司用了21年，腾讯用了17年，小米科技只用了7年的时间创造了突破千亿元营收的商业神话。"为发烧而生"是小米科技的价值主张，小米科技开创互联网手机模式，快速成为一家全球瞩目的智能手机厂商。快速发展的小米的业务产品范围不断地扩大，现已成为一家为用户智能生活提供全方位服务的生态型公司。在硬件方面，开发了手机、电视、Ai音响、路由器以及全生态链的硬件产品；在软件方面，开发了"小爱"语音助理、小米运动、米家等一系列软件产品。并在零售和服务方面开拓了多种销售渠道和服务平台。可以说在日常生活中，都可以看到小米产品的存在。

小米科技的成功，透视出其合理设计商业模式的优势。首先，是它的经营理念得当，打破单做硬件的传统思维，它以互联网思维打造硬件和软件，积累大量用户，通过服务实现变现。其次，敢于借鉴成功企业的商业模式，对多个优秀企业的优势进行吸纳改进，形成新的商业模式。同时也打造了一个集硬件设备＋互联网运用＋新零售模式为一体的独特生态链系统。以低价产品加上"米粉效应"形成客户黏性，让更多客户所接受。实现了更广、更精准获取用户并覆盖更多用户、不同场景的需求，满足用户的不同维度、不同时间的需求。

所以，设计一个好的商业模式可为企业在发展过程中如虎添翼，使企业走得更稳、更快。

学习目标

知识目标：了解主要的商业模式类型及其发展，掌握商业模式画布的构成要素。了解并能运用商业模式创新步骤进行商业模式创新设计。

能力目标：培育商业模式创新思维和解决实际问题的能力。

素质目标：培养思辨能力和分析问题的能力，学会通过分析问题解决生活中的难题。

问题导航

（1）你的创业项目如何落地？

（2）你的创业项目如何实现盈利？

（3）能帮你的创业项目构建一个合理的商业模式吗？

9.1 创新创业知识链接

9.1.1 什么是商业模式

商业模式是指一个组织创造、传递以及获取价值的核心逻辑和基本运行机制。构建商业模式是为了实现参与各方的价值最大化，把商业项目运行的内外因素充分整合起来，形成一个完整高效、具有核心竞争力的商业运行系统，通过商业运行最大限度满足客户需求，实现客户、股东、合作伙伴等多个利益相关方的价值。

商业模式有三大核心，分别是创造价值、传递价值和获取价值。三者之间环环相扣，形成一个完整的闭环（图9-1）。

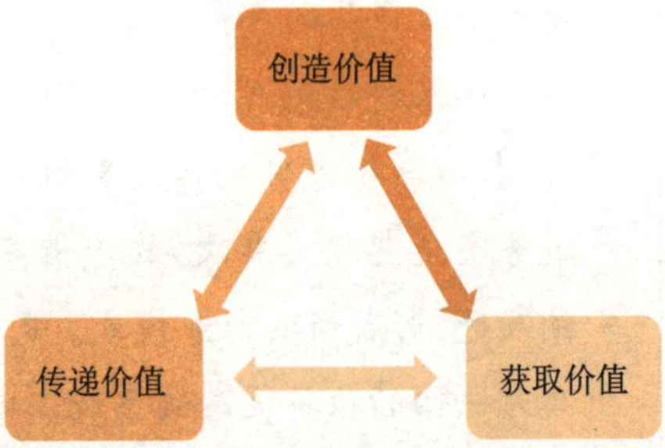

创造价值：提供产品或服务，为客户解决难题。

传递价值：通过经营资源的匹配，使用销售方法进行交付价值。

获取价值：通过构建盈利模式，持续获取利润。

图9-1 商业模式闭环

商业模式在每个行业都没有一个固定的标准，它会随着时间的推演，不断形成新的商业模式，但是每个行业经过一段时间的发展，都会出现一个较为适合该行业使用的商业模式。然而，它又会经过行业和社会的发展，逐渐被另外一种新的商业模式所替代。所以商业模式创新是时刻都需要的，也是企业在发展中需要探索的。

9.1.2 常见的商业模式类型

随着我国社会经济的发展,如果创业项目想要在竞争激烈的经济市场上立足,就要积极探索设计出具有竞争力、创新的商业模式。分析商业模式类型有利于理解商业模式的动态,在构建创业项目的商业模式过程中获得更多的启发。

1. 多方平台型

多方平台指的是提供场所或者平台,创建一个多方买卖或信息交换的场所或平台,将买方和卖方等持有各种需求的人和企业聚集在一起。通过平台的活动相互匹配获取利润。最常见的形式就是购物中心,将那些需要在客流量大的场所经营的小商店聚集在一起,吸引那些想在一个相对集中、较为综合的、选择多的场所购物的人群。作为购物中心的运营商,通过场所的租金或销售佣金提成中获取利润。

随着互联网时代的发展,网络销售平台越来越多,人们的购物方式也在不断地发生改变,从传统的线下销售逐渐变成线上销售。淘宝、京东、拼多多等网络销售平台均属于多方平台型商业模式。为什么越来越多的企业喜欢用网络多方平台?这是因为只要能够引起网络效应,就能聚集更多的人在这里,平台的价值就越高,这样店铺的生意就会越好,运营商就可以坐收租金和销售提成等效益。并且聚集客户越多,更多人气店铺就会加入平台开店,这样进入一个良性循环,那么平台的收入就会像滚雪球一样越滚越多。但能够发展为一个成熟的平台并非易事,运营商需要不断提升平台自身影响力和受众面,才能持续发展该平台。

例如,吉利模型就是多方平台型。吉利模型指的是产品的主体部分以低价或免费的形式提供,然后依靠附属品或消耗品的持续销售来赚取利润的商业模式。金·吉列(King Camp Gillette,1855—1932年)出身于发明世家,在工作期间负责一次性耗材。在当时剃须刀是一体式的,剃须刀钝了就得磨,所以刀片通常很厚。吉列后来想出"可替换刀头的剃须刀"方案,研制出来了薄钢片的可换刀片式 T 形剃须刀,采取了刀柄和刀片分开售卖的方式,客户在第一次购买时买好刀柄,之后只需要单一购买刀片就可以了。整体算下来价格比一体式剃须刀的价格要便宜。而且吉利公司又采用了刀柄低价销售的方式,让客户认为这样的消费比较划算,那客户自然而然就会选择吉利品牌产品了。其实,有了刀柄的客户,需要定期持续购买更换吉利产品的刀片。无论刀柄以多么低的价格销售,人们只要需要替换刀片,则刀片就可以一直销售下去,就可以长期不断地获取收入。

吉利的"刀柄+刀片"模式逐渐也被其他行业所认同和使用,如喷墨打印机/激光打印机+墨水/墨粉,智能手机+通话数据费,电动牙刷+可替换刷头等。同时也出现了"刀片+刀柄"模式,但模式刚好相反,即以高价出售商品,但后续服务价格低廉。

2. 无增值型

无增值型指的是只提供最核心、最优质的服务或产品,减去没必要或非必需的增值服务,以低价格高品质的服务提供给客户的商业模式。企业通过分析客户最为核心的需求,保证核心服务品质的同时为其提供更低价、更精准的优质服务或产品。该商业模式主要以高运转和低成本的方式来提高利润。

（1）春秋航空。春秋航空（Spring Airlines）是国内首家廉价航空公司，2011年净利润逾4.7亿元，成为当前国内最成功的廉价航空公司。作为一家廉价航空公司，为节约成本，让普通消费者能享受到安全、低价的航空服务，春航鼓励乘客从其网站购票，对乘客可免费携带的行李重量及体积作了较其他航空公司更为严格的限制，超过重量和体积范围的行李需客户付费。缩小座位间距，座距平均比其他航空公司小28英寸。同时在飞机上不提供免费的机上饮食，乘客如有需要，可购买便餐及饮料。像春秋航空这类低成本航空公司，通常通过降低运营成本，使票价降低，同时也能达到赢利的目的，坚持薄利多销的理念，使大多数人接受廉价方便快捷的航空服务。一是提高飞行频率和航班密度，提高飞机使用率；二是统一机型，减低维修成本；三是选择二级机场，避开主要航空公司起落的主要机场，在二级机场之间从事航空客运。但是无论怎样降低运营成本，他们都不会降低核心服务的品质。

除了廉价航空公司以外，在市场上还有很多减去没必要的增值服务，只专注在核心业务上的情况。

（2）优剪。优剪是深圳市致远创想科技有限公司旗下的品牌，创立于2015年，以"让美业更美好"为使命，开创美业服务数字化模式。优剪以不推销、不办卡的痛点切入，区别于传统美发店。优剪通过产品服务标准化、门店管理数字化、用户运营自动化，自建美发培训学校，做强美发人才供应链。优剪已在深圳、广州、武汉、长沙等开店近1000家，服务用户超500万。其采用全互联网运营，通过线上取号剪发、公开透明评价系统，帮助用户挑选发型师。优剪始终以好技术和好服务打造一个受用户信任的剪发品牌和一个让发型师靠手艺获得更多尊重的平台（图9-2）。

图9-2　优剪实体店

（3）7天连锁酒店。7天酒店（7 Days Inn）是锦江酒店（中国区）旗下经济型酒店品牌，成立于2005年，经过快速发展，分店已覆盖全国370个城市，规模达到3000家。以优质睡眠为核心，为追求高性价比且具备年轻心态和较高文化层次的商务及休闲旅客，带来"绿色、健康、智能、共享、文化"的出行体验。7天连锁酒店减去富丽堂皇的大堂,保留优质的睡眠体验,注重枕头、床垫等必需用品的质量,确保客户的睡眠质量(图9-3)。

图9-3　7天连锁酒店

3. 分拆型

分拆型商业模式指的是将企业的关键业务进行拆分,从而减轻企业负担,让企业投入更多的经历,专注在所擅长的业务里面。在企业发展运营过程中,经常会将自身不擅长的业务领域分给专业的企业帮忙生产或运营。分拆的业务常体现在客户关系的管理、新产品的技术研发、现阶段急需的设施设备上,这样的拆分更利于企业初期的发展。例如,移动通信行业的拆分,传统的移动通信企业关注网络质量来吸引更多的用户,但现在的移动通信企业更专注在如何维护好客户的关系,提供优质的服务和提供更多的适合不同人群的通信套餐,吸引用户选择他们。原本网络运营方面的工作通过与竞争对手达成网络共享协议,或者将网络运营的业务外包给其他专业的网络设备生产厂家,从而进行减负,这样可以让移动通讯企业业务更专注,同时也可以达到多方共赢的效果,共同创造价值。

4. 长尾型

长尾型商业模式的特点在于少量多种类地销售自己的产品,致力于提供多种类的小众产品。有人说,销售这种小众产品,那客户是不是少了?销售量自然就会少了?虽然一个产品销量少了,但是多种品种进行销售,自然总量就会提升,所以同样会获得较大的利润。它不同于传统的销售模式,以销售少数热销产品,获取绝大部分的利润。长尾型要求低库存,建立强大的销售平台,保证小众产品能够及时被感兴趣的用户所获得。如丹麦十分出名的玩具公司乐高,围绕多个主体研发了数千套的积木组合,某些热销主题的积木深受玩家的追捧,销量都比较大,收益都不错。但是玩具行业日益发展,竞争同样十分激烈,乐高也需要寻求其他收益手段。2005年,乐高推出了"乐高工厂",尝试为用户定制积木套装,做个性化定制。客户可以根据自己的意愿设计乐高套装,通过在线完成订购。这样企业与用户建立了一种新的交流方式,将被动的用户变成设计体验的主动参与者,甚至用户设计出来的积木组合可以放在乐高平台上进行售卖,虽然有些销量还不错,但有些就无人问津,但对乐高而言,这些都不重要,重要的是这样的模式可以与用户产生更大的黏性,增加用户的体验感和新鲜感。

常见的商业模式类型.mp4

9.1.3 构建新的商业模式所需思路

1. 从市场驱动方式

目标用户需要什么,项目就为其解决什么困难。该方法适合还没有完整的产品或服务的项目团队,首先要弄清楚我们为谁服务的问题,需要分析确定目标用户群体的需求,根据客户的需求想清楚我们为客户提供什么价值。这里所指的价值可以是产品与服务,也可以是其他价值,需要根据不同的项目而定。确定好提供什么价值之后,再思考通过什么销售渠道将价值传递给客户,并且如何建立和维护项目与用户之间的联系。其次思考通过价值交付后,能获取什么样的价值。思考完以上几个问题后,就要想想后续的问题了,我们创造出来的价值需要哪些资源和技术支撑?需要哪些合作伙伴?所需成本是多少?这些都需要创业者去进行市场调研和分析。以上的思考方法就是从市场驱动构建新的商业模式的思路(图9-4)。

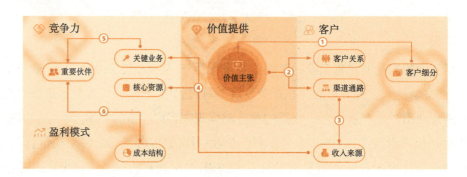

图9-4　从市场驱动方式构建商业模式

2. 从技术驱动方式

已有现成的技术或产品,就要思考如何获取价值。该方法适合已有完整的技术或产品的项目团队,首先分析出项目的技术或产品能为用户提供怎样的价值,再如何寻找更多的合作伙伴补充自身不足或借助外部力量增强在市场的竞争力,想想做成这样的事情需要多少成本。其次反推项目的技术或产品服务的目标用户是哪个群体,思考如何建立用户与我们的联系,如技术或产品通过什么销售方式传递给用户,如何维护与用户之间的长期联系。最后,通过营销我们能获取什么价值。以上的思考方法就是从技术驱动构建新的商业模式的思路(图9-5)。

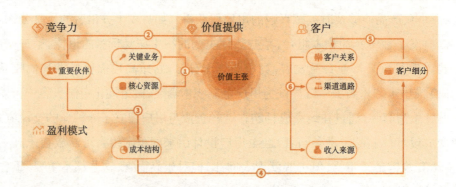

图9-5　从技术驱动方式构建商业模式

9.1.4 设计商业模式画布

"商业模式"这个词是从 2000 年开始才被全世界所理解并使用。商业模式是一种愿景，也是一份行动指南，那如何更好地呈现出项目所构想的商业模式呢？"商业模式画布"是一个呈现商业模式的分析工具。瑞士洛桑大学的亚历山大·奥斯特瓦博士在 2008 年与伊夫·皮尼厄教授合作出版了《商业模式新生代》，在此书中介绍了商业模式的分析工具"商业模式画布"。该商业模式画布将商业模式细分化、可视化，能更简单、更有效、更直观地理解一个商业模式的运作。商业模式画布作为一种工具，方便描述与分析各种商业模式，为用户、竞争对手和其他企业提供了一个很好的商业模式分析方法。他们认为商业模式可分为以下 9 种要素。

1. 客户细分

目标用户群体是谁？给什么样的顾客（群体、市场）提供价值？（图 9-6）

客户细分描述的是一家企业想要获得的和期待服务的不同的目标人群和机构。客户可以说是商业模式的核心，没有了客户，没有哪家企业可以一直存活下去。一个商业模式可以服务一类客户，也可服务多类客户。在描述客户细分的时候，我们可以简单地将客户细分划分为两类人群：一类是用户，另外一类是付费者。

图9-6　客户细分

在商业活动中经常出现"用户"这个词，只要使用我们所提供的产品与服务的人都属于用户，但不一定是他们所付费购买的，也有可能是赠送的、免费的，付费者是其他人。所以在做客户细分的时候，需要从两个维度去思考分析。

（1）用户画像。企业推出的产品与服务为哪些常用人群服务，应将这种常用人群作为用户画像分析对象。

① 用户原型：你服务群体的特征,通过他们的性别、年龄范围、职业、教育程度等方面来进行描述。

② 用户场景：你服务群体在使用你的产品和服务时所在的场景。尽量挑选常用的使用场景，以便进行更准确的分析。

③ 用户标签：你服务的群体所具备的共同特征。

（2）付费者。

① 谁来付费：部分产品与服务可能是用户自行付费购买的，但还会存在用户不是付费者的情况。因此需列举出实际的付费者。

② 与使用者的关系：付费者与产品使用者之间的关系和联系，为日后做好客户关系和发展第二次消费提供分析依据。

③ 为什么要付费：付费者为什么会心甘情愿为你的产品或服务买单，他所获得的价值有哪些。

通过以上两个对象的描述，使我们清晰地了解了所服务的对象是谁。如何为这些人群提供更好的产品或服务，对企业未来的发展具有相当重要的意义。

2. 价值主张

价值主张主要指为用户和客户提供什么产品和服务以及价值,帮助用户解决什么根本性问题,如图9-7所示。

图9-7　价值主张

价值主张描述的是为某一客户群体提供能为其创造价值的产品和服务。你的价值主张也是客户为什么选择你的产品而放弃另外一个产品的原因。你可为客户带来什么不一样的价值或体验,这种不一样的价值可能是你对该类产品进行了革命性、创新性的改变,或者是具有新的特点和属性。这两者之间都有一个共同点,就是都在迎合客户的要求,都为客户创造了价值。在考虑价值主张之前,需要考虑面向客户传递什么,面对客户的需求能解决哪一方面的问题,面向不同的客户群体,应该提供什么样的产品和服务。这种价值可以通过数量上的改变来体现,如价格、服务响应速度;也可以通过质量来体现,如设计、客户体验。

那如何为客户创造更大的价值呢?作为创业者,可以从客户价值创造的以下几个维度来进行思考。

(1)创新。通过技术创新或是服务创新,满足客户未曾察觉的全新需求,在之前是没有类似的产品或服务在市场上出现的。所谓的创新未必是指科技创新,也可以是服务上的创新、模式上的创新。

(2)性能。通过改进产品或服务性能可以提升用户体验,满足用户更多的需求。这是传统行业普遍创造价值的方法。如纺织行业,通过改变编织方法和为纱线添加高分子材料,使得衣服穿起来更加轻薄舒适。

(3)定制。针对某些客户和客户群体的某些需求,提供定制服务。从细分群体中找到市场,满足小众群体的个性化需求,让项目产品更有针对性,服务好某一个群体的需求。

(4)便利性或实用性。让产品使用起来更方便或操作更简单。如司机在驾驶机动车时,一边操作手机看导航一边开车,导致安全系数降低。为避免以上情况,部分导航软件开发出语音交互功能,让司机操作时更方便、更安全。

当构思好如何为客户创造价值之后,该如何在商业模式画布上进行描述呢?通常会用一句话来描述你的价值主张,这句话要回答两个问题:为客户解决什么样的问题?你提供了什么产品或服务?

3. 渠道通路

渠道通路是指通过什么方式和途径将产品和服务送达用户,并使得用户能够为之买单,如图9-8所示。

图9-8　渠道通路

渠道通路描述的是企业如何与他的客户群体达成沟通并建立联系,向对方传递自身的价值主张。企业有了好的价值主张,同样也有了很好的产品和服务,需要通过营销渠道将价值主张传递给用户。建立渠道通路的目的在于使客户更加了解企业的产品和服务,使客户得以购买到产品和服务,为客户提供售后支持等。创业者可将渠道通路划分为销售渠道和推广渠道两种形式。

(1) 销售渠道。销售渠道是指你通过什么营销手段和方式把你的产品卖给用户,比如通过网络销售平台进行销售,或者通过线下实体店销售的方式,将产品与服务交付给用户。同时也可以通过合作商和经销商将产品与服务传递给用户,所以营销渠道也可分为直接销售和间接销售(表9-1)。

表9-1 销售渠道表现形式

销售渠道	表现形式
直接销售	自建线下实体店
	自建线上网店
间接销售	合作商和经销商线下实体店
	合作商和经销商线上网店

(2) 推广渠道。推广也是传递价值的重要体现。将项目的理念和产品向用户推广,使用户认可项目的产品与服务,有利于维护企业与用户的长期关系。

传统的商业模式推广渠道方面,大多数都以广告、促销和折扣等方式进行。随着互联网时代的到来,新媒体营销推广遇到了新机遇,如微博、微信公众号、抖音、快手、小红书等平台,成了新的营销推广媒介。那我们需要分析在新的环境下,该如何对产品或服务进行推广。除了找到新的推广媒介,还需要找到实现变现的方法。有很多的新媒体通过做内容,能够吸引一定的人流,但最终实现不了变现,所以在设计推广渠道的时候,也需要考虑这个问题。

4. 客户关系

客户关系是指通过什么方式和途径将产品和服务送达用户,并使得用户能够为之买单,如图 9-9 所示。

客户关系描述的是企业针对某一个客户群体所建立的客户关系的类型。与用户的关系程度直接影响到二次购买或使用的情况。如何做好售后服务和构建用户和企业之间的关系变得尤为重要。如果用

图9-9 客户关系

户只使用了一次,产生不了二次消费,那企业就很难实现持续营销的目标。那需要问一下自己以下几个问题:如何与用户建立关系?如何与用户产生黏性?如何让用户感觉到自己受到重视?如何让用户感觉到自己受到关心?解决好这些问题,企业就可以与用户产生关联,通过售后的关联,容易达成二次消费,并持续产生收益。

想要客户进行二次消费,那就要考虑选择哪种与客户群体建立关系的类型了。一般会有两种方式建立关系:一是靠人员进行维护,二是通过自动化设备与客户进行交互。这两种方式适合不同类型的企业,企业需结合实际选择适合的方式。

建立一个良好的客户关系,可让企业在开发新的客户、留住原有客户和增加销量上有很大的帮助。接下来,让我们来认识以下几种建立客户关系的类型。

(1) 私人服务。私人服务是指在人际互动中,客户与客户代表进行沟通交流,在购买过程中和购买完成后提供相应的帮助。这种交流方式可以是线下面对面进行,也可以是通过线上沟通的形式进行。例如,微商群体与客户建立的关系就属于这种,通过微信交流互动的方式,使客户了解产品,最终达成交易。

(2) 专属私人服务。每一个客户为其配备一名固定的客户经理,为客户提供专属的服务,这是一种深层次的私人客户关系。这种关系需要长时间的沟通,精准了解客户的需求,为其提供专属的解决方案。如保险行业,需要了解目标客户的个性化需求,为其制订最合适的投保方案。

(3) 自助服务。企业无须直接维护与客户的关系,企业只需要为客户提供自助服务所需渠道。例如,人工智能客服的模式中,客户可通过人工智能的提示进行沟通,这是自助服务的一种形式。

(4) 社区。建立一个与客户沟通的社区,促进社区成员之间的沟通联系,从而增强客户的黏性。这样的社区可帮助企业更好地了解客户需求和问题,可供客户进行互相交流,共同解决问题。

(5) 与客户协作,共同创造。随着时代的发展,市场上逐渐衍生出一种新的企业与客户共同创造价值的模式,这种模式超越了传统的买卖关系,企业邀请客户合作共同创造价值,达到双赢。抖音、小红书等平台就是运用了这种模式,企业提供互相交流的平台,向用户征集内容并向公众播放,产出价值并共享价值。

创业者可根据项目的特性选择一种行之有效的方式来维护客户关系,强化企业与客户的联系,助力项目发展。

5. 收入来源

收入来源是指以什么样的方式获取收益,如销售产品、使用费、广告费等,如图9-10所示。

收入来源代表了企业从每一个客户群体获得的收益,企业通过前端与用户达成的交易而获取的收入。收入包括销售货物收入、提供劳务收入、转让财产收入、股息、红利等权益性投资收益,以及利息收入、租金收入、特许权使用费收入、接受捐赠收入等。收入也可分为一次性收入和经常性收入,它们的占比是多少决定了企业在经营过程中的决策。

图9-10 收入来源

常见的收入来源分别有以下几种方式。

(1) 资产销售。通过销售实物产品的所有权获取收益。这是最为常见的一种收入方式。

(2) 使用费。通过提供短暂或阶段性的产品使用权或服务获取的收益,比如酒店客房服务的收费、电信通信的通话费和流量费、快递服务等。

（3）会员费。通过向客户销售某项服务,让客户持续拥有使用权限,收取一定费用从而获取收益,比如健身房健身会员卡、视频播放平台的视频会员权限等。

（4）租赁。将某一特定资产在某一个时期专门提供某人使用,收取一定的租赁费用而获取收益。这种收入模式属于经常性收入,比如租车服务、共享自行车、共享充电宝等。

（5）许可使用费。向用户授予某种受保护知识产权的使用权,并向其收取许可使用费,比如专利的使用费、版权费等。

（6）广告费。通过向客户提供某个广告宣传渠道,并收取其广告投放费。

在列举收入来源时,可进一步思考我们的哪种价值是客户更愿意为其买单的,一般客户通过哪种方式或渠道进行支付,每一个收益来源的占比是多少。通过深入思考并分析这些问题,可让企业在设计商业模式的时候,根据分析情况及时调整商业策略。

6. 核心资源

核心资源是指拥有后可以保证所有商业行为的执行和落实,如图 9-11 所示。

核心资源是描述商业模式顺利运行所需的最重要的资产,指的是企业自身所拥有的能力和资源,这些能力与资源决定你是否可以完成你的产品与服务。创业者可以用列表的形式逐条描述你要保证产品或服务能顺利执行所需的资源和技术有哪些,从而分析你的项目是否可落地,是否还有欠缺的资源去匹配。一般从人力资源、资金资源、实物资源、技术资源等方面进行思考。凡是能帮助你提高竞争力的东西都是资源。不同类型的商业模式所需的核心资源会有所不同。如传统生产企业,更注重实物资源（生产设备、房屋、生产系统等）；而"专精特新"类企业就需要多种核心资源的整合,例如需要技术资源（专利、版权）和人力资源（高层次专业技术人才）的综合整合,才能让企业迅速发展。

创业者可根据项目实际,分别从人力资源、资金资源、实物资源、技术资源四个方面进行列举,综合分析项目所需的核心资源。

7. 关键业务

关键业务是指需要做哪些关键性的事情才能使得产品和服务能够正常运行,如图 9-12 所示。

图9-11　核心资源

图9-12　关键业务

关键业务是用来描绘确保其商业模式可行且企业必须做的最重要事情。综合你的资源与重要合作伙伴,思考你要做点什么才能保证你的产品或服务正常运作。如研发生产什么样的产品来满足用户的需求,如何销售你的产品及构建怎样的售后服务框架来维护你和用户的关系等。在这里列举得详细一点,对企业的发展更有利。价值主张必须有关键业务的支撑,否则主张会成为空谈。好的关键活动是综合可调动资源和可控成本下的最优设计或选择。

关键业务可分为以下几类。

(1)生产。企业通过生产活动,设计、制造出大量优质的分销产品。生产活动在制造企业中占据着支配地位。

(2)解决方案。这类关键活动为个体客户的问题提供新的解决方案。家居定制公司、咨询公司等服务性机构都属于这类。

(3)平台。网络平台、软件都可以发挥平台的作用,如京东、淘宝这些网络购物平台以及交友平台等都属于通过平台来发挥作用的。这类平台一般涉及平台设计、平台管理、新服务开发及升级等关键业务。

8. 合作伙伴

合作伙伴是指商业模式中所需要的合作对象或供应商,如图9-13所示。

图9-13　合作伙伴

合作伙伴描述的是保证一个商业模式顺利运行所需的供应商和合作网络。合作伙伴的作用是为了降低风险和不确定性,可以减少以不确定性为特征的竞争环境风险。同时合作伙伴可以给予你技术或经验的支持,从而降低成本,提高效率。依靠其他企业提供的资源和业务活动可扩展自身的能力,提升企业在市场上的竞争力。所以,有稳定和可靠的合作伙伴能让企业在创业初期或遇到瓶颈的时候能快速顺应市场需求并解决生产和经营问题。

建立合作伙伴可优化企业资源配置和形成规模效应,一家企业要独自完成所有生产和服务环节是不合理的,通过合作可以最大限度地降低成本。一般合作采用的是外包或基础设施共享的形式。建立合作伙伴可帮助企业在竞争环境中降低风险,也可依赖其他在某项资源或专注某种生产活动企业中来实现企业能力的拓展。

合作伙伴可分为非竞争者之间的战略联盟、竞争者之间的战略合作、为新业务建立的合资公司,为保证供应建立的供应商和采购商关系。

9. 成本结构

成本结构是指在所有的商业运作过程中所产生的成本,如图9-14所示。

图9-14 成本结构

成本结构描述的是运营一个商业模式所发生的全部成本。在完成关键业务和核心资源的构建后,需考虑在实施过程中所需支出的成本有哪些,考虑在完成关键业务时需花费的成本有哪些,哪些占比最大,在哪些资源花费的成本需要支出,哪些占比最大,这些成本的构成,直接影响产品或服务的定价,还有企业收益情况。

综合上述9个要素形成商业模式画布,商业模式画布可以一种表格的形式呈现(图9-15和图9-16)。

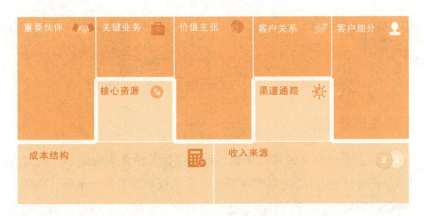

图9-15 商业模式画布

解读商业模式画布九要素(上).mp4

解读商业模式画布九要素(下).mp4

图9-16 "滴滴出行"商业模式画布

9.2 创新创业课堂实践任务

任务一：分析客户细分

任务描述：产品与服务在起步阶段，没有多少数据作为支撑，创业者需根据对用户的分析来判断项目的发展方向，从定性的角度入手理解用户的需求。使用"用户画像"，对你的项目的用户进行分析，画出项目的"用户画像"（表9-2）。

表9-2 用户画像

用户原型	
用户场景	
用户标签	

另外，根据项目实际和用户画像的分析，对你项目的付费者、与用户的关系、付费的动机进行描述（表9-3）。

表9-3 付费者描述

付费者	
与用户的关系	
付费动机	

任务二：构想价值主张

任务描述：价值主张是商业模式构建和创新的目标与最终实现结果。如何为用户提供价值？价值主张不是广告口号，而是决定商业模式中其他板块的定位与布局。联想一下项目想要传递什么样的价值给到用户，为用户解决了什么样的痛点与困难。请用一句话描述你的项目的价值主张。

任务三：构建你的销售渠道和推广方式

任务描述：思考你是通过哪些销售渠道将你的产品与服务销售给用户，是自建渠道还是采用合作渠道进行销售，并思考你的规划是怎样的，利用什么方式来推广你的产品与服务，请列举你的销售渠道（表9-4）、推广方式（表9-5）和维护关系（表9-6）的内容。

表9-4 项目销售渠道描述

自建/合作	主要做法

表9-5　项目推广方式描述

推广渠道/平台	主要做法

表9-6　项目维护关系描述

维护方式	主要做法

任务四：设计你的工作任务和整合资源

任务描述：要完成创业项目的实际运营，需要有一个完整的工作任务，并与所需的内外部资源进行匹配。在项目运营的每一个过程都需要有一个明确的工作任务和所需匹配的资源，所以在这个任务里面就要解决如何设计关键业务里面所需完成的任务，核心资源里面所需的内外部资源匹配。在分析关键业务和核心资源之后，还需要哪些合作伙伴协助完成相应的工作。请你根据前期项目的分析，完成表9-7的内容。

表9-7　项目运营过程及工作任务描述

所需资源	项目运营过程及工作任务					
	举例	研发	生产	建立销售渠道	推广宣传	售后服务
人力资源						
资金资源						
市场资源						
技术资源						

任务五：分析成本和收入

任务描述：通过上述几个任务的分析，已经构建出基本的商业模式。接下来就要根据上面的分析，列举出项目的成本和收入构成（表9-8）。

表9-8 项目运营过程及工作任务描述

成本支出	1. 2. 3. 4. ……	收入结构	1. 2. 3. 4. ……

9.3 拓展阅读

纺织行业商业模式创新案例

服装是一个特别传统的行业,中国一年做450亿件服装,这450亿件服装是从几百万台不同年代、不同款式型号的纺织机械里面织出来的。这几百万台各种型号的纺织机械分布在全中国数以十万计的纺织工厂中,它们都是一个一个的信息孤岛。每台机器都是一个孤岛,每个企业围墙围起来也是一个孤岛,需要有不同的赋能公司把它们给连接起来。在过去三年中我们看到了百布、全布、搜布、智布互联等企业都在干一件事,把这些纺织机械通过传感器连接起来。2021年,几百万台各种型号的纺织机当中,已经有1/3左右连在一起了。然后有些公司要把全中国的白坯布供应链连接起来,有些公司要把面料连接起来。未来,我们有机会看到以下场景:你有10万条牛仔裤的订单,通过这些平台,可以在几分钟之内知道全中国有哪些能够做牛仔裤的缝纫机空闲,你的订单可以给它。围墙被拆掉了,机器被连接在一起。这是传统的纺织行业今天正在发生的一个变化。今天一个传统行业也在不断迭代更新它们的商业模式,为谋求在竞争激烈的市场上寻求一条出路。所以商业模式是随着时间的推移在不断发生着变化。

9.4 创新创业实战

1. 实战项目

设计项目的商业模式画布。

运用商业模式画布工具,根据商业模式画布的九大要素分析自身项目。在一张A3纸上画出商业模式画布,并用不同颜色的便利贴写上相关内容,在商业模式画布上设计出属于项目的商业模式画布。

2. 学生作业

课后准备,课上分享。

9.5 总结与提高

我的收获：＿＿＿＿＿＿＿＿＿＿＿＿＿＿＿＿＿＿＿＿＿＿＿＿＿＿

还没解决的问题：＿＿＿＿＿＿＿＿＿＿＿＿＿＿＿＿＿＿＿＿＿＿

需要改进的地方：＿＿＿＿＿＿＿＿＿＿＿＿＿＿＿＿＿＿＿＿＿＿

其他：＿＿＿＿＿＿＿＿＿＿＿＿＿＿＿＿＿＿＿＿＿＿＿＿＿＿＿

拓展阅读

项目10　创业营销与营销策略
——酒香也怕巷子深

> **学习引言**
>
> 曾经的歌星"粉丝"们若想见一面心中的偶像，需要"追大巴""抢门票""参加签唱会"，但随着信息时代的到来，在手机上就能每天与自己心中的偶像互动。
>
> 2021年1月，中国香港"四大天王"之一的刘德华开通了个人官方首个社交账号——抖音账号，如图10-1所示。在发布了首条短视频后，刘德华抖音账号粉丝暴涨至680万，点赞量高达525万。
>
>
>
> 图10-1　刘德华抖音社交账号
>
> 颠覆性的技术创新催生了更多的新业态，导致原有的产业从根本上有了改变。曾经的"天王巨星"们纷纷加入这场新时代的营销大战中，纷纷渴望通过更好地了解与接近消费者，获得爆炸性的关注度与曝光度。
>
> 知名艺人的纷纷"亲民化"其实反映了时代的变迁，新时代背景下的营销活动越

来越丰富多样,也在不断地创造新的亮点,从而去满足新时代消费者们的生理与心理需求。

如小度智能巨屏电视V86新品（图10-2）发布后,官方便根据趣味性打造了一系列"注意！别×××我的广告"等不同场景的宣传海报,引发了全网6000多万的阅读量。此次营销官方放弃了一般数码产品在推广时会使用的宣传性能、参数等方式,而是用生活中一系列常见的产品,比如卷帘门、床、公交广告牌、足球门框等"接地气"场景来类比86英寸的巨屏电视,这种反传统、创新、个性化的营销手法博得了大量网友的一致好评。

图10-2　小度智能86英寸巨屏电视宣传图

又如2021年火遍全网的顶流明星"玲娜贝儿",这只本身并没有什么故事的小狐狸,仅凭自身的可爱和美貌,一出道便占领了年轻一代的目光。同时迪士尼与众多明星的合作更是让玲娜贝儿的周边产品赚足了眼球和话题性,让其一度登上"热搜",如图10-3所示。

图10-3　迪士尼卡通角色"玲娜贝儿"

课堂随笔

热度、流量、话题。无一不是作为创业者的我们希望收获的宝贝。要想在新时代背景下成为消费者的新宠,这便需要我们去了解新时代消费者的特点,新时代消费者的消费内容产生了哪些变化,新时代技术下构成了哪些新的营销场景,以及我们应如何在这个新时代选择合适的营销推广平台。

纷繁复杂的环境下,企业需要有一个创新的思考框架。随着营销链条的进化,技术势必会改变整个营销链条。

让我们一起拥抱新时代、拥抱新技术,为新一代消费者做出有创新且符合时代口味的营销策略。

学习目标

知识目标:了解新时代营销特征,认识新时代推广方法。

能力目标:学会分析自己的消费者群体,掌握营销计划步骤。

素质目标:通过了解营销趋势,为社会创造更正面、正能量的营销方案;了解"国潮",助力国产民族品牌走向世界,正确认识民族品牌对中华文化传承的重要意义。

问题导航

(1) 新时代有些什么特点?
(2) 营销策略产生了哪些趋势?
(3) 一份好的创业营销计划有哪些要素?

10.1 创新创业知识链接

10.1.1 市场营销的五个发展阶段

市场营销的五个发展阶段如图 10-4 所示。

1. 生产导向阶段(19 世纪末—20 世纪初)

生产导向阶段也称生产观念时期,以企业为中心阶段。由于是工业化初期,市场需求旺盛,社会产品供应能力不足。消费者总是喜欢可以随处买到价格低廉的产品,企业也就集中精力提高生产力和扩大生产分销范围,增加产量,降低成本。在这一观念指导下的市场,一般认为是重生

图10-4 市场营销的五个发展阶段

产、轻市场的时期,即只关注生产的发展,不注重供求形势的变化。

2. 产品导向阶段（20世纪初—20世纪30年代）

产品导向阶段也称产品观念时期,以产品为中心时期。经过前期的培育与发展,市场上消费者开始更为喜欢高质量、多功能和具有某种特色的产品,企业也随之致力于生产优质产品,并不断精益求精。因此这一时期的企业常常迷恋自己的产品,并不太关心产品在市场是否受欢迎,是否有替代品出现。

3. 销售导向阶段（20世纪30年代—20世纪50年代）

销售导向阶段也称推销观念时期。由于处于全球性经济危机时期,消费者购买欲望与购买能力降低。而在市场上,商家货物滞销已堆积如山,企业开始收罗推销专家,积极进行了一些促销、广告和推销活动,以说服消费者购买企业产品或服务。

4. 市场导向阶段（20世纪50年代—20世纪70年代）

市场导向阶段也称市场观念时期,以消费者为中心阶段。由于第三次科技革命兴起,研发受到重视,加上第二次世界大战后许多军工转为民用,使得社会产品增加,供大于求,市场竞争开始激化。消费者选择面虽广,但并不清楚自己真正所需。企业开始有计划、有策略地制定营销方案,希望能正确且快捷地满足目标市场的欲望与需求,以达到打压竞争对手及实现企业效益的双重目的。

5. 社会长远利益导向阶段（20世纪70年代—21世纪初）

社会长远利益导向阶段也称社会营销观念时期,以社会长远利益为中心阶段。由于企业运营所带来的全球环境破坏,资源短缺,物价通胀,忽视社会服务,加上人口爆炸等问题日趋严重,企业开始以消费者满意以及消费者和社会公众的长期福利作为企业的根本目的和责任,提倡企业社会责任。这是对市场营销观念的补充和修正,同时也说明,理想的市场营销应该同时考虑消费者的需求与欲望、消费者和社会的长远利益,以及企业的营销效应。

10.1.2 创业与新时代营销特征

1. 营销对象多样化

作为创业者,营销策略是否与市场匹配,首先需要了解自己的客户——消费者。随着信息时代给整个社会带来的几何级蜕变,中国消费者也在加速变化,市场消费主力变更迭代,我们可以发现中国消费群体出现两大趋势：市场消费主力迭代,新消费需求呼之欲出。根据各大消费平台数据显示,"00后"或"05后"新生代消费群体崛起,他们成长于物质充裕年代,高度互联网化是他们的标签,这群消费者也被新营销主义学者们称为"Z世代消费者"（想了解更多,可阅读课后延展阅读内容）。另外,"90后"步入新的人生阶段,消费力日益成熟,消费品质处于上升阶段,加之社会观念的助推,让他们更加追求精致的生活与产品质量。

1965—2010年各世代消费者特点如图10-5所示。

图10-5　1965—2010年各世代消费者

"80后"与"85后"则为目前的消费主力,他们拥有稳定的工作与社会角色,是成长于改革开放风起云涌的一代。他们虽然步入中年,但对新观念的接受程度比以往的"老一代"更强。不过,需要注意的是这个消费群体会更多地在个人喜好与家庭需求上平衡,是具有"平衡性"的一代。

另一个值得关注的消费群体则发生在年轻消费主体以外,近5年的"双11"购物大潮中,多家国内平台发现50岁以上"银发族"消费者的消费升级潜力正在被释放。而"银发族"消费群体中的各个年龄层也各有不同的消费特点:50~60岁"银发族"占比最高,可视为该群体的消费主力;60~70岁则得益于互联网服务与手机的普及,成为近年来增速最快的"银发族"群体;最后是70岁以上的群体则主要表现在对保健品的购买兴趣上出现了明显的增长。

城市潜力展现,消费地域延伸:在被数字技术逐渐扁平化的新消费时代,值得创业者注意的是国内城市间的消费结构也在发展变化,更多的消费升级潜力被挖掘出来。线上线下消费结合的模式成为这个时代最大的变革之一,无疑延伸了消费群体的地域边界。从过去5年的各大国内城市消费指数可以看出,一线城市的龙头地位稳固(如北京、上海、广州、深圳),但增量放缓。二线城市中如成都、武汉、苏州、南京等地,成了消费增速最快的地方。而三四线和五六线城市的消费潜力也在被日益方便的物流运输所释放。

据网易根据相关机构统计得出,2010—2020年人口增量最多城市如表10-1所示。

表10-1　2010—2020年人口增量最多城市

序号	城市	2020/万人	2010/万人	增幅/万人
1	深圳	1756	1036	720
2	广州	1868	1270	598
3	成都	2091	1511	581
4	西安	1295	847	448
5	郑州	1260	863	397

续表

序号	城市	2020/万人	2010/万人	增幅/万人
6	合肥	936	570	366
7	武汉	1233	979	254
8	杭州	1194	870	324
9	重庆	3205	2885	321
10	长沙	1005	704	301
11	佛山	950	719	230
12	苏州	1275	1047	228
13	北京	2189	1961	228
14	东莞	1047	822	225
15	南宁	874	666	208
16	昆明	846	643	203
17	上海	2487	2302	185
18	宁波	940	761	180
19	金华	705	536	169
20	贵阳	599	433	166

作为创业者可以洞察出，线上的购物形式与纵深的物流体系正让国内的创业者拥有越来越多的销售目标对象，不同"线级"的城市在消费生态中重新站在了同一起跑线。消费者的参与度与消费水平在提升，三、四线城市实现跨越式的消费升级都将成为中小创业者的福音。

2. 营销内容个性化

新时代的消费内容也在被刷新，作为创业者不妨在平时多留意身边家人、亲友、同学们的消费情况，便能切身感知这个时代消费者的购买结构与类型产生了哪些趋势性的变化。

从大众化消费到品质与个性化需求（图10-6）。近年国内消费者的消费品类明显呈现消费质量转变提升，国内消费者从基本的衣食品类转向更多元化的品类，如一向占据国民消费花销巨大的服饰鞋包类在各大电商平台占比正在逐年下降，更多的销售金额分配到了3C数码、家装家饰、美容护理等细分品类上。

图10-6 消费者要求"个性化"的时代

"健康化""家庭化"及追求精神满足等新消费观念慢慢成为主流。个人生活品质提升类的医药健康与美容护理等消费品在逐年高速增长，如个人/保健/按摩器材，运动/瑜伽/健身/

球迷用品等,这反映了国民在追求"品质生活"中对"个人健康"的关注加大,新时代的消费群体正越来越关注自我生活的健康指数。

"个人提升"以外,"家庭生活"的品质也提出了新的消费标准。消费者们越来越愿意为家装家饰分配更多的家庭预算。此外,与家庭生活息息相关的3C数码成为过去这10年国内新时代消费运动的明星角色,它的快速崛起得益于消费者对家庭的持续热情。根据众多平台的数据反映,2010年前后的家庭必备"三大件"分别是LCD液晶电视、油烟机和洗衣机,到2018年前后已被更新为平板电视、空调和洗衣机。同时越来越多家庭消费者对家的要求不再局限于满足生活所需,而是越来越看重家的舒适程度。如快节奏的生活让众多消费者对生活效率产生了需求,从而诞生了洗碗机在过去5年中成为成交金额增速最快的其中一个家电商品,作为创业者也可通过观察现实中社会给民众带来的新要求,从而制定自己的"爆款"卖点。

除了家庭的"三大件",体现国民家庭生活消费"细节化"的"三小件"也在时代技术的革新推进下不断涌现新的创新爆款。以同样的时间维度作为参照,2010年前后的家庭"三小件"为取暖器(暖风机)、电暖手器(电暖足器)和加湿器。到了2018年前后更新为扫地机器人、空气净化器和吸尘器。在逐渐兴起的生活电器消费热潮中,戴森、Blue air等价位较高的国际品牌受到国民们追捧,有更多消费者愿意为体验、品质和品牌溢价买单。

最后,"个性化"消费也在崛起。作为创业者应该注意的是,在新消费时代背景下,为更好地设计买单这一消费观念正被越来越多的消费者所接受,形成了一个新的消费趋势。新消费群体审美意识崛起,便产生了更多元化的需求。有意识地追求更符合自我偏好的商品,成为塑造个性化"人设"的重要组成部分。值得注意的是,大量新创国牌销量喜人。如以中华文化为内涵延展的故宫文创(详细可看课后实训环节),兼顾文化底蕴与流行时尚元素,契合了新时代国民对文化创意的审美偏好,收获了大批的年轻消费群体;与此同时,六神、大白兔、鸿星尔克、安踏等传统国货也锐意进取,积极推出跨界定制产品,同样获得了大量消费者群体的青睐,如图10-7所示。

图10-7 新时代"国潮"组图

图 10-7（续）

更丰富的消费类型，从"实物"到"服务"。经典的社会消费学研究表明，当社会发展迈入新台阶，人们便会从解决温饱及满足物质需求，过渡到追求心理上的满足感和精神上的享受。而现代互联网技术的创新更助推了这个理论的实现，将服务转化为可方便购买的品类，还形成了更多的服务消费类型，加快和丰富了服务型消费的营销可能性。而作为创新创业者需要知道近年来我国消费者也开始展示出对购买服务方面的强劲势头。

以旅游为主力的休闲型服务消费是过去十年的亮点，而以旅游服务为例，新消费时代的人们开始注重多样性和个性化的"精品化"服务消费。一些小而精的旅游服务产品热度不断上涨，如以年轻人群体主导的特殊游：俄罗斯世界杯之旅、西甲、英超、NBA 为核心内容的混合型服务产品近年来显著增加。不过作为创业者也应该随时留意"黑天鹅"事件发生的风险，如 2019 年非典疫情以后，正蓬勃上涨的特色出境游服务市场遭遇重创，业绩腰斩。大量"大众"旅行社被迫裁员或倒闭，而更多的小型创业创新者则重新把目光转向国内，开发并提供新的精品国内游、近郊游等服务（图 10-8）。

图10-8 近年大火的私人定制游

对比起外向的休闲型服务消费,移动互联网也催生了"懒人经济"的崛起——"宅""躺""卧倒"等词更是频繁出现在新时代的社交热词上,人们开始愿意为更省心省力省事的生活服务类消费埋单。在传统的购买商品外,还增加了各种到家及跑腿等服务的需求(图10-9)。这导致饿了么与美团两家国内外卖服务平台龙头企业的繁荣,大量骑手涌上街头为消费者提供30分钟配送到达、夜间配送、同城速递、线下跑腿等服务。而众多大企业迅速整合供应链与零售业务,华润、盒马鲜生、永旺美思佰乐、沃尔玛山姆会员店等在过去5年里陆续推出集超市、餐饮店和菜市场为一体的一站式门店,而京东、阿里、顺丰更是积极运用自身物流网络优势,为新零售业态助力,现在中国内地的一、二、三线城市居民普遍能享受到超市周边30分钟内买菜到家服务。

图10-9 "盒马"与"美团"人员正忙碌着为网上下单的顾客备货

最后一类服务消费则是建立在大众对健康越来越重视基础上的医疗健康服务消费。线上搜索、下单,线下药房送药上门,医药O2O渐渐成为消费者们更有效率的生活日常需求。尤其在移动互联网的加持下,人们获取服务与购买服务的空间和时间限制被打破,一定程度上降低了医疗健康服务的消费门槛。上门针灸、代煎中药、药材代购都给传统医药行业带来了服务升级。医美、孕产、口腔等细分精品服务成为增速明显的服务类型。同时值得创业者关注的是,

"美"不再局限于女性,近年来男性对"美"的追求与服务关注度也在显著上升。男性的衣着打扮、美颜保养、时尚潮流等方面也站在了历史的新起点。

3. 消费全球化在加速

经济全球化的加速已经是时代的必然趋势。立足于日益完善的国内互联网基础服务的搭建,庞大的中国消费群体足不出户就可以买到来自世界各地的进口商品。除了众多知名国际品牌纷纷主动建立网店亲近中国消费者以外,海淘、海外代购、海外导购等服务进一步拓展了国民的消费版图。"买遍全球"成了中国新时代消费者的常态特征,如图10-10所示。

图10-10 科技助力下不出国可以"买遍全球"

作为中小创业者可以从这类趋势中获取国民们偏好哪国的进口商品,如果自己想做海淘类相关创业,应该发力哪些品类。

例如,从过去几年的国内线上销售平台数据来看,个人护理和母婴类依然是中国消费者偏爱的进口热门商品。其中包括营养补充食品、个人护理套装、化妆品、婴幼儿奶粉和婴幼儿营养品等。而另一个品类——宠物相关则意外地成为热度提升最快的品类,猫粮更是在2020年首次超越婴儿奶粉的进口量,是个值得市场深思的有趣现象。

4. 营销场景移动化

消费者与消费内容在变,新时代的消费体验更是达到了前所未有的"消费者为中心"、一切围绕消费者的新高度。作为创业者应该明白人们对消费体验的追求,只有符合消费者要求的消费体验,才能在这个时代更容易获取并留住消费者。

消费开始"移动化",物流变得"高速化"。过去的10年我们见证了智能手机和移动互联网普及率的惊天跃进,正是技术的爆炸为大众的创新消费体验打下了坚实的基础。目前,我国网民通过手机接入互联网的比例已经高达98.5%以上,越来越多消费者从现实向无线端加速转移。消费场景越来越碎片化,无论你是在上班的路上,还是在饭席的间隙,都能每时每刻通过你的智能手机连接无限巨大的消费平台。作为创业者也不再受到时间与空间的约束,拥有了无限伸展的"创意"空间。小红书、抖音、快手等各类社交型商业模式纷纷冲击着传统商业的神经,平凡的创业者从深夜直播到野外探险,从热舞游戏到知识分享等,都可以通过自己的创新与努力获取粉丝的关注。这类将直播、视频等休闲娱乐内容与购物联动的"内容电商"也已经成为当下国内消费者越来越习惯的消费场景(图10-11)。

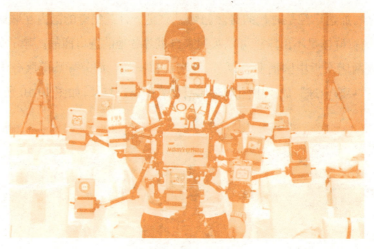

图10-11 直播

另外,在浏览、购物、支付、收货这样的消费链条中,物流成了影响消费者体验的重要环节。作为创业者必须提供优质的物流网络以提升消费者的购物体验。得益于国内巨大消费力的助推,目前中国建立了领先于世界的消费物流网络,京东物流、菜鸟物流、顺丰物流等巨头凭借物流技术的创新,让消费者的物流体验逐年上升。线上的创业者在借助大企业助力自己的创业项目时,线下的创业者则努力地让自己更靠近消费者,纷纷把自己的服务嵌入消费者的生活中:小区店、楼中店、快递柜、家门口的小型投币购物机也在某些城市陆续投放测试。

5. 营销渠道扁平化

新时代的营销渠道越来越多,也越来越容易让商家创业者接触到顾客。对比从前只有主流媒体作为宣传和营销阵地,打一个广告需要托关系、找门路、办审批、为宣传一掷千金的年代。今天从客观上来评价,各种"亲近"顾客的渠道层出不穷,从微博、推特,到微信、QQ,再到B站、小红书、抖音、快手,营销渠道的扁平化为创业者展开了"可能性"的大门,也让创业者使用营销渠道的成本在大大降低(图10-12)。下面通过我们厘清营销渠道的载体与客户感知,让创业者能更好地选择适配的营销渠道。

图10-12 国内外丰富的社交平台供创业者使用

(1) 信息载体。渠道信息载体是渠道传递信息所用的内容表现形式,一般为文字、图片、视频、声音等。一般来说视频包含的信息量是暂时我们所处时代最大的,图片和声音是最容易被人理解的,文字给人的想象空间和留白对人的感受来言是最自由的;渠道渗透能力指渠道有多大的能力把人带入渠道中,被带入的程度越深,广告的到达率就越高,消费者越不容易被外界的环境所干扰,越容易被夹杂在渠道中的广告信息感染和触动。表10-2列出了一些近年常见渠道的维度分析。

表10-2 常见渠道维度分析表

渠　　道	可承载信息	渠道渗透能力
短视频平台	视频	极强,新时代的宠儿
公众号	图文	极强
朋友圈广告	文字、图片、视频	过去强,逐渐变弱
社交平台广告	文字、图片、视频	强
互联网广告栏	文字,图片	弱
广播	声音	强,尤其以驾车人士
车身广告	文字、图片	弱
电梯广告	文字、图片、视频	固定空间渗透强
户外广告	文字、图片、视频	弱
电视	视频	过去强,网络时代被分流
杂志	文字、图片	对特定人群强
报纸	文字、图片	中老年强,年轻人弱

以现在年轻人都爱用的抖音平台为例,渠道信息载体为视频,这种展示效果比文字、图片、图文带来的视觉冲击力更强;如果只是视频展示,那户外视频、楼宇视频广告都是此类。抖音则提供了另一种维度的属性,它的渠道渗透能力极强(图10-13),网友们戏称:"抖音十分钟,人间两小时。"

图10-13 近年大火的抖音App

很多渠道如户外广告,消费者心理已定义是广告位,所以大多数人选择忽视它,甚至有意回避它,在渠道渗透能力上对比抖音就有天壤之别,所以在广告到达率上差别也会非常大。

课堂随笔

在渠道选择上，渠道信息载体没有好坏之分，主要根据我们要传播的目标物进行有针对性地选择。如果想传播品牌的律动感、听觉效果，首选载体肯定是声音；如果想表现品牌的冲击力，首选载体肯定是视频。

所以，从渠道属性出发，什么样的行业或者产品适合短视频平台，可以大致描画成：首先传播要有视频对视觉的冲击力，这个视频的效果可以是震撼、好玩、有趣、温馨等；其次传播的视频能融入平台视频调性和氛围，在传播中很好地利用了用户的沉浸感，而不是用户看了感觉突兀、跳戏。

（2）客户感知。一个产品的口碑越差，用户就会越少。随着替代品的出现，产品甚至会走向消亡。渠道在这点上和产品稍有不同，很多渠道即使口碑稍差，比如我们常见的"牛皮癣"广告，但依然屹立不倒，最重要的原因就是这种渠道的确有实效。

效果之于渠道的重要性，犹如用户之于产品，而口碑差仍有效果的主要原因，目前大家较为认可的是人类认知心理学的解释：单音接触效应。一个产品只要得到足够的曝光，让人记住，人们在选择的时候就会考虑它。出现的次数越多，人们就越偏爱，特别是决策度较低的产品（这也是为什么家喻户晓的品牌仍然要不停地做广告的一个原因）。

如图 10-14 所示是一组"魔性洗脑"的宣传组图。

图 10-14 "魔性洗脑"的宣传组图

对于企业,特别是想建立品牌影响力的企业来说,渠道的用户感知度就非常重要,这点从奢侈品的品牌广告渠道就可以看出,奢侈品会严格控制品牌曝光的渠道,故我们在很大一部分用户感知档次较低的宣传渠道上是看不到奢侈品广告的。

对于大部分企业来说,需要追求品牌用户调性和渠道用户感知调性的一致。表10-3是简单的品牌定位与渠道匹配表,实际上品牌在渠道的用户感知这块会考虑更多的公众形象、情感、独特调性等因素。

表10-3 品牌定位与渠道策略

品牌定位	核心用户群	策　略
高端	高端人士	需匹配高端渠道,低端渠道会降低核心用户期望
中端	小资及中产	匹配中、高端渠道,高端渠道性价比相比较低
低端	大众	对渠道无要求,更追求曝光与转化率
潮流平台	年轻人,追新族	内容需新颖,还要注意时效性
传统平台	成年人、老年人	内容需稳健,过多的时代新词会导致面对顾客不懂
专业向平台	特殊指向人群	对特定人群有强大吸引力

还是拿这几年火爆的抖音来举例说明。因为定位是音乐创意短视频,所以抖音会给人一种年轻、新潮的调性定位,这时候品牌在进行宣传的时候,和品牌调性相差太多就会显得很突兀,比如在抖音上宣传老年保健品,再来一个老专家现身说法,明显跟渠道平台的调性相冲突。

在一些特殊情况下,如果创业公司要影响的用户只是品牌中一些目标明确的小部分用户,这个时候,可以直接考虑这部分用户最常接触的有效渠道。如很多顶级互联网企业也会选择用户感知度低的渠道,例如选择去农村刷墙,在此时这些顶级互联网公司想推广的对象变成了农民兄弟群体,而针对这个群体来说,此时此刻刷墙便是非常有效的渠道,如图10-15所示。

图10-15 各大巨头的农村宣传广告

10.2 创新创业课堂实践任务

任务一：客户群体"自画像"

任务描述：根据你心中所希望创业的产品或服务类型，尝试通过一些标签去描述你的客户群体，如表10-4所示。

表10-4 描述客户群体

类 别	细 节
固有属性	性别、学历、地区、职业、兴趣爱好等
用户场景	上班地点，常用什么软件，和朋友们相聚的场所
用户习性	几点起床，几点上班，几点下班，几点下午茶，几点就寝

任务二：描述你的营销策略

任务描述：营销计划是商业计划的重要组成部分。通常以年度为基准，着眼于与营销组合变量（产品、价格、分销及促销）有关的决策，并考虑如何实施所拟定的具体内容与步骤。无论创建的企业属于何种类型，具有多大的规模，每一个创业者都需要编制市场营销计划，且需要每年加以制订。

这里把营销计划书分解成5个步骤（图10-16）。

图10-16 营销计划书的5个步骤

而其中的营销策略可通过传统的4P理论去进行分析（表10-5）。

表10-5 4P策略分析

4P策略	策略描述
产品策略	产品定位
	产品延伸
价格策略	价格定位
	定价手段
渠道策略	平台选择
	分销网络
促销策略	促销方式
	推广形式

任务三：拟定营销执行计划

任务描述："5W2H 分析法"可以帮助我们对每个具体的行动进行明确的思考,当我们对某个具体工作感到迷茫时,不妨按照图10-17的5W2H分析法询问自己,也许能从中找到答案。将你分析的结果写在表10-6中。

图10-17　5W2H分析法

表10-6　营销执行计划

计　　划	要　　求
方案主体	这个行动想达到怎样的结果
目的	为什么要做这个行动
执行时间	起点时间、结束时间、是否允许误差时间
执行者	责任人，实施者，其他参与者
做法	具体要采取什么行动
渠道	在哪里实施，在什么平台实施，工作地点

任务四：营销费用预算

任务描述：营销所涉及的费用预算通常是一个公司里变动比较大的部分,因为它永远要根据市场的变化而变化,这里列举一些常见的费用项目（表10-7）。请参照项目,尝试制定自己的创业营销费用预算。

表10-7　营销费用预算表

项　　目	费用预算额
营销人员薪资	
场地成本	
推广宣传	

续表

项 目	费用预算额
业务招待费	
公共费用	
交通差旅费	
……	
总计	

营销人员薪资：指一切支付营销任务所产生的人工成本，包括销售人员的基本工资、五险一金、商业保险、销售提成、各类福利补贴（通信费、网络费）及具体项目完成后的奖励奖金支出等。

场地成本：销售场地租金、产品展位租金、打造营销事件所需的场地维护费用等。

推广宣传：广告制作费用、平台推广费用、促销费用、广告传单（卡片）印刷费等。

业务招待费：主要指为促进订单达成而宴请重要客户的费用，有时也包括为加深感情、强化合作关系所宴请的上下游供应商、销售渠道商等其他费用。

公共费：在商业活动中，公关费用一般指处理公共关系所付出的费用。如第三方帮助达成交易后的佣金，为搞好社会关系所付出的礼品费用，处理紧急公众事件所花费的媒体费用等。

交通差旅费：指具体销售活动中销售人员的交通费报销、酒店宾馆费用、打车租车费用，以及其他因为营销活动产生的必要花销。

10.3 拓展阅读

你真的了解"Z世代"这个群体吗？

不可否认，新冠疫情加速了全球数字化的发展趋势，而真正影响全球数字化趋势走向的，是未来5～10年全球新消费的主导力量——Z世代的崛起。

然而，对于未来的主力消费群体，你真的了解他们吗？

一、Z世代的起源

世代理论起源于美国。世代（generation）是指一群拥有共同生活经历的年龄相近者。随着时代向前推进，他们会受到各种关键社会因素和重大历史事件的影响，尤其是经济发展及技术进步。美国的世代一般是15～20年。由于第二次世界大战（以下简称"二战"）后经济周期性明显，世代间差异化较大，分层也较为明晰。美国的四个世代划分如表10-8所示。其中，Z世代指在1995—2009年出生的人，即"95后"和"00后"。

表10-8 各"世代"特征

世代名称	婴儿潮世代	X世代	Y世代	Z世代
出生年代	1945—1965年	1965—1980年	1980—1995年	1995—2010年
环境特征	"二战"结束迎来生育高峰期，美国经济进入成长期	经济降速美国霸主地位受到威胁，频发的政府及大公司丑闻	生育率大幅回升，经历互联网革命及全球经济	互联网原住民从小接触移动互联网、社交媒体
时代特征	稳定的事业，强劲的财力	未知/迷茫，低调/富有，注重品牌体验/权威口碑	消费升级需求显著，偏好小众消费/线上购物，有强烈的公民意识	个性独立，自我关注体验感和高性价比
全球人口数量	11.7亿人	14.2亿人	17.4亿人	18.5亿人
全球人口占比	15%	18%	22%	24%

（资料来源：据东方证券研究所和联合国经济和社会事务部公开资料整理.）

Z世代在全球约有18.5亿人，人口占比为24%。以美国为例。该世代处于经济平稳、保持中低速增长的时期，由于物质生活富足、互联网兴起，该世代的思想更加开放，对物质生活的追求减弱，更为注重个人兴趣、情感诉求和自我实现。

二、Z世代的消费特征

Z世代作为互联网原住民，生活方式与之前的世代相比发生了颠覆式的变化：互联网成为他们与生俱来的生活的一部分。就全球而言，北美、欧洲和较为发达的亚洲地区开始老龄化，Z世代的人口数尚未超过Y世代，但是，独有的价值观、行为准则和经历使得他们不是Y世代的简单延续，而是一股新兴的消费力量；而非洲、中东、东南亚和拉丁美洲的Z世代则占到40%以上的比例。综合观之，全球的Z世代具备如下5个显著特征。

（1）崇尚颜值主义。在Z世代的眼中，"颜值即正义"。他们在美妆、服装和养生产品的消费潜力正在被激发，人均消费水平增速远高于Y世代。以美妆产品为例，经济发达地区，如欧美、日韩等自不必说，"化妆出门"的理念非常普遍；中国近年来各种新兴美妆卖场的兴起，也反映了"颜值主义"趋势的兴起。

除了对自身的投入，Z世代对颜值的追求渗透至生活的细节里。他们在选择产品时，小至水杯大至汽车，更青睐于美好、有质感、萌趣的外观造型（图10-18）。

图10-18 产品有质感、萌趣的外观造型

（2）兴趣会友。互联网让Z世代的兴趣更加多元化。从小时候就伴随互联网的发展成长。

Z世代习惯活跃在各类兴趣文化和社交软件的前沿;Z世代不断寻找志同道合的圈子文化和自成一派的语言体系,各类社群不断涌现。

随着社会发展和家庭财富的累积,Z世代的消费能力毫不逊色。他们更倾向于为兴趣付费,比如电竞比赛、运动装备、美妆工具、IP潮流玩具等。

(3) 懒经济与宅文化。Z世代是"懒经济"中的主要群体,在"懒"人群中占比超过一半。Z世代也热衷追求"宅文化",愿意长时间宅在家里玩在线游戏,观看在线动漫、在线电影、短视频和直播等。也得益于Z世代的"懒"和"宅",新冠疫情降临的时候,他们能够帮助家人一起更好地适应"宅家"模式,通过在线购物、在线娱乐等方式,度过非常时刻。

(4) 追求个性化。Z世代迫切通过各种方式彰显自己的个性,他们热爱个体自由,追求独特思考。根据毕马威最近的一项调查,77%的消费者会选择能够迎合他们个人兴趣的产品和服务。

(5) 崇尚偶像文化。QUESTMOBILE对中国消费者的调研显示,2018年Z世代因偶像推动的消费规模超过400亿元人民币,其中近一半为购买偶像代言、推荐或使用的同款产品。这些偶像多是本土明星,也不乏虚拟偶像,如干物妹小埋、虚拟歌姬洛天依等。

三、Z世代如何引领新零售

(1) 高颜值、创意、黑科技是品牌融入Z世代社交圈的主要途径。高颜值是指能够帮助Z世代人群实现社交目标的外在表现,如个人形象、包装、工业设计、室内软装等具备极强的可见性及可拍性,才能促使Z世代消费及分享;创意体现在产品设计更加人性化,或者能够更方便地满足用户利益;黑科技主要来自产品技术的突破。

(2) 盲盒营销异军突起。盲盒是指盒子中放置不同的商品,消费者凭运气抽中商品,拆盒之后不论消费者是否喜欢,均不能退换。

盲盒营销起源于日本。新年期间百货公司往往启动福袋促销方式。福袋中的商品不会事先公开,但通常物超所值,比如福袋售价1万日元,福袋内的商品价值1.2万日元。福袋促销主要用于清库存。

当前,中国盲盒营销的兴起推动了新型商业模式的发展(图10-19)。"盲盒"售卖方式不仅提高了购买过程的娱乐性和情感性体验,也带动了玩家的社交性体验,没有买到心仪产品的玩家往往通过交易平台与其他玩家互换产品。

图10-19 "盲盒经济"的流行

(3) 打造无缝衔接的线上和线下体验。基于展厅现象,实体门店应该更注重社交性和娱乐性。展厅现象（show rooming）是指先在商场选择商品进行体验，然后上网搜索最低价进行购买的现象（图10-20）。

图10-20　重视体验的线下门店

随着网络购物的飞速发展，展厅现象导致传统零售商大量的销售额和用户流失。品牌商应该主动打造无缝衔接的线上和线下体验，识别Z世代人群在线上商城和实体门店的购物旅程和购物障碍，更好地帮助用户提升体验感和即得性。

（资料来源：https://zhuanlan.zhihu.com/p/347454364.）

下一波增长红利："银发"市场

说到"银发族"，相信大部分人的印象都是衰老、保守、古板、身体还不好……但这一届"银发族"，用他们的消费行动打破了这些刻板印象（图10-21）。

图10-21　银发族

一、这一届"银发族"消费者很特立独行

（1）"夕阳红天团"领跑运动消费，请你以前请不起的私教。去年"1亿人在假装健身"的话题登上微博热搜榜，到底是怎么回事呢？

根据国家统计局数据显示，2019年有近4亿的中国人经常参加体育锻炼。依据天猫

课堂随笔

"2019运动消费趋势报告"中和公开数据测算，二、三、四线地区和农村的银发族（"50后"人群）是运动消费增速最高的人群，年消费金额增长达到53.3%，这个数字远高于"90后"的36.5%（图10-22）。另外，有1亿人在假装运动，这1亿人不乏众多"90后"的身影。

（2）人均行头超1万元。广场舞大妈才是隐形富豪。对于广场舞，大部分年轻人总是嗤之以鼻。但当你看完下面这个花费的时候，你可能要担心：要是现在不好好存钱，以后可能广场舞都跳不起。

根据"2018中国不同年龄段妈妈线上消费&行为观察"显示，除了基本的舞蹈服装和鞋子以外，广场舞也带火了音响、帽子、丝巾披肩的销售。其中，音响堪称广场舞界的新"地位象征"，有了自己的音响，才能"想跳就跳"。

当许多年轻人买个苹果手机还在思前想后或分期支付时，许多大妈面对8000元以上的高档音响却说买就买。

另据第一财经商业数据中心显示，做一个广场舞顶配大妈一年至少要花11547.65元，标配为1648.68元（图10-23），这应该都能在许多健身房买几年的健身卡了。

图10-22 2019天猫运动消费报告

图10-23 "广场舞"的标配

(3) 在跟养生、健康相关的电子产品消费上，一点都不含糊。现在以"90后"为代表的年轻人群体中，还在流行古法的泡脚养生。但在这届"银发族"中，他们已经用上了各种各样的养生、健康相关电子产品。

相关机构"2018健康睡眠市场消费特征及趋势洞察报告"显示，银发老人为高质量睡眠追求人群之一，其中按摩椅、头部按摩机、按摩床垫依次是他们偏爱的三大按摩器材。

相关机构"2019中国家庭医疗健康消费趋势报告"数据显示，血压计、血糖用品以绝对优势领先于2018线上监测类家庭健康医疗产品。

相关机构"2019年线上烘焙电器行业线上趋势报告"数据显示，70岁以上的"银发群体"对健康烘焙尤为关注，成为蒸烤箱的主要消费群体之一。

年轻时吃着隔夜菜配泡饭的老年人，而今可是高级料理锅、家用健康仪、按摩椅的忠实粉丝，对于不少年轻人而言，简直就是一阵阵"落伍碾压"扑面而来。

(4) 逆龄潮流消费下，一批批"老顽童"正迎面走来。在2019年重阳节前，阿里巴巴发布的一份"2019'十一'黄金周消费数据报告"显示，银发族不但在逐渐成为移动消费的主流：45岁以上中老年群体已习惯在逛街出行时，用手机团购或预订奶茶、咖啡等饮品；在消费偏好上也愈加潮流化。2019年10月1—3日，50岁以上消费者购买方便速食、即食火锅、方便米饭的销量增长分别高达101.9%、128.3%、122.2%。

另据去年天猫发布的一系列"生活，各自理想"的消费标签显示：50岁以上消费者购买潮牌服饰销售额增长93%（图10-24）。

二、"银发族"消费者：巨大的人口红利

如果上面这些只是从一些个性化的消费标签来帮助大家在脑海中初步构建这届"银发族"的消费特点：从生存型转向享乐型，那接下来，我们再从宏观层面的数据来看看"银发族"的人群和消费体量。

其实早在2000年，中国就步入了人口老龄化社会。

截至2018年年底，我国60岁及以上老年人口约2.49亿，占总人口的17.9%；65岁及以上人口约1.67亿，占总人口的11.9%。

作为全球唯一老年人口上亿的国家，我国银发市场蕴藏着巨大潜力。"中国老龄产业发展报告"指出，从2014—2050年，我国老年人口的消费潜力将从4万亿元增长至106万亿元左右，占GDP的比例将增长至33%，成为全球老龄产业市场潜力最大的国家。

图10-24 "逆龄自在"——50岁以上群体销售额激增

随着中国迈向老年化社会，银发人群的用户规模和移动互联网使用时长都存在巨大增长红利，他们对移动互联网的依赖越来越强，"银发经济"已经成为不可忽视的消费新势力。

二线及以上城市的银发人群活跃率达到47%，他们在互联网上的行为更加活跃（图10-25）。

(a)

迎政策利好　　　　　　　新华社发　徐骏作

(b)

老年消费新机遇　　　　　　　新华社发　王琪作

(c)

图10-25　银发人群相关信息

那么，在这么体量庞大、极具增长红利且充满活力的"银发人群"中，消费市场又处在什么阶段呢？

三、"银发族"消费市场：一片蓝海

据凯度消费者指数家庭样组数据显示，银发一族偏爱购买食品类，而食品的开销占据他们一年开销的近70%，并且食品饮料在2018年的总体增长为3%，而银发一族的消费增长高达6.9%。另外，银发一族在食品饮料上的网购金额增长率达41.8%。

由此可看出，中老年群体随着生活质量的不断提高和智能手机、移动支付的不断普及，已然具备了足够的能动性并成了消费主力。然而对于这么大的潜在需求，银发食品市场依然蓝海一片。

其中最大的原因是品类太过单一。据调查，目前我国"银发食品"90%以上都是冲调、糊粉类的食品，在品类上也大多集中在奶粉、保健品，这明显没办法满足这群"银发族"日益提升的消费需求。

再来看看国外"银发食品"发展的情况。

日本乳业巨头明治,在日本65岁以上人口占比超过20%这个时间节点上,开始着力研发面向中老年群体的产品。在1996年,明治的保加利亚酸奶获得了日本政府颁布的"特定保健食品(FOSHU)"许可。

2000年,明治推出了Probio Yogurt LG21这款保护肠胃、具有抑制幽门螺杆菌作用的产品,填补了酸奶产品在应对健康需求、提高个人免疫力和维持身体健康方面的空白。2009年,具有预防流感作用的Probio Yogurt R-1酸奶诞生。

到2015年,明治进一步推出了Probio Yogurt PA-3酸奶。其所含的PA-3乳酸菌能够有效地分解和吸收嘌呤,从而降低尿酸数值,缓解痛风症状。

在德国,专门针对银发族的食品商店会根据不同年龄段的老人和各种慢性病群体的需求,提供从主食到饮料的"一条龙"食品。有针对老人的方便主食如米饭、面条等,还有专为老人设计的啤酒,酒精度很低,并添加了营养素,让"嘴馋"的老人也能饮用。

另外,欧盟在2012年时还专门启动了一个名为PERFORMANCE的项目,旨在开发具有全面营养功能的、个性化的食品供应链。为解决粥状食物"色香味难全"的问题,PREFORMANCE在2016年时开发出了一种液态食品的3D打印技术,为吞咽困难的老人提供个性化饮食。

在瑞士,CellaNova曾推出过一款具备抗氧化特性,由全绿茶叶制成,且带有石榴汁、酸果蔓汁以及OM24的功能性饮料,并声称可中和导致细胞衰老的自由基。此外,瑞典的Vitamin Well功能性饮料还提供了针对特定健康问题的多种选择,其中包括维生素B_{12},特别推荐给老年消费群体饮用。

四、品牌如何抓住"银发族"市场红利

那么,面对"银发族"巨大的消费需求,以及当前市场空缺,品牌商家应该怎么做,才能抓住这波红利呢?

(1)开发更多"银发族"专属消费品类或功能。这点尤其是食品商家可以尝试的举措,但要尽量避免像中老年奶粉这一赛道。因为从1994年雀巢推出的BOOST到1997年伊利推出的欣活中老年奶粉,再到后来的雀巢怡养,可谓"布局已久",如果没有强大的产品和营销推广,应该很难再从这个市场中撕开一条缝。

做得好的比如农夫山泉。2020年6月,农夫山泉正式向中老年饮用水市场进军,推出了首款含锂型天然矿泉水——"锂水",并称超过0.2mg/L锂含量的"锂水",能够补充人体所需的锂元素,而锂作为营养物质能够参与维生素B_{12}和叶酸的吸收、神经调控。此外,锂还具有抗炎、抗氧化的作用,可用于缓解各种药物的副作用。

在"银发族"市场,旺旺也有发力。2020年9月,旺旺发布了"爱至尊"系列,包括长青族营养饮、长青族牛奶、长青族大燕麦片和长青族蛋白粉。主要针对老年人身体每日所需的微量元素,主打"无添加白砂糖"。其系列产品的包装上标注着"含膳食纤维、蛋白质,高钙低钠,含多种维生素和矿物质,含叶黄素酯、植物甾醇酯,添加牛磺酸"等。

除了食品类目,也可以从最前面我们讲到的那些"银发族"代表性的消费市场切入。比如

课堂随笔

针对运动市场,日本的Curves就精准洞察了运动消费市场的这一机遇,在一众健身品牌开设大众化的健身房时,精准锁定银发族群和女性消费群体,为他们提供了三个"No M"的运动锻炼体验:第一个是no man,没有男性;第二个是no makeup,不用化妆;第三个是no mirror,没有镜子带来的对身材的关注。这正是基于这种特殊体验,让Curves很快在同质化健身场馆中脱颖而出,分店遍布日本各大城市(图10-26)。

图10-26 Curves场地

Curves在品牌上的成功之处,首先是打破了"老年人就应该缓慢行动"的刻板印象,其次是打造了不同于塑形工厂般的传统健身房,为银发族和女性群体打造了轻松锻炼、愉快社交的专属场地。

(2)在营销沟通上,打破刻板印象式的消费场景。英敏特亚太区调查研究总监Matthew Crabbe曾说:"我们对老年消费者有三个认识上的误区:首先是认为他们往往过着老式生活,不太想改变;其次是他们愿意购买具有先进功能的高级产品,只是因为他们买得起;最后是,品牌不用考虑他们在价值取向和追求方面的多样性。"

于是,品牌往往在营销沟通上容易陷于刻板印象式的消费场景中,比如场景是在外打拼的儿女给在家老态龙钟的父母买保健品,然后恨不得大家都为孝心埋单。

这样有效果?在某种程度上来说的确有一定的效果,因为毕竟对于中国一大批离家在外、在一线城市打拼的年轻消费者而言,为孝心埋单的诉求是能够触动一部分人。

虽然研究表明,多数老年人都能坦然面对自己的年龄,甚至为此感到高兴,却并不想让品牌使他们想起自己的年龄,或把他们当作"老年人"。

对于"银发族"消费品,在营销沟通上我认为做得比较好的一个案例是:MOVEFREE的"白头也battle"。同样基于"买用分离"的消费特点,这个案例中品牌成功把两群人都有触及,并且通过"斗舞"这一连接两代人的形式,让整个传播内容充满活力。

还有个案例是分享一个"银发族"KOL（关键意见领袖）——末那大叔，我们这里称他为北海爷爷。这位爷爷目前75岁了，可是仍把自己打扮得非常绅士：西装笔挺，梳油头，敷面膜，喷香水，用精华液……除此之外，他也在每期的视频中分享自己各种非常精致的生活和推荐一些好物。每期视频结束语都是：我是杨北海，一个认真生活的年轻人。目前这位爷爷在抖音上已经有1390多万的粉丝（图10-27）。

图10-27 "北海爷爷"绅士抖音号

五、年轻市场不好做？试试看"银发族"赛道

现如今几乎全世界的品牌都想做年轻人喜爱的产品，于是变着法在讨好年轻人。但这就像追女神一样，你越觍着脸凑上去，追到的概率就越低。有些品牌为了迎合一味地年轻化，不惜把原来那群忠实的消费者抛弃，从内到外改头换面，结果做出来的东西反而两边不讨好。

这就需要我们在做出所谓"品牌年轻化"决策之前思考：这个品类是否有必要去迎合我们完全不太熟悉的Z世代、"00后"？

如果有必要，是否又有必要全部押在上面，还是只开辟一部分资源去做。如果衡量下来，或者试了一段时间久攻而未破，不妨考虑换个赛道：年轻人市场不好做，"银发族"中还有大把的红利空间等着你去挖掘。

（资料来源：https://baijiahao.baidu.com/s?id=1659841601153975212&wfr=spider&for=pc.）

盘点2021上半年9个爆火营销案例及它们的共性

一、案例

2021上半年有不少好的案例"出圈"，这些案例或多或少被网友讨论过。为了更加直观地让大家认识到"出圈"案例的特点，下面盘点了2021年上半年爆火的案例，并总结出4个共性特征。

1. 蜜雪冰城MV"你爱我，我爱你，蜜雪冰城甜蜜蜜"霸屏

不久前，蜜雪冰城"你爱我，我爱你，蜜雪冰城甜蜜蜜"这首魔性MV，刷屏朋友圈，甚至一些网友在门店唱起了这首洗脑歌曲，只为换取一杯"柠檬水"，如图10-28所示。

图10-28 蜜雪冰城宣传片

歌曲的魔性和洗脑特点，引发了大量网友二次创作的热情，在B站、抖音等平台，可以看见网友们自发地将主题曲改成了日语、俄语、汉语等不同版本。于是在网友持续加入二次创作和自发性传播的情况下，蜜雪冰城MV热度持续升高。

2. 瑞幸咖啡签约利路修，拍摄广告片《瑞幸咖啡 YYDS》

2021年5月初，瑞幸咖啡官宣利路修成为"瑞幸冰咖推荐官"，并随之发布了广告片《瑞幸YYDS》。

广告片中，洗脑的YYDS，加上在《创造营》中因"不想营业、只盼下岛"形象成功火了的利路修，竟然为了瑞幸咖啡而"上班"的转折，瞬间吸引了网友的高度关注，让消失在人们视线中的瑞幸咖啡再次出现在话题中心，且视频出圈后，瑞幸咖啡还注册了YYDS商标。

3. B站《后浪》2.0《我不想做这样的人》

2021年五四青年节期间，B站延续2020年《后浪》的动作，发布了另一支演讲视频《我不想做这样的人》引发网络热议。据悉，此次视频的观点是B站联合光明日报社，收集了来自全国各省市26所学校中955位初中生的真实观点所梳理而成。

视频中这些后浪说："我不想做一个浑身带刺的人，嘲讽别人的成功，嘲笑别人的失败。""我不想做一个流水线上制造出来的人，没有独立的人格，只有预定的人设。"……

4. 汤达人共创广告片

最近，王俊凯给汤达人拍摄的一部广告片因是半成品，有段视频没渲染，是素模，引发了网友的探讨。

一时间，网友众说纷纭，认为没有渲染视频"真的像在搅和水泥……"还有网友认为"肯定是没结尾款"。甚至还有网友吐槽："舍得花钱请代言，死活不愿花钱做设计。"

而这段视频其实是汤达人发起的"一起拍广告"活动（图10-29），鼓励网友针对这支未完成的广告片提出文字、图片等建议，同时这些网名ID名会在片尾呈现。之后，随着最终成品广告的上线，之前的负面评论，慢慢开始有所转向正面。

图10-29 汤达人广告

5. 小米花200万元升级Logo

在2021年春季新品发布会上，小米宣布启用新Logo。当时媒体报道，新Logo由日本国际著名设计师原研哉操刀设计。Logo设计耗时2年、设计费达200万元。同时，Logo视觉设计理念融入了东方哲学的思考，从"科技与生命的关系"出发。

结果消息一出，众网友一看Logo，就开始调侃，表示"这不就是方的变成圆的了吗？""雷布斯交智商税，花200万元改了个寂寞。"

不过，无论是赚还是亏，不可否认的是，小米花"200万元"制作的Logo上了一天热搜。

6. "和马"退赛，盒马蹭热点蹭上热搜

2021年3月8日，《创造营》2021人气海外学员"和马"突然发布微博表示，因为家庭的原因要离开节目,同时希望粉丝可以支持和他一起来参加节目的兄弟。

退赛视频一出,就引起了粉丝的热议。还有很多粉丝在和马发布的退赛博文下留言说"退赛后我这辈子都无法和腾讯和解"。本以为事情到这就结束了,谁料与"和马"谐音同名的"盒马"在微博上发布说:"天冷了,来一起吃个火锅?先涮个企鹅778。"并顺势推出企鹅造型墨鱼滑。盒马就这样蹭"和马"退赛的热点而登上微博热搜榜第4(图10-30)。

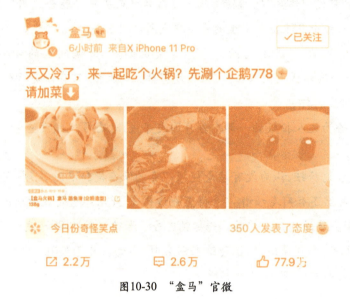

图10-30 "盒马"官微

7.《乡村爱情13》盲盒上线即售空

2021年3月5日,优酷联合《乡村爱情13》微博官宣推出"乡村爱情系列"潮玩盲盒,盲盒一共有4款常规款+1款隐藏款,集结剧中五大人气角色"谢广坤、赵四、刘能、谢大脚和宋晓峰"。

盲盒推出后,引发网友刷屏级的围观。据悉,《乡村爱情》系列盲盒首轮预售上线不到半日就一售而空,如图10-31所示。

图10-31 《乡村爱情》系列盲盒

8. OPPO跨界姜文，让你想不到

2021年3月2日，OPPO宣布OPPO Find X3与姜文导演达成合作，其将担任OPPO影像探索家的"职位"，理由是"他，风格大胆，探索电影艺术的新可能性"。

时隔一天后，OPPO直接推出了一部广告片，使许多网友想："如果让姜文设计手机，他会设计成什么样？"引发手机圈、品牌圈人士关注。

9. "乐视欠122亿元"自嘲式营销火出圈

临近年关，各大App纷纷开启了"瓜分×××亿元"红包营销，但让人出乎意料的是，大出风头的并不是这些"富豪"App。在抖音出20亿元，快手出21亿元，百度出22亿元，拼多多出28亿元的情况下，乐视凭借"欠122亿元"图标脱颖而出。

不少网友表示，"被乐视这波操作成功逗笑""等我在其他平台给你凑凑""神操作，心态很好"。于是，借着互联网公司年末分红包的话题热度，乐视欠122亿元，几乎用0投入就冲上微博热搜榜第4（图10-32）。

图10-32 乐视更新"自嘲"App图标

二、总结

事实上，以上这些案例能够"火"，都有一些运气成分存在。那在刨除运气后，这些案例中的什么"优点"可以复制？

第一，案例"火"的路径难以复制，但不可否认的是，趣味性、共创性、自黑性的内容确确实实更能引起大众关注和自发性参与。

以蜜雪冰城为例，"你爱我，我爱你，蜜雪冰城甜蜜蜜"有趣的土味式视频加上洗脑的歌词，加上本身"梗"文化、"共创"文化出名的B站作为传播渠道之一，快速燃起了红人、用户第二次创作的热情。在推波助澜下，蜜雪冰城甜蜜蜜持续传播。

再看汤达人，邀请广大粉丝做广告视频"共创"，广告片中一段视频直接没有渲染颜色。虽然一开始是负面内容居多，但随着完整版共创广告片推出后，舆论慢慢往正向发展。

当品牌不介意自黑，将自身的"短处"暴露在公众面前，有时候也能获得意想不到的效果，不过风险性较大。这非常考验品牌"炒作"、打"舆论"战的能力和品牌公关部的能力。

第二，除了"趣味性、共创性、自黑性"外，真情实感的内容往往更容易打动人心。在五四青年节，B站上线的视频《我不想做这样的人》，观点都是来自年轻人走心的观点（图10-33）。

真实的UGC故事内容，实际更能将观众带入情境中，让观众感觉到"我就是广告中的主人翁"。而采取过相同做法的还有耐克、华为等品牌。此前，OLAY在2018年末上线的《梦想，无惧年龄》广告内容，也是源自于11座城市女孩真实的追梦故事。

图10-33　B站凭借《我不想做这样的人》走进年轻人心中

第三，花费大预算，投入大精力的广告内容优质能够上热搜，也抵不住蹭热点蹭得妙，还能不花一分钱蹭上微博热搜的品牌。

比如，杨国福就蹭了一次热点。模特张亮在录制《中餐厅》时，微博发消息说"大家都辛苦了"。结果一位网友微博下方评论道"希望你专心管好自己的饭店，你家的麻辣烫太low了"。虽然张亮麻辣烫的老板的确叫张亮，但与正在录制《中餐厅》的张亮并无任何关系，所以张亮反手就回了一句："去吃杨国福啊……"

只见杨国福麻辣烫反应迅速,在微博连回三条博文,先感谢张亮cue(提到)自己,再表示已经去看《中餐厅》了,又发消息直接喊话张亮希望彼此可以合作。一番操作后,杨国福麻辣烫喊话张亮微博话题阅读量超5亿。等于不花一分钱上了次热搜。当然,基于现实情况,通常这种机会可遇不可求。但反过来这也给相关品牌提了个醒,只要话题"梗"足够有趣,品牌对"话题"反应迅速足够快,也许下一个热搜就是你。

第四,在蹭热点之余,某些案例"火"还有一个特征是事件本身自带热度,例如,具备热度IP、热度的人物和话题、企业重大事件等。《乡村爱情》盲盒、小米升级Logo、瑞幸咖啡找利路修、OPPO找姜文合作就是如此。

一般自身热点相比常规的营销更能让用户形成"自发性"传播,所以往往自带热度的事件,更能够挑起讨论氛围,成为大家聊天的话题。

总结来看,这些案例互相之间有4大共性:其一,具有趣味性、共创性、自黑性3个特点;其二,拥有真情实感的内容;其三,蹭热点蹭得妙;其四,事件本身自带热度。

(资料来源:https://www.xianjichina.com/news/details_275862.html.)

10.4 创新创业实战

1. 实战项目

故宫的营销计划你来整理一下?

自2014年8月,故宫淘宝在发布了公众号文章"雍正:感觉自己萌萌哒"后,引起广泛关注,"感觉自己萌萌哒"雍正行乐图GIF图上线一周,单击量超过100万。通过反差感卖萌的强烈对比,雍正成了故宫品牌下的第一个IP代言人(图10-34)。

图10-34 故宫宣传插画1

随着故宫一波又一波的营销攻势,故宫不再是你记忆中那个庄严肃穆的宫殿,华丽转身后,它成了博物馆营销的"教科书"。除了故宫淘宝卖萌带货之外,故宫还涉足微信公众号、H5、纪录片,同时进军文案界、微表情界,并通过一系列事件营销让用户感受到故宫更为年轻的新姿态,让鲜活、年轻化的故宫IP真正意义上进入大众视野(图10-35)。

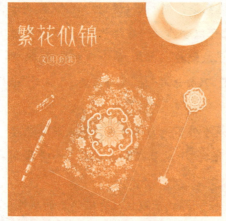 

图10-35 故宫宣传插画2

在2018年年末,故宫旗下的两家官方机构"故宫文创"和"故宫淘宝"均推出口红彩妆,朋友圈刷屏之后便一货难求,成了"国潮"品牌中的最新代表。故宫文创一年销售额超十亿元,无疑与他们近几年来前卫的营销玩法不无关系。

现在我们试着使用倒推法,为故宫当年的精彩的营销活动复盘一下他们的营销计划。

2. 活动目标

通过整理真实场景中的营销计划学会编制营销计划。

3. 建议时间

课下时间自定,课上用时30分钟。

4. 材料准备

黑笔、A4纸、大卡纸、便利贴。

5. 规则与程序

(1) 教师故宫营销方案分享。

(2) 小组内部讨论,重新明确营销计划中的要素与步骤。

(3) 小组对故宫营销计划进行再现。

(4) 班内小组分享。

(5) 小组互评,老师点评,评出最详尽、最优秀的故宫营销计划。

10.5 总结与提高

我的收获：_____
还没解决的问题：_____
需要改进的地方：_____
其他：_____

拓展阅读

项目11 创业融资与风险
——没钱怎么创业

学习引言

大学生创业面临首要的也是最普遍的问题就是没有资金,相对于资金充足的人来说这种无本创业才是比较艰难的,尤其是既没有资金又没有经验的大学生更是难上加难。创业之路异常艰辛,那么到底要如何解决这个问题呢?

资金的注入——无论以股权的形式还是以债权的形式,无论来自个人投资者还是机构投资者——都能够帮助创业企业度过创业的艰难时期,进入新的发展阶段。对创业企业而言,有很多可供选择的融资渠道,创业者应该勇敢地去尝试,使之为企业的发展服务。

但是没有哪种融资渠道是十全十美的,任何方式的融资都需要付出资金成本和艰苦复杂的劳动,并且还存在内生的风险。此外,即使最精明的创业者在与那些以此为生的投资者谈判时也总是处于不利位置。因此,为了提高融资活动的效率,使之对创业企业的发展起到积极的推动作用,创业者还必须对融资活动中的成本和风险有比较全面的了解。

学习目标

知识目标:掌握创业融资方式;了解融资活动中的成本和风险。

能力目标:选择合适的创业融资方式;按创业企业的融资需求确定合理的融资战略和融资计划。

素质目标:合适合法地选择企业融资方式。

> **问题导航**
>
> （1）创业者通常可以用哪几种方式获得创业资金？
> （2）如何选择适合创业企业的融资方式？
> （3）融资数量怎么确定？
> （4）融资有什么风险呢？

> **小贴士**
>
> 融资已经变成了恶疾。创业者正在浪费大量的精力进行融资计划。
>
> ——迈克尔·卢茨

11.1 创新创业知识链接

11.1.1 融资的概念

企业融资是指创业企业从自身生产经营及资金运用情况出发，根据未来经营发展的需要，通过一定的渠道或方式筹集资金，以满足后续经营发展需要的一种经济行为。

11.1.2 融资的目的

对于很多的中小企业而言，稀缺的就是资金，资金可以用于企业的生产和经营，充足的资金也有利于企业的长远发展。总的来说，企业的发展离不开资金，有效的融资可以推动企业的发展。

企业融资的基本目的是为自身的生产和经营，但是每一次融资都有一些特定的动机。比如，企业在生产经营过程中，为了尽快地获得充足的资金就会选择融资。有的企业为了进一步扩展规模，引进先进的设备或者是先进的技术等，都会开启融资活动。

有的企业为了进一步扩大规模，选择对外投资，在兼并其他企业的时候，也需要前期进行融资。无论企业融资的动机是什么，其最终的目的就是为让企业获得长久的效益。

企业常见的融资动机有以下几种。

（1）扩张动机：包括厂房设施、生产设备的扩大改造，人员数量、研发费用、市场开发投入的增加等，甚至想通过兼并其他企业来扩张自己的规模。

（2）偿债动机：一是调整性偿债筹资，即企业虽有足够的能力支付即期债务，但为了调整原有、现已不合理的资金结构而进行的筹资行为；二是恶化性偿债筹资，即企业现有的支付能力已不足以偿付到期旧债，被迫举新债还旧债，这表明企业财务状况已经恶化。

(3) 混合动机：偿还旧的债务，扩大企业的规模。

(4) 其他动机：如创业起步而融资。

11.1.3 创业融资的渠道

1. 融资方式与来源

1) 债务融资与权益融资

债务融资是指利用涉及利息偿付的金融工具来筹措资金的融资方法，通常也就是贷款，其偿付只是间接地与企业的销售收入和利润相联系。

权益融资是指无须资产抵押，它赋予投资者在企业中某种形式的股东地位。常见的权益融资有两种：一种是通过公开发行或私募发行的方式发行金融证券；另一种是通过企业内源性融资来获得，也就是把获取的利润不以红利的形式分配给股东，而是将其以股东权益的形式留存在企业内部，用以支持企业的长期发展。

2) 内部融资与外部融资

（1）内部融资：企业有多种内部资金来源，如经营的利润、出售资产的收入、流动资产的消减、支付项目的增加、应收账款的回收等。

（2）外部融资：外部融资的各种渠道各有利弊，我们要从资金可用的时间长短、资金成本以及公司控制权的丧失三方面进行综合考虑，然后选择最佳的融资渠道。

2. 创业融资的渠道

具体来说，创业融资的渠道主要有私人资金融资、机构融资、交易信贷、融资租赁、风险投资、天使投资和政府扶持。

图 11-1 展示了创业融资来源，该资料由全国工商联前瞻产业研究院整理。

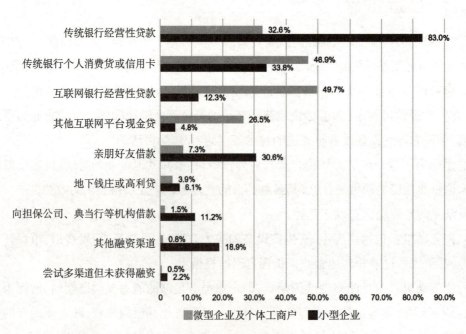

图 11-1 创业融资来源

(1) 私人资金融资

① 个人积蓄。创业者的个人积蓄是创业融资最根本的来源。几乎所有的创业者都向他们新创办的企业投入了个人积蓄。但个人积蓄的投入只是企业融资的一种途径，并不是根本性的解决方案。因为个人积蓄对于创业企业而言总是十分有限的，特别是对于资本密集型的企业来说，几乎是杯水车薪。

② 向亲友融资。向亲友融资也是创业融资的重要渠道。以创业者为中心形成的亲缘、地缘、商缘等社会关系网络，对包括创业融资在内的许多创业活动产生着重要影响。

(2) 机构融资

① 向银行借款。适合创业者的银行借款形式主要有抵押贷款和担保贷款两种。抵押贷款是指借款人以其所拥有的财产作抵押，作为获得银行贷款的担保。在抵押期间，借款人可以继续使用其用于抵押的财产。担保贷款是指借款人向银行提供符合法定条件的第三方保证人作为还款保证的借款方式。当借款方不能履约还款时，银行有权按照约定要求保证人履行或承担清偿贷款连带责任。担保贷款形式有自然人担保贷款和专业公司担保贷款两种。自然人担保贷款是指通过自然人提供担保来取得贷款的方式；专业公司担保贷款是指通过担保公司提供担保来取得贷款的方式。

② 向非银行金融机构借款。非银行金融机构是指以发行股票和债券、接收信用委托、提供保险等形式筹集资金，并将所筹资金用于长期性投资的金融机构。

根据《中国银保监会非银行金融机构行政许可事项实施办法》的规定，非银行金融机构包括经银监会批准设立的信托公司、境外非银行金融机构驻华代表处、农村和城市信用合作社、典当行、保险公司、小额贷款公司等机构。

(3) 交易信贷

交易信贷是指企业在正常的经营活动和商品交易中，由于延期付款或预收货款所形成的企业间常见的信贷关系，通常也称为商业信用。

企业在筹办期及生产经营过程中，均可以通过交易信贷筹集部分资金。如企业在购置设备或原材料的过程中，可以通过延期付款的方式，在一定时期内免费使用供应商提供的部分资金。

3. 融资租赁

融资租赁是指出租人根据承租人对租赁物件的特定要求和对供货人的选择，出资向供货人购买租赁物件，并租给承租人使用，承租人则分期向出租人支付租金，在租赁期内租赁物件的所有权属于出租人所有，承租人拥有租赁物件的使用权。租期届满，租金支付完毕并且承租人根据融资租赁合同的规定履行完全部义务后，租赁物件所有权即转归承租人所有。

4. 风险投资

风险投资又称创业投资，是指由专业机构提供的投资于极具增长潜力的创业企业并参与其管理的权益资本。

风险投资的投资对象多为处于创业期的中小企业，而且多为高新技术企业或现代服务业。

风险投资人一般积极参与被投资企业的经营管理，提供增值服务。由于投资目的是追求超额回报，当被投资企业增值后，风险投资人会通过上市、收购兼并或其他股权转让方式撤出资本，实现增值后的回收。

创业企业吸收风险投资有以下几点好处。

其一，没有债务负担。

其二，创业者不必担心失去对企业的控制权，风险投资的"游戏规则"是在投资后3～5年内退出。

其三，无须资产做抵押。

其四，可同时获得其他帮助，少走弯路，风险投资公司往往会对企业的财务、管理、营销进行辅导，避免投资的企业因缺乏经验而发生不必要的失败和损失。

5. 天使投资

天使投资是一种非组织化的创业投资形式，是指自由投资者（个人）或非正式风险投资机构（团体）对有发展前景的原创项目构思或初创期小企业进行早期权益性资本投资，以帮助这些企业迅速启动的一种民间投资方式。

天使投资的主要特征如下。

（1）天使投资的金额一般较小，而且是一次性投入，也是一种个体或者小型的商业行为。它对创业企业的审查并不严格，更多的是基于投资者的主观判断或者个人喜好。

（2）天使投资者本身可以是任何愿意投资公司的人士，既可能是企业家或其他高收入人士，也可能是创业者的邻居、家庭成员、朋友、公司伙伴、供应商等。

（3）天使投资人不但可以带来资金，也能带来一定的资源网络，如果他们是知名人士，还可提高公司的信誉和影响力。

在风险投资领域，"天使"这个词指的是企业家的第一批投资人，这些投资人在公司产品和业务成型之前就把资金投入进来。天使投资人通常是创业企业家的朋友、亲戚或商业伙伴，由于他们对该企业家的能力和创意深信不疑，因而愿意在业务远未开展之前就向该企业家投入大笔资金，一笔典型的天使投资往往只是区区几十万美元，是风险资本家随后可能投入资金的零头。

对刚刚起步的创业者来说,既吃不了银行贷款的"大米饭",又沾不了风险投资"维生素"的光,在这种情况下,只能靠天使投资的"婴儿奶粉"来吸收营养并茁壮成长。

6. 政府扶持

创业者还可以利用政府扶持政策,从政府方面获得融资支持。随着我国经济的发展,政府对创业的支持力度无论从产业的覆盖面还是从政府对创业者的支持额度等方面都有了很大进展,由政府提供的扶持基金也在逐步增加。

11.1.4 企业融资的风险

融资活动离不开创业者、投资者、中介机构和专家,所以,对创业企业而言,与融资活动相关的风险也主要来自创业企业与这些主体之间的活动。大体可分为由创业企业融资战略不当引发的融资风险;创业企业融资活动不计成本引发的融资风险;创业企业融资对象选择不当引发的融资风险;创业企业过分依赖专家造成的融资风险。

11.1.5 创业企业融资战略不当引发的融资风险

创业企业融资战略制定不合理的表现主要有两个方面:融资规模不合理,融资时机把握不当。

1. 融资规模不当引发的融资风险

制定融资战略时,应紧密结合创业企业的情况确定融资规模,既不能太少,也不能太多,否则都会给创业企业的发展带来不确定性,甚至会使企业濒临破产的边缘。

(1) 融资规模太小的负面影响

与成熟公司相比,创业企业的财务状况具有其独特性。成熟企业无论大小,都已经有了稳固的顾客基础和收入流,与它们相比,创业企业要经过的是财务地狱之门。在创业企业成立的早期,它们是资本的吞噬者,但通常不采取大量债务融资的方法。更糟糕的是,它们成长得越快,它们对现金的胃口越大。所以创业企业,特别是处在初创期的创业企业更需要有充足的资金,以保证企业顺利度过成长的关键期。

但是在筹集到所需资金的同时,创业者通常会被股权投资者要求放弃对创业企业的控制权,投资者能够按照投资的数额和在总投资额中的比重获得创业企业相应比例的控制权。为了避免可能存在的控制权转移,创业者在融资规模小让渡较少控制权的策略,与融资规模大但要让渡较多控制权的策略之间,可能会选择前者。这种融资策略会给企业未来的发展造成致命的打击。

(2) 融资规模过大的负面影响

融资规模也不是越大越好。超出企业需要的且没有适当财务约束的融资反而会使创业企业在"文火煮青蛙"的宽松环境中放松对财务预算的约束,最终在不知不觉中陷入融资困境,进而走向破产。

主要依靠自有资金的初创企业,其发展初期就会暴露出隐藏的财务问题并迫使企业去解决它们。"如果我们一开始就有资金。"一家医疗和研究设备制造商——标准设备公司的汤姆·戴维斯说道,"我们可能会犯更多的错误。依靠自己的资金,我就必须亲自签发所有的支票。这样,我就会清楚地知道资金都用在了什么地方"。

融资过多会造成许多问题。正如一位创业者所说的那样,"通常融资 500 万美元比 100 万美元要容易,因为风险投资家不愿将心思放在无数小规模的投资上。这样企业就会多出 400 万美元并不需要却可以随意使用的资金"。

制造数据通信设备的 Symplex Communications 的创始人之一乔治·市罗斯托夫也同意这一观点:"我们这个行业中的一些人从一开始就认为他们应该可以做这个,也可以做那个。钱很快就烧完了,但公司却既没有收益也没有销售额。之后他们指出症结所在'我们还需要更多的资金',而不是去关注企业存在的问题。"

2. 融资时机把握不好引发的融资风险

创业企业要把握好融资时机,既不能过早,也不能过晚,切合实际的融资能够帮助企业解决资金难题,但如果没有掌握好时机,无论过早还是过晚,都会通过增加成本或放弃控制权等给企业的发展带来不确定性。

(1) 融资过晚带来的融资风险

如前所述,创业企业初期是资金需求量非常大的阶段,资金供给量不仅要充足,而且必须及时,所以,创业企业应该未雨绸缪及早考虑融资问题,不要等到出现严重的现金短缺时才寻找资金。对一家新成立的公司而言,尤其是在筹资方面没有经验或成就,拖延寻找资金的时间是不明智的,因为筹集资金一般要花 8 个月或更多时间。除了现金流方面的问题外,等到出现现金短缺才筹集资金,这种行为所隐含的缺乏规划性会破坏企业管理团队的可信度,并对公司与投资者谈判的能力产生负面影响。

(2) 融资过早带来的融资风险

要避免另一种极端的出现,即过早融资。如果某企业过早地获得股权资本,创始人的股权就可能被不必要地削弱,并且也会漫不经心地逐渐抛弃财务上保持节俭这条财务纪律。

早融资造成的主要后果就是企业灵活性的下降。进入一个新行业的初创企业极少能在第一次就走对路。成功特别是在新的成长性的行业里,往往伴随曲折和不可预见的挫折,随着各种事件的发生,企业的战略可能不得不发生根本性调整。然而,外部投资者会妨碍创业者在不确定环境中采取"尝试之后调整"的发展方式,而这种方式往往是创业企业走向兴旺之路所必需的。企业发展过程中出现的根本性变动会令外部投资者感到困惑:"是最初的构想错了还是没有很好地执行?"创业者确信新的战略将会成功,但这种自信和当初设计第一个方案时没有什么区别。投资者想知道:"我是否会第二次上当?"对投资者来说,支持企业所提出的新战略而不是更换管理者是一种显示信任的做法,但这需要创业者避免诸如错误的判断、对不好的计划的盲目自信以及过分吹嘘等问题。

对于创业者来说,一旦企业具备了一定的规模,他们就能够建立足够的信心摆脱投资者的束缚,按自己的想法去做了。但是,在开始的几年,他们还是尽量避免直接的冲突。相反,即使他们自己已经开始失去信心了,他们仍然会坚持最初的计划,因为他们担心根本性的变革会带来对他们不利的重新审核。如案例所示,迫于投资者的压力,创业者不得不放弃自己调整发展战略的想法。

(3) 失去继续搜寻投资源耐心引发的融资风险

通常在经历了几个月对资金源的搜寻和谈判后,另一个陷阱又在等待饥渴且警觉性不高的创业者,并且它的诱惑难以抗拒,这就是相信交易已经完成并过早结束了与其他投资者谈判的陷阱。这些创业者会认为握手、合同意向书或者执行条款就代表融资行动已经大功告成了。所以,他们此前的小心谨慎刹那间完全放松,并且停止了与其他所有潜在投资者的沟通。这种做法可能会让创业企业与某些机会失之交臂,错失条件更好的融资机会。

(4) "拿了钱就跑"的短视行为

公司筹集资金因时机把握不好而引发的最后一个陷阱是拿了钱就跑的短线行为,这会让创业者永远不能正确评估任何关键的长期问题——即投资者除资金之外,还能为公司增加多少价值呢?陷入此陷阱的创业者根本不知道其准财务合伙人到底有多少市场和行业中的相关经验与专业知识,也不知道他们需要的但没得到的是什么,也不清楚投资者加入能带来什么样的明智之举和声誉——但他们还是拿了钱。

如前所述,公司的成功发展受管理团队和财务合伙人互动关系的影响极大。如果他们之间建立起了长期有效的合作关系,则其协同作用增加的价值可以有力地把公司推向成功。许多创始人忽视了一些投资者经常会贡献的附加价值,而错误地把精力投入到争取"更好的交易"上。

11.1.6 创业企业融资不计成本引发的融资风险

对于绝大多数创业者来说,最兴奋的事情之一是听到有投资者会对自己的项目有投资意向。但是在感受了获得资金的兴奋之后,创业企业又会发现他们为此可能付出了太多,出现了"得不偿失"的结果。实际上,创业者的乐观精神往往使他们得出这样的结论:只要有好的人和好的产品(或服务),就一定会吸引足够的投资者的眼球,并获得丰厚的利润。但是,筹集资金所需的努力程度可能是获取资金中最容易被忽视的一个方面。在所有这些情况中,随着时钟的滴答和日子的流逝,把资源耗费于某一特定领域的机会成本也就越积越多。而且为了获得资金,企业可能还不得不冒着商业秘密被曝光的风险。

1. 忽略机会成本造成成本严重低估

金钱的诱惑使创业者完全忽略了从银行获得现金的过程中所需付出的时间、精力和创造力,这可能是融资中最没有价值的工作。在创业企业的融资过程中,公司管理者通常把一半的时间和几乎所有的创造力都用在了试图从外界筹集资金方面。有许多创业者为了寻找潜在的资金来源四处宣传,甚至为之放弃了所从事的所有其他工作。

(1) 为融资而付出的时间和精力

融资过程充满了压力,而且在感兴趣的投资者对公司的创始人以及公司业务进行"审慎调查"时也会耽误几个月的时间。最终得到投资者肯定地回答可能至少要花半年的时间,而否定的回答甚至要花一年的时间。同时,由于体力与脑力的大量消耗,公司管理者已经没有太多的精力开展业务了,其间的现金流出也会大大高于现金流。因此,在创业者为下一阶段的迅速发展努力筹集资金时,一些新建的企业很可能会因不堪重负而倒闭。

此外,公司业绩也会不可避免地受到影响。顾客会被忽略,尽管是微妙且无意识的;员工和公司管理者得不到足够的重视;一些小问题也注意不到。结果销售额直线下降,现金积累缓慢,利润额也开始下滑。如果融资的努力最终失败,员工士气会大大受挫,甚至一些公司的核心人物也会离开。这种影响会大大削弱一个朝气蓬勃的年轻企业。

(2) 融资成功的后续成本支出

即使融资项目成功,其成本也是相当可观的。上市成本(包括给律师、承销商、会计师、印刷厂以及市场监管者的各种费用)将达到较小规模上市公司融资额的15%~20%,有时甚至可以达到30%。而且上市公司发行股票之后还将面临其他一些成本的增加,如按照美国证券交易委员会的要求进行公司信息披露而造成的管理费用和法律费用的增加。此外,上市后聘请董事的费用和责任保险费也会相应增加。这些方面的支出总和每年也有10万美元左右。类似地,100万美元以上的银行贷款也需要进行严格的审计和独立调查,以确保存货及应收账款的价值是真实的。融资者也应当承担这样的成本。

在融资过程中,对时间和金钱的要求是不可避免的。创业者所能做的就是不要忽视这些成本并进行周密的计划。

2. 因为融资而被公开的商业秘密

另一项极容易被忽视的"成本"是信息披露,这可能是让资金支持者投资的必要措施。说服投资者给予资金支持需要进行艰苦的工作,同时也需要提供各种信息。在筹资过程中,必须准备好向5个、10个甚至50个不同的人介绍公司情况,包括公司是否依靠一个专业的技术人员或工程师,管理层的能力以及缺陷,你所拥有的股份是多少,你是如何获得收益的,公司的竞争及市场战略等。此外,你还必须公开个人及公司的财务状况。

这样,公司的弱点、所有权和报酬安排、个人和公司财务报表、营销计划和竞争战略等都必须透露给创业者根本不了解、不信任的人和那些他们可能从始至终都不会打交道的人。另外,他们还失去了对信息流通范围的控制。

11.1.7 创业企业对投资者选择不当引发的融资风险

融资策略制定合理,充分估计了机会成本和其他成本之后,创业者还不得不面对另一类融资风险,即由于对投资者选择不当而造成融资失败的可能性。在实践中,企业逐渐发现规模大小并不是选择投资者的首要标准,对自己专业领域是否熟悉才是创业者筛选投资者的重要标准。

1. 投资者的规模引起的偏见

行业中地位高、资金规模雄厚的公司往往引来更多的关注,这种习惯和思路在创业者筹集资金时也一定程度上左右了创业者的选择,投资者所属公司的地位和规模已经成为创业者选择的首要标准。然而,仅仅把目标瞄准最大、最知名或最权威的公司,会给创业者的成功融资带来很大的变数。

这些大型公司通常最容易被大家所关注是因为它们的规模大、投资活动多,并且它们从业已经有相当长的一段时间。但随着风险投资行业种类的增加及其他一些原因,这些大公司有时候可能合适,但有时候也可能不合适。

2. 忽视投资者的专业领域

尽管资金决定了公司融资的努力方向,但资金却不是潜在的投资者所能提供的唯一事物。如果公司忽略了合作伙伴是否拥有行业工作经验,是否与潜在供应商及顾客沟通,以及是否有良好的信誉等问题,就等于是在欺骗自己。这也要求创业者在准备融资时必须十分详细地了解自己项目所属的领域,特别是各种股权来源的要求和选择,对比自己的项目是否与投资者的要求和选择相匹配。

11.1.8 创业企业过分依赖专家造成的融资风险

在融资过程中,创业者在"术业有专攻"思想的指导下,会非常尊重外部投资顾问或律师的意见。有实例告诉我们,综合考虑外部专家的专业建议有助于融资的顺利完成,但过分地依赖专家也会给融资活动带来风险。

1. 外部融资专家也会犯错误

融资多少,有哪些融资渠道,以负债还是权益方式融资,有哪些融资条件等方面的决策都会在一定程度上限制企业的管理,并会派生出一些必须履行的责任。这些责任会削弱企业的发展,但是很多管理者不假思索地就将这些至关重要的融资战略委托给外部融资专家处理。实际上,并非所有的专家都善于此道,而且最终是创业企业而不是那些融资专家来承担最后的结果。

2. 律师保护不了你

许多人讨厌卷入法律细节问题,并且他们认为既然已支付了大量专家费用,那么法律顾问应该会注意具体细节问题。但是,过分地相信往往会带来他们意想不到的问题。

课堂随笔

融资项目有多种不同的运作方式。法律文件清楚地说明交易各方的条件、责任和权利。但是,由于不同交易方达成交易的方法不同,并且这些法律和合同的细节问题在筹资过程的最后才出现,不注意这方面问题的创业者可能最后一无所获,并且面临一些责任约束很多的法律条文和法律契约,这对公司来说预示着潜在的巨大灾难。

投资一方由于天天都与融资项目打交道,因此与那些不谙此道的创业者相比,他们往往更适应这些协议,而且协议会导致企业应对不可预料情况的灵活性下降。作为律师,无论其多么有能力和多么尽职,都不能确定什么样的条款是企业所不能接受的。创业者不能仅依靠律师和顾问在这些有关企业生死的问题上来保护他们。

11.2 创新创业课堂实践任务

任务一:创业者和创业团队融资类型选择

任务描述:创业者和创业团队面对众多融资选择,应该选择合适的创业融资方式。

资料1

中小企业担保贷款:创业者的"安神汤"

一方面中小企业融资难,大量企业嗷嗷待哺;另一方面银行资金缺乏出路,四处出击,却不愿意贷款给中小企业。究其原因主要在于,银行认为给中小企业发放贷款,风险难以防范。然而,随着国家政策和有关部门的大力扶植以及担保贷款数量的激增,中小企业担保贷款必将成为中小企业另一条有效的融资之路,为创业者"安神补脑"。

例如,上海一家高科技公司属国内一流艺术灯光景观建设专业企业,开发了数十项产品。在强大的科技研发能力支持下,该公司业务发展迅速。与业务发展相伴而行的则是资金困境。工程类企业的行业特点是资金回笼速度慢,营运资金占用情况严重。但由于公司规模较小,又缺乏与银行合作的信用记录,获得银行融资困难重重。

2005年年底,该企业得到中投保担保的80万元流动资金贷款,由此,该公司近两年取得了快速发展。2007年6—7月,该公司先后中标2008北京奥运场馆照明工程合同。

资料2

风险投资:创业者的"维生素C"

在英语中,风险投资的简称是VC,与维生素C的简称VC如出一辙,而从作用上来看,两者也有相同之处,都能提供必需的"营养"。广义的风险投资泛指一切具有高风险、高潜在收益的投资;狭义的风险投资是指以高新技术为基础,生产与经营技术密集型产品的投资。根据美国全美风险投资协会的定义,风险投资是由职业金融家投入到新兴的、迅速发展的、具有巨大竞争潜力的企业中的一种权益资本。搜狐、新浪之所以有今天的成就,与数千万美元风险投资的"补给"大有关系。因此,有人把风险投资形象地比喻为"魔术箱",扔进去一批创业者,就能变出一批批百万、千万乃至亿万富翁。

尽管风险投资有着神奇的"魔力",能把创业者抽屉里的技术成果变成"印钞机",但追求回报和收益是一切资本的"本能",风险投资也不例外。

例如,上海宝诚资产管理有限公司执行董事许翰龙介绍说,与一般投资相比,风险投资具有高风险与高回报的"特征"。所谓高风险,是因为风险投资的项目中只有30%的项目是成功的,风险投资商需要靠30%项目的收益来弥补70%项目的损失并获利。所谓高回报,就是风险投资商追求短时期内的高回报率,其对年回报率在25%以下的项目一般不会考虑。为避免高风险而获取高收益,风险投资商往往会委托专门的投资中介机构进行操作。风险投资中介是由金融专家、高新技术专家、财务专家、法律专家、企业管理专家等各方面专家组成的"超级评审团",其任务就是对创业项目、创业企业、创业者进行全方位的挑选和评估,以保证风险投资的安全性、科学性和高回报性。对于风险投资这种融资渠道,许翰龙直言:"风险投资为没资本但有经验、有市场、有技术者提供了创业资金,但风险资本绝不是'免费午餐',风险投资商也不是'圣诞老人'。凡是资本都要追求回报和收益,风险资本因为其高风险的特性,对回报率的'胃口'更大。"

趋利避害是一切资本的投资原则,风险投资商以参股的形式进入创业企业。为降低风险,在实现增值目的后会退出投资,而不会永远与创业企业捆绑在一起。

资料3

天使投资:创业者的"婴儿奶粉"

天使投资是自由投资者或非正式风险投资机构,对处于构思状态的原创项目或小型初创企业进行的一次性的前期投资。天使投资虽是风险投资的一种,但两者有着较大差别:天使投资是一种非组织化的创业投资形式,其资金来源大多是民间资本,而非专业的风险投资商;天使投资的门槛较低,有时即便是一个创业构思,只要有发展潜力,就能获得资金,而风险投资一般对这些尚未诞生或嗷嗷待哺的"婴儿"兴趣不大。

在风险投资领域,"天使"这个词指的是企业家的第一批投资人,这些投资人在公司产品和业务成型之前就把资金投入进来。天使投资人通常是创业企业家的朋友、亲戚或商业伙伴,由于他们对该企业家的能力和创意深信不疑,因而愿意在业务远未开展之前就向该企业家投入大笔资金,一笔典型的天使投资往往只是区区几十万美元,是风险资本家随后可能投入资金的零头。

对刚刚起步的创业者来说,既吃不了银行贷款的"大米饭",又沾不了风险投资"维生素"的光,在这种情况下,只能靠天使投资的"婴儿奶粉"来吸收营养并茁壮成长。

例如,牛根生在伊利期间因为订制包装制品时与谢秋旭成为好友,当牛根生自立门户之时,谢秋旭作为一个印刷商人,慷慨地掏出现金注入初创期的蒙牛,并将其中的大部分的股权以"谢氏信托"的方式"无偿"赠予蒙牛的管理层、雇员及其他受益人,而不参与蒙牛的任何管理和发展安排。最终谢秋旭也收获不菲,380万元的投入如今已变成10亿元。

资料4

政府基金：创业者的"免费皇粮"

近年来，政府充分意识到中小企业在国民经济中的重要地位，尤其是各省、市地方政府，为了增强自己的竞争力，不断采取各种方式扶持科技含量高的产业或者优势产业。为此，各级政府相继设立了一些政府基金予以支持。这对于拥有一技之长又有志于创业的诸多科技人员，特别是归国留学人员是一个很好的吃"免费皇粮"的机会。

例如，在澳大利亚度过了14年留学和工作生涯的施正荣博士，带着自己10多年的科研成果回到家乡无锡创业。当无锡市有关领导得知施正荣的名声，和他的太阳能晶硅电池科研成果在国内还是空白时，立即拍板要扶持科学家做老板。在市经委的牵头下，无锡市政府联合当地几家大国企投资800万元，组建了无锡尚德太阳能电力有限公司。有了政府资金的鼎力支持，尚德公司有了跨越式发展，仅仅3年时间销售额已经过亿元，成为业界明星企业。

> **小组讨论：**
> 小组项目选择不同融资方式的理由是什么？（小组项目书分享）

任务二：创业者和创业团队融资风险

任务描述：创业者和创业团队在面对投资者向企业抛出了橄榄枝时，企业也必须清楚融资计划不能终止，还需要继续寻找其他投资者。将艰苦的融资工作告一段落是冒险的做法。

阅读以下材料并思考：融资工作如何提高企业在谈判中的地位？什么样的投资者更适合？

资料1

足够的耐心带给创业企业的好机会

一家销售额达3000万美元的公司，其创业者和一名执行副总裁与几家风险资本家、三家主要战略伙伴和一家衔接资本谈判了将近6个月，公司的现金流转只够维持60天，衔接资本投资者也知道这一点。衔接资本投资者提出了一个"必须接受，否则拒绝投资"的提议，即提供总额为1000万美元、利率为12%的有担保贷款，以获得公司10%的股权。可提供1000万美元，他的态度是要么拿去，要么一分钱也别拿。

副总裁在总结了公司的相对砍价实力后，说："这是我们唯一的选择；其他融资源到上个月底都终止了；和3家主要公司的谈判还没有任何实质性的进展。我们觉得他们要价太高，但我们需要资金，而且比起传统的风险投资这还是比较优惠的。"但这位创业者和执行副总裁成功地把公司的劣势掩藏起来，让衔接投资者看不出来。

在每次和衔接投资者进行谈判的时候，这名创业者总是装作他后面还要和另一家更大的公司谈判的架势（搭乘一班两小时的航班离开）。于是，他给衔接投资者留下了这样的印象，即他和其他投资者的谈判要远比他们之间正在进行的重要。最终该创业者与一个对公司饶有兴趣并乐于合作的投资者达成了协议，企业在6个月后上市，并成为其所在行业的领导者。

资料2

及时调整投资者筛选，助推融资成功

例如，某创业者有一个新型专利设备，可供半导体制造商使用。他前一轮融资的资金将要用完，为把该设备投入测试地点，随后投入生产，他需要更多的资金。虽然实验室测试十分成功，但因为此项目比商业计划中拟定的日程晚了将近两年，他以前的资金支持者都不愿意追加投资。他花了一年时间把精力投入风险投资行业中许多最大、最知名的公司和知名人士上，但没有结果。

后来在外部顾问的帮助下，他决定展开另一种筹资战略。首先，他把那些最可能成为该设备准客户的公司列出来；其次，他列出已经向此潜在客户群投资过的投资者（因为这些投资者对其技术、潜在增值部分和其他公司在此方面的潜在竞争优势最了解，有可能成为潜在资金支持者）。列出的风险投资公司近12家（从700多家中筛选出来），并且该创业者以前从没有跟其中任何一家接触过。实际上，他连其中许多家的名字都没听说过，但它们其实都是该行业中积极的投资者。不到3个月，其中三家提供了投资，融资结束。

> **小组讨论：**
> 你认为什么样的投资者是优质投资者？你们小组项目会优先选择哪种投资者？

11.3 拓展阅读

一滴血液背后的骗局"女版乔布斯的帝国"

2014福布斯美国400富豪榜隆重揭榜，年仅30岁即以45亿美元身家入选的伊丽莎白·霍尔姆斯成为榜单中最年轻的白手起家女富豪（图11-2）。

中国有企业家说过："哪里有抱怨，哪里就有机会。"年轻的美国女富豪伊丽莎白·霍尔姆斯有同样的感受。因为"最怕的事情就是扎针抽血"，她创业15年，累计融资8.1亿美元，最高估值90亿美元（约合人民币604亿元），个人身价一度超过45亿美元，曾被《福布斯》(Forbes)杂志评为"全球最年轻的白手起家的女性亿万富翁"，《财富》"年度商业家"，《时代周刊》"2015年最具有影响力的100大人物"。

图11-2 《滴血成金：硅谷初创公司的秘密与谎言》(1)

伊丽莎白·霍尔姆斯1984年生于华盛顿，父亲是美国国际开发署的全球水协调员，大部分时间都致力于改进中国和非洲的水资源利用。工作中，他认识了美国国会委员会职员艾诺尔，两人后来结婚。

伊丽莎白·霍尔姆斯很小就读过自己高祖父的自传。"他是一名参加过'一战'的外科医生，辛辛那提大学医学中心就是以他的名字命名的。"在接受媒体采访时，霍尔姆斯透露，8岁时家人曾带她参观过这个中心，那时候她开始考虑是否可以成为一名医生。但她很快发现自己有一个致命的弱点——害怕抽血。"一想到要把一根针插到体内吸走我的血，我就会惴惴不安。"霍尔姆斯说，"当我知道必须要抽血时，我甚至提前好几个星期就无法入睡。"为了克服这一障碍，霍尔姆斯的朋友曾安排她去观看一台手术，没想到霍尔姆斯当场晕过去了。

大一暑假伊丽莎白进入新加坡基因组研究中心的实验室工作，当时正值非典肆虐的时候，伊丽莎白负责在血液样本中检测SARS病毒。

从新加坡回来之后，伊丽莎白申请了人生中第一项专利，一个可穿戴的药物注射贴片，这项专利让钱宁院长十分惊讶。第二年伊丽莎白决定辍学创业，钱宁院长不仅支持她的决定，还亲自担任她公司的董事会顾问。

伊丽莎白创办的公司叫作Theranos，也就是英文单词治疗（therapy）和诊断（diagnosis）的组合词，方向是做微量血液检测，即仅通过一滴血检测多项指标。

可现在伊丽莎白成了硅谷最大骗局的主角，她研发的一款"革命性验血设备"，号称仅通过指尖采血就能完成300多项血液检测项目，最终被发现是一场骗局。

HBO（权力的游戏发行方）最近推出了一部关于伊丽莎白的纪录片《发明家》（The Inventor）。这部纪录片的导演Alex Gibney指出：很多硅谷人认为Theranos不是硅谷真实的一面。

斯坦福工程学院的院长钱宁·罗伯逊（Channing Robertson）是伊丽莎白的伯乐，她破例让作为大一新生的伊丽莎白进入实验室与博士生们一起工作。

一滴血烧掉14亿美元，钱都花在哪里了？

公司的研究方向是微量血液检测，也就是说通过采取手指头的一滴血，检测出人类身体潜伏的多种疾病。按照伊丽莎白的设想，她的产品只要采集一到两滴血，就能马上检验出200多项身体指标,她希望像她这样有针头恐惧症的患者,能轻松快捷地完成身体检查。

这个设想如果实现,将彻底颠覆医疗检测行业,要知道一滴血只有医院常规检查采血量的千分之一,而且医院需要1~2天才能拿到化验结果。更令人动心的是,伊丽莎白将医院50美元的验血费用降到了2.99美元。

这意味着Theranos有望取代美国医疗检测产业70%的业务,这个行业2017年的年收入约为730亿元,这也成了伊丽莎白吸引投资者的有力数据。

在前后烧光14亿美元的融资后,Theranos最后却制造出一台仅能检测几项指标而且错误率极高的仪器。

然而,骗局总有见光的时刻,2015年10月《华尔街日报》刊发了一系列报道,戳破了伊丽莎白·霍尔姆斯的谎言。报道中说,Theranos的验血设备准确率极低,大部分测试是通过西门子等公司的传统实验设备进行的,但公司并没有向监管部门报告这些情况。

作假丑闻一经曝光,伊丽莎白·霍尔姆斯就遭到监管部门的调查,之后因为涉及的问题越来越多,美国证监会、医疗保险和医疗补助等部门也介入调查。2016年7月,美国证监会指控伊丽莎白·霍尔姆斯"精心设计、长达数年的欺诈,夸大或虚假Theranos科技、商业和金融性能"。

经过多方交涉无果后,迫于无奈,伊丽莎白·霍尔姆斯于2017年5月和美国证监会达成和解:她将放弃对Theranos的投票控制权,支付50万美元的罚款,并同意在10年内不担任上市公司的高管或董事。

但事情发生到这一步,已经无法挽救了。和Theranos合作的沃尔格林药店断绝了与它的关系。与此同时,FDA禁止Theranos使用自己研发的设备。福布斯也将Theranos的估值降为8亿美元,并将伊丽莎白·霍尔姆斯的个人资产降到零。

现在,Theranos已经宣布停止运营了,14亿美元灰飞烟灭,曾经的美女富豪——伊丽莎白·霍尔姆斯已经不知去向。

《华尔街日报》记者John Carreyrou在去年出版的《滴血成金:硅谷初创公司的秘密与谎言》(*Bad Blood*)里详细揭露了Theranos的产品研发和造假细节(图11-3)。

图11-3 《滴血成金:硅谷初创公司的秘密与谎言》(2)

课堂随笔

正如独角兽是神话中的动物一样，没有实力支撑，所谓的"独角兽公司"Theranos 也只是个神话。事实上，真正改变世界的，从来只有创新的科技和技术。真的假不了，假的真不了，成功的创业者在面临诸多诱惑的时候，要能够保持奉献初心，守住道德底线，不至于被名利欲望所吞噬！

（资料来源：凤凰网旗下自媒体平台"大风号"）

11.4　创新创业实战

1. 实战项目一

耐心阅读法律条文，成功回避不合理协议。

为了将一张价值 150 万美元的无担保银行即期票据转为一年期票据，一家名叫康坎普（ComComp）的小型上市公司与银行进行了长达两个多月的艰苦谈判，最终得到了银行发来的协议。在所有的约定中隐藏着这样一个条款："如果发生任何可能对公司业绩产生不利影响的重大事件，银行有权立即收回贷款。"

这一条款无疑给原本就充满敌意的银行提供了一件利器。因为银行方面拥有这一条款的解释权，于是任何无法预期的事件都有可能成为银行要求收回贷款的理由，而这样就会将一个已经困难重重的公司推向更加混乱的境地，甚至被迫破产。但是，对此律师却没有给予任何形式的提示。好在公司创始人认真阅读了这份文件，在看过这些晦涩难懂的条文之后，立刻明白这些要求是不能接受的，于是协议被重新修改，公司利益得以保护。

为避免陷阱，创业者必须遵循这样一条格言："恶魔就躲藏在细节问题里。"你认为作为创业者和创业团队，应该如何对合同条款加以分析？

2. 实战项目二

外部融资专家的误导险造成的融资失败。

一家纤维光学行业的公司叫 Opti-Com，它是该行业一家知名上市公司的新建分公司。其管理团队完全值得信任，但成员并非行业中的超级明星。

公司得到了著名的会计师事务所和法律事务所的指导，帮助其制订商业计划书，并设计了融资战略。外部顾问建议商业计划中应写明公司可以在 5 年后达到 5000 美元的销售额，因为这是风险资本投资者考虑投资的最低限额，但这有些不符合现实。客观地来看，因为该公司是一家应顾客特殊要求生产定制产品的供应商，而不是一家掌握新技术、享有重大专有技术优势的供应商，所以，5 年后的销售估计为 1000 万～1500 万美元比较适宜。

外部顾问还建议以公司 10% 的普通股筹集 75 万美元，并且应该把商业计划提交给波士顿区 16 家一流的主流风险投资公司。4 个月后，创业者被 16 家公司回绝。然后他又被告知应该"在纽约找寻同样高品质的风险投资公司"。与传统的融资理念恰恰相反，理由是其他的风险投资公司"离家门太近了"。一年后，该创始人几乎用完了所有资金，但寻找资金支持没有成功。

当创始人把筹资目标从主流风险资本家身上转移开来，转到厂家更合适的资金源——

家在马萨诸塞州特别创立的小基金时,投资交易达成了。该小基金专为那些还没发展壮大到足以吸引传统风险资本但可以作为国家经济革新补充部分的新兴企业提供风险资金。Opti-Com 筹集到了必要资金,而且其估价基础与新建企业交易的市场行情更加一致:公司付出了 40% 的股权,而不是 10%。

思考:作为创业者和创业团队选择外部融资顾问需要考量的方面有哪些?

11.5　总结与提高

我的收获:＿＿＿＿＿＿＿＿＿＿＿＿＿＿＿＿＿＿＿＿＿＿＿＿＿＿＿＿

还没解决的问题:＿＿＿＿＿＿＿＿＿＿＿＿＿＿＿＿＿＿＿＿＿＿＿＿

需要改进的地方:＿＿＿＿＿＿＿＿＿＿＿＿＿＿＿＿＿＿＿＿＿＿＿＿

其他:＿＿＿＿＿＿＿＿＿＿＿＿＿＿＿＿＿＿＿＿＿＿＿＿＿＿＿＿＿

拓展阅读

项目12　创新创业成果保护

——为创新创业成果穿上"防弹衣"

学习引言

知识产权是指人们就其智力劳动成果所依法享有的专有权利，通常是国家赋予创造者对其智力成果在一定时期内享有的专有权或独占权。知识产权从本质上说是一种无形财产权，它的客体是智力成果或是知识产品，是一种无形财产或者一种无形的精神财富，是创造性的智力劳动所创造的劳动成果。

为了使创新创业成果受到有效的保护，各国都制定了相关法律法规来实现对知识产权的保护；国际社会也成立了相应的组织，用以协调各成员国之间有关知识产权方面的纠纷。

在国家创新驱动发展战略趋势下，科技创新将成为推动技术、经济、社会、文化进步的主流力量，在校大学生作为科技创新、创业的有生力量，保护创新创业成果的能力将成为提升自我竞争力和未来就业竞争力的利器。创新创业不易，你知道如何保护来之不易的创新创业成果吗？本项目将带你一起了解什么是知识产权，知识产权能如何保护我们的创新创业成果。

学习目标

知识目标：掌握基本的知识产权法律知识。

能力目标：能运用知识产权基本原理分析、思考和解决实际法律问题。

素质目标：培养知识产权意识，提升知识产权理论水平与规则运用能力，尊重他人知识产权，保护自身知识产权合法权益。

> **问题导航**
>
> （1）什么是知识产权？
> （2）知识产权的保护对创新创业有什么作用？
> （3）大学生创新创业应如何合理运用知识产权保护自己的劳动成果？

12.1 创新创业知识链接

12.1.1 知识产权

根据我国《民法典》第一百二十三条的规定："民事主体依法享有知识产权。知识产权是权利人依法就下列客体享有的专有的权利：（一）作品；（二）发明、实用新型、外观设计；（三）商标；（四）地理标志；（五）商业秘密；（六）集成电路布图设计；（七）植物新品种；（八）法律规定的其他客体。"

什么是知识产权.mp4

12.1.2 知识产权的主要特征

（1）专有性：知识产权权利人对其知识产权具有独占性，任何人未经权利人许可不得享有或使用其知识产权。

（2）时间性：知识产权仅在法律规定的期限内受法律保护，一旦期满，权利自行终止，相关智力成果即成为整个社会的共同财富，为全人类所共同使用。

（3）地域性：知识产权只在其依法取得的地域内受法律保护，在其他地域不发生效力。

小贴士

为什么要保护知识产权

创新是引领发展的第一动力，进入新发展阶段，知识产权作为国家发展战略性资源和国际竞争力核心要素的作用更加凸显。2021年9月22日，中共中央、国务院印发《知识产权强国建设纲要（2021—2035年）》（以下简称《纲要》），为我国加快建设知识产权强国做出全面部署。

《纲要》指出，建设中国特色、世界水平的知识产权强国，对于提升国家核心竞争力，扩大高水平对外开放，实现更高质量、更有效率、更加公平、更可持续、更为安全的发展，满足人民日益增长的美好生活需要，具有重要意义。

12.1.3 常见的知识产权

1. 商标权

商标是指由对某种商品或者服务具有监督能力的组织所控制,而由该组织以外的单位或者个人使用于其商品或者服务,用以证明该商品或者服务的原产地、原料、制造方法、质量或者其他特定品质的标志。商标权是指商标所有人对其商标所享有的独占的、排他的权利。

任何能够将自然人、法人或者其他组织的商品与他人的商品区别开的标志,包括文字、图形、字母、数字、三维标志、颜色组合和声音等,以及上述要素的组合,均可以作为商标申请注册。

申请注册的商标,应当有显著特征,便于识别,并不得与他人在先取得的合法权利相冲突。

> **小贴士**
>
> **下列标志不得作为商标使用**
>
> (一) 同中华人民共和国的国家名称、国旗、国徽、国歌、军旗、军徽、军歌、勋章等相同或者近似的,以及同中央国家机关的名称、标志、所在地特定地点的名称或者标志性建筑物的名称、图形相同的;
>
> (二) 同外国的国家名称、国旗、国徽、军旗等相同或者近似的,但经该国政府同意的除外;
>
> (三) 同政府间国际组织的名称、旗帜、徽记等相同或者近似的,但经该组织同意或者不易误导公众的除外;
>
> (四) 与表明实施控制、予以保证的官方标志、检验印记相同或者近似的,但经授权的除外;
>
> (五) 同"红十字""红新月"的名称、标志相同或者近似的;
>
> (六) 带有民族歧视性的;
>
> (七) 带有欺骗性,容易使公众对商品的质量等特点或者产地产生误认的;
>
> (八) 有害于社会主义道德风尚或者有其他不良影响的。
>
> 县级以上行政区划的地名或者公众知晓的外国地名,不得作为商标。但是,地名具有其他含义或者作为集体商标、证明商标组成部分的除外;已经注册的使用地名的商标继续有效。

许多人把"商标"和"品牌"混为一谈。广义的"品牌"是具有经济价值的无形资产,用抽象化的、特有的、能识别的心智概念来表现其差异性,从而在人们意识当中占据一定位置的综合反映,是指消费者认为与一家企业或某个产品有关联的专有的视觉、情感、理性和文化形象。商标只是品牌的重要内容之一,但品牌通常还包含其他内容,比如设计、装潢、广告语、符号和声音,还包括把消费者与特定产品联系起来的概念、形象和声誉。

例如,MERCEDES-BENZ® 文字及三芒星设计(图 12-1),是用以识别德国厂家戴姆勒公司的两个商标,该品牌的内容包括汽车、技术、创新设计、商标以及消费者把自己与一件高品质奢侈品联系起来的感觉。

图12-1 奔驰商标

2. 专利权

专利权是指一项发明创造向国家知识产权局提出专利申请,经依法审查合格后,向专利申请人授予对特定的发明创造在一定期限内依法享有的独占专有权。专利权客体包括发明、实用新型和外观设计。

(1)发明:对产品、方法或者其改进所提出的新的技术方案。

(2)实用新型:对产品的形状、构造或者其结合所提出的适于实用的新的技术方案。

(3)外观设计:对产品的整体或者局部的形状、图案或者其结合以及色彩与形状、图案的结合所作出的富有美感并适于工业应用的新设计。

专利权有期限是指专利权的法定期满终止时间。不同类型的发明创造保护期限有所不同,均自申请日起计算(表 12-1)。

表12-1 专利权期限

序号	专利权	专利权期限/年
1	发明专利权	20
2	实用新型专利权	10
3	外观设计专利权	15

3. 著作权

著作权也称版权,是法律赋予文学、艺术和科学作品创造者的一系列专有权利。著作权包括人身权(发表权、署名权、修改权、保护作品完整权)和财产权(复制权、发行权、出租权、展览权、表演权、放映权、广播权、信息网络传播权、摄制权、改编权、翻译权、汇编权)(表 12-2),以及应当由著作权人享有的其他权利。

表12-2 著作权的内容

类别		内容
著作人身权	发表权	决定作品是否公之于众的权利
	署名权	表明作者身份,在作品上署名的权利
	修改权	修改或者授权他人修改作品的权利
	保护作品完整权	保护作品不受歪曲、篡改的权利

课堂随笔

续表

类别		内容
著作财产权	复制权	以印刷、复印、拓印、录音、录像、翻录、翻拍等方式将作品制作一份或者多份的权利
	发行权	以出售或者赠予方式向公众提供作品的原件或者复制件的权利
	出租权	有偿许可他人临时使用电影作品和以类似摄制电影的方法创作的作品、计算机软件的权利,计算机软件不是出租的主要标的的除外
	展览权	公开陈列美术作品、摄影作品的原件或者复制件的权利
	表扬权	公开表演作品,以及用各种手段公开播送作品的权利
	放映权	通过放映机、幻灯机等技术设备公开再现美术、摄影、电影和以类似摄制电影的方法创作的作品等的权利
	广播权	以无线方式公开广播或者传播作品,以有线传播或者转播的方式向公众传播广播的作品,以及通过扩音器或者其他传送符号、声音、图像的类似工具向公众传播广播的作品的权利
	信息网络传播权	以有线或者无线方式向公众提供作品,使公众可以在其个人选定的时间和地点获得作品的权利
	摄制权	以摄制电影或者以类似摄制电影的方法将作品固定在载体上的权利
	改编权	改变作品,创作出具有独创性的新作品的权利
	翻译权	将作品从一种语言文字转换成另一种语言文字的权利
	汇编权	将作品或者作品的片段通过选择或者编排,汇集成新作品的权利

创新创业领域常见的三种知识产权.mp4

著作权的客体要求作品具有独创性、可复制性和具有合法出版性,主要形式为文字作品、口述作品、音乐、美术、摄影、雕刻、建筑、视听作品、计算机软件、电子游戏和原创数据库等。

著作权法保护原创性作品,但是它保护的是思想的表达,不保护头脑里的思想或创意,以及未予加工的事实表达,如官方文件、时事新闻、历法、数表、通用表格和公式等。

12.1.4 知识产权与商业战略

初创企业应认识到,除加强自身竞争力外,知识产权制度能够帮助他们管理风险。忽视知识产权的初创企业可能会侵犯他人的知识产权,在进入他人已占据的领域时受阻,或关键资产落入先申请保护的其他公司手中。以智能手机为例,专利权保护其功能,从处理到照相机技术;商标保护其标识和身份;工业品外观设计保护形状和整体外观;版权保护设备运行的软件源代码;以及商业秘密保护为使设备在全球商业化而采用的市场推广策略。

当初创企业获得一项或多项知识产权时,便拥有了可在业务中进行战略性使用的资产。它可以直接将知识产权融入产品和服务的生产或市场推广,从而加强其竞争力,还可以利用知识产权创造额外收入来源,获得融资,吸引合作伙伴、协作者和雇员,并增加公司价值。专利本身并不保证商业成功。它是一个工具,可加强公司从其产品或技术创新中获益的能力。为产生实质性好处,专利需得到有效利用,并且通常只有相关产品或方法成功时,才会赚钱。要将专利发明投入市场,公司有一系列选择:

- 将知识产权直接商业化；
- 将知识产权出售给其他人；
- 将知识产权许可给他人；
- 与拥有互补资产的其他人建立合资企业或开展其他合作。

相关的知识产权战略的应用案例介绍如下。

案例1："知识产权+体育/奥运"的知识产权全方位保护。

冬奥会的顶流："一墩难求"的冰墩墩

"现在'一墩难求'的冰墩墩（图12-2），既受到奥林匹克标志保护，同时也受到专利、商标和版权的保护，可以说是既穿着晶莹透明的'冰糖外壳'，也戴着严密无形的'知识产权保护罩'。"国家知识产权局新闻发言人、知识产权保护司司长张志成在2022年2月14日的2022北京新闻中心召开专场新闻发布会介绍。

奥林匹克标志蕴含着巨大商业价值，容易被不法分子所侵犯。不仅仅是冰墩墩，其他涉奥版权作品也享受到了全方位、立体化的知识产权的有力保护和快速便捷的版权服务，不仅有力保护了权利人的合法权益，也促进了奥林匹克文化和精神的传播与推广。截至当前，各地市场监管部门共查办侵犯奥林匹克标志专有权案件240余件。从查办的案件情况看，违法行为主要集中在三方面：未经权利人许可，在产品上使用奥林匹克标志；未经权利人许可，在广告宣传中使用奥林匹克标志；未经权利人许可，在网站发布的内容中使用奥林匹克标志。

图12-2　冰墩墩

（资料来源：法制日报，2022-2-14.）

案例2："知识产权+民俗"的王老吉的转型商标战略。

节庆定制"百家姓+老吉"：商标注册

王老吉（图12-3）以"百家姓+老吉"的方式，在2021年提交了百家姓系列商标申请，如"萧老吉""程老吉""孙老吉"等注册在第32类啤酒、茶味非酒精饮料、果汁等商品类别中。

实际上，1986年广州白云山医药集团股份有限公司在药品、医用和兽医用制剂类的第5类商品和服务上申请了王老吉商标，1987年在凉茶所属的第30类商品上申请了王老吉商标，随后又在无酒精饮料、非固体饮料在内的第32类等商品类别上申请了王老吉商标。目前，王老吉商标已覆盖大部分的商品和服务。2021年春节前后推出的姓氏罐收到良好的市场反响,为更好保护王老吉姓氏罐的知识产权,王老吉品牌方集中提交了一批以姓氏为主题的"老吉"商标注册申请,消费者还可以定制属于自己的"姓氏罐"。

图12-3　王老吉

有专业人士认为,王老吉作为最早在药品、医用类商品中注册的品牌,此次采用"百家姓+老吉"的方式注册在第32类商标中,一方面是为摆脱药用饮料的产品定位,从药茶转变为饮料,打开市场;另一方面从商标角度看,是建立防御性商标壁垒的商业经营手段。

案例3:"知识产权+饮食"使喜茶绝地逢生。

HEEKCAA:70万元买商标,摇身一变融资4亿元

国内部分城市曾经出现这样的画面:几百米的队伍,排上几个小时才能买到"喜茶"(图12-4)。这是一家茶餐饮管理企业,以休闲、饮品为主打产品,从江门一家20平方米的小店,到如今全国有50多家分店,家家排队的知名网红品牌,喜茶用了4年的时间。2018年这家企业获得了美团旗下龙珠资本4亿元B轮融资。

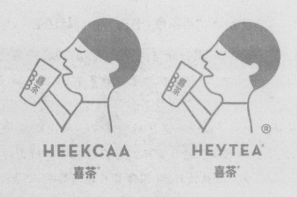

图12-4　喜茶

但最初的喜茶不叫喜茶,而是叫皇茶,自2012年进入市场便深受消费者欢迎。但随之出现大批的山寨版,不到一年的时间,仅深圳这座城市便出现2000多家皇茶店铺,品质参差不齐,严重影响皇茶的品牌。创始人聂云辰尝试注册"皇茶"的商标,但最终被驳回并且多次复审均未成功,因此他最终选择更适合的方式——改名为喜茶并花费70万元购买了喜茶商标。

历经教训,创始人聂云辰意识到商标布局的重要性,喜茶所属的深圳美西西餐饮管理有限公司已有注册商标近1000个,集中在"喜茶""喜茶热麦""HEYTEA""热麦"以及一些图形商标上,并将这些商标在多个类别中注册,以便进行保护。

案例4:"知识产权+打响品牌"使公司发展壮大。

品牌形象:商标化

公司在发布新产品之前,尽量先注册相应的商标进行保护,对已经有一定知名度的商标进行扩展是一种简便的方法,借助原商标的知名度短期内打响产品名声。而作为公司产品商标专用权的维护手段,包绕式的商标名称扩展必不可少,能有效防止他人仿冒或恶意抢注,围绕核心商标打造商标保护群。比如,阿里巴巴和阿里云,小红书、大红书和小绿书,iPhone、iPad和iWatch等。如图12-5所示是可口可乐的品牌大家族。

图12-5 可口可乐的品牌大家族

商标为企业家释放价值——JET®驱蚊片

印度企业家马特拉尼先生自行研制了一台小型机器,并开始用它生产驱蚊片,注册商标为JET®。项目总投资大约65 000美元。JET®很快就在市场上获得成功。

十年之后,印度的一家大型工业集团格瑞吉莎拉李有限公司考虑进入驱蚊剂市场的可行方案。格瑞吉与马特拉尼先生的公司达成协议,出价650万美元购买JET®商标。马特拉尼先生建立起来的工厂和公司的其他有形资产仍属于马特拉尼先生,但交易完成后便被弃置不用了。格瑞吉的收购只涉及商标,因为该商标在印度市场上赢得了良好的口碑。因此,相比65 000美元的初始投资,马特拉尼先生通过商标销售获得了超额利润。

案例5:"知识产权+品牌形象升级"可扩大公司影响力。

品牌形象升级:商标衍化

随着社会进步和企业发展,产品升级之外不能忽视品牌形象的升级,也就是所谓的"商标衍化"。实际上,每一个品牌都有其积淀的品牌资产,从长远角度看,品牌的符号资产具有稳固性和长远性,凝聚着消费者对品牌的认知、信任和品牌的价值内核。国际知名产品或服务,都历经过品牌升级或商标衍化。

纵观历史悠久的企业,商标也是在不断衍化升级,迎合时代的发展和消费者的喜好,才能使品牌价值不断提升,在市场立于不败之地。企业在注意商标衍化的同时,也要注意商标衍化后及时注册,避免耽误衍化后商标的使用。

例如,标志性的Logo(图12-6)让可口可乐成为全球品牌认知度极高的品牌之一,历经131年的演变,力求在遵循品牌理念、符合大众审美需求的情况下不断革新。流畅的曲线以及优雅的飘带,奠定了可口可乐引领时代的品牌特征。2007年,可口可乐Logo设计在经过多种形式的改变之后,最终又回归经典——以斯宾塞字体为Logo主体,并放大和重复那根优雅的白色飘带,体现简约、优雅、大方的设计风格。2003年,可口可乐中文Logo转化为带波浪状、流畅的飘带图案,与斯宾塞体字体Logo相比更为和谐。

图12-6 可口可乐Logo的演变

2021年12月,蒙牛(图12-7)宣布对使用了22年的Logo焕然一新,全面开启品牌升级战略。新Logo保留中文毛笔字延续消费者的情感要素,以中国文字为骨,内蒙古草原为魂,突破边际、超越自我、脚踏实地、仰望星空,从"草原牛"奔向"世界牛"。此外,根据对全球消费者的市场调研得出的结论,将此前Logo的361C的绿基本色更改成7481C,体现蒙牛尊重消费的选择。总体上,蒙牛新Logo中的"牛角""母亲河"要素均是以极具数学感的黄金比例呈现在"草原"之上,兼具科技和艺术的设计,使得Logo整体获得平衡、秩序及和谐感。

图12-7 蒙牛Logo的演变

2021年3月,小米宣布对Logo进行焕新,升级品牌战略,不仅仅是造型的改变,更是内在精神的升华。在小米品牌视觉Logo(图12-8)中融入东方哲学的思考,体现Alive(生命感设计)理念,采用全新的"超椭圆"轮廓设计,不再局限于画面一角,达到视觉的最佳动态平衡。色彩方面,保留小米众所周知的橙色品牌色,新增黑色和银灰色,传递能力与神秘感,以便贴合小米的高端产品线应用。

小米成立至今已进入第二个十年,被雷军视为"重新创业"。随着品牌的发展,改变的第一步就是从大家能够感知到全新的、最强的Logo开始。此次新增黑色和银灰色作为高端产品线应用的变化,可以看出小米在手机市场继续向上拓展的策略变化。

图12-8　小米Logo的演变

作为全球知名企业,苹果公司是美国一家高科技公司,其核心业务是电子科技产品。为了树立更好的品牌形象,苹果公司在发挥自身优势的同时内部也作出许多努力。随着时代的变迁,人们的审美及认知也会随之改变。如果一个企业的产品无论是从外形还是从产品性能、构造都一成不变,那终究会被市场淘汰。苹果公司也深刻地意识到这一点,其iPhone更新到现在,商标也在不断变化(图12-9)。苹果公司通过"商标衍化",使得自身品牌价值不断提升。

图12-9　苹果Logo的演变

案例6：知识产权+版权帝国。

阅文集团的版权运营之路

阅文集团近年来版权运营收入大增。大家所熟知的《扶摇》《你和我的倾城时光》《武动乾坤》《斗破苍穹》和《将夜》这些影视作品都出自同一家企业授权将网络文学作品改编而成,那就是阅文集团。阅文集团在参与影视作品制作的同时,也在不断自主开发作品,其中有许多热门的电视剧,如《白鹿原》《如懿传》《庆余年》等。

据统计,截至2019年年底,阅文集团平台有810万位作家,作品总数达1220万部。根据2020年2月的百度小说风云榜,排名前30部的文学作品中,绝大部分出自阅文。公司持续的知识产权前端的发展将为公司未来的发展提供坚实的基础。

案例7：知识产权+商业机密。

"老干妈"的商业机密保护

"老干妈"牌辣椒油是我国贵州风味的产品,此品牌的辣椒油不仅深受国人热衷,还成为国外的热销产品。贵阳南明老干妈风味食品有限责任公司依靠着"老干妈"牌辣椒油的商业秘密发展到现在长盛不衰。然而树大招风,如此热销的产品自然成为别人觊觎的对象,2016年"老干妈"的工作人员发现本地一家企业生产的产品与此产品极其相似,这也引起了公司的高度重视,认为公司有可能存在商业机密的泄露。经过多方调查,最终查出是贵阳南明老干妈风味食品有限责任公司已离职的员工把公司的商业机密泄露出去,最后此员工也受到了相应的惩罚。

企业要高度重视商业机密的保护,这样才能及时避免造成巨大损失。

案例8：知识产权+专利。

土耳其德米斯制药保健化妆品公司的知识产权、产品和商业设计

土耳其德米斯制药保健化妆品公司团队来自土耳其艾杰大学,打造出一种含抗氧化剂的真皮微粒基质,极大缩短了慢性皮肤伤口愈合的时间,尤其是因糖尿病所致的伤口。该技术已获得2项土耳其授权专利,在澳大利亚、巴西、中国、日本、俄罗斯和美国获得专利授权,并在欧洲专利局提交了专利申请和PCT专利申请。此外,德米斯制药公司还申请并注册了1个商标,采取商业秘密和技术诀窍保护部分核心技术。

土耳其艾杰大学技术转让办公室承担该团队专利合作条约专利申请的初始费用,并接受德米斯制药公司的少量股份作为交换。

考虑到进入生产所需的启动资本、销售和人力资源成本,德米斯制药公司创始人通过战略伙伴关系将其技术投入市场。其中,德米斯制药公司与土耳其最大的制药公司达成战略伙伴关系,转让该技术的所有专利权和产品商标权,由此获得该产品商业销售所创造的一定收入比例。

德米斯制药公司除转让专利权和商标权外,还保留了大量商业秘密和技术诀窍,在项目层面仍可加以利用,与战略伙伴就该技术产品进行持续合作。

12.2 创新创业课堂实践任务

任务一：案例分析——"交个朋友"是否可以作为商标

任务描述：阅读以下材料，分析交个朋友公司作为"交个朋友"的使用人和申请人，今后能否将其作为商标继续使用。如果可以，在使用的过程中需要注意什么？怎样才能获得保护？

市场未动，商标先行！罗永浩近两年作为直播带货的头部主播，带货能力不容小觑。2020年4月1日，老罗直播带货首秀就曾创下3小时1.1亿元的佳绩，因此，老罗在商标保护上也毫不含糊。

老罗公司只要注册商标那几乎就是全品类注册，这是一点不给他人留漏洞了。商标类别一共45类，老罗注册商标几乎都在30类以上，这确实是家底殷实的土豪式做法！

但根据公开数据显示，罗永浩关联公司北京交个朋友数码科技有限公司新申请注册的多个"交个朋友"商标，状态变更为驳回待复审、商标无效。

在驳回复审中，交个朋友公司主张"交个朋友"并非固有词汇，具有独创性，其不属于商品内容，并未直接表示商品的功能用途等特点，具有识别商品来源的作用，具有显著性；申请商标是申请人的企业字号和核心商标，其经使用已具有一定知名度和影响力，显著性进一步提高。

北京市高级人民法院对北京交个朋友数码科技有限公司（下称交个朋友公司）与国家知识产权局关于"交个朋友"商标案做出二审判决，认为第44899476号"交个朋友"商标属于违反我国商标法"其他缺乏显著特征"的规定，不得作为商标注册。

任务二：分析MLGB商标权无效宣告请求行政纠纷案

任务描述：结合案例，请你谈谈如何从法律的角度评判商标含义是否会产生不良影响。

上海俊客贸易有限公司与原国家工商行政管理总局商标评审委员会、姚洪军商标权无效宣告请求行政纠纷案［北京市高级人民法院（2018）京行终137号行政判决书］。

【案情摘要】

涉案商标MLGB由上海俊客贸易有限公司（简称上海俊客公司）申请注册。在法定期限内，姚洪军针对涉案商标，向原国家工商行政管理总局商标评审委员会（简称商标评审委员会）提起注册商标无效宣告申请。商标评审委员会认为，涉案商标的字母组合在网络等社交平台上广泛使用，含义消极、格调不高，用作商标有害于社会主义道德风尚，易产生不良影响。上海俊客公司虽称涉案商标指称My life is getting better（我的生活正在变好），但并未提交证据证明该含义已为社会公众熟知，社会公众更易将MLGB认知为不文明用语。商标评审委员会据此裁定宣告涉案商标权无效。上海俊客公司不服，向北京知识产权法院提起行政诉讼。北京知识产权法院判决驳回上海俊客公司的诉讼请求。上海俊客公司不服一审判决，提起上诉。北京市高级人民法院认为，网络环境下已有特定群体认为MLGB具有不良影响的含义，应认定涉案商标含义消极、格调不高。据此判决驳回上诉，维持一审判决。

12.3 拓展阅读

全面加强知识产权保护工作 激发创新活力推动构建新发展格局

习近平

今天,中央政治局进行第二十五次集体学习,内容是加强我国知识产权保护工作。党的十九届五中全会《建议》①对加强知识产权保护工作提出明确要求。安排这次学习,目的是认清我国知识产权保护工作的形势和任务,总结成绩,查找不足,提高对知识产权保护工作重要性的认识,从加强知识产权保护工作方面,为贯彻新发展理念、构建新发展格局、推动高质量发展提供有力保障。

创新是引领发展的第一动力,保护知识产权就是保护创新。全面建设社会主义现代化国家,必须更好推进知识产权保护工作。知识产权保护工作关系国家治理体系和治理能力现代化,只有严格保护知识产权,才能完善现代产权制度、深化要素市场化改革,促进市场在资源配置中起决定性作用、更好发挥政府作用。知识产权保护工作关系高质量发展,只有严格保护知识产权,依法对侵权假冒的市场主体、不法分子予以严厉打击,才能提升供给体系质量、有力推动高质量发展。知识产权保护工作关系人民生活幸福,只有严格保护知识产权,净化消费市场、维护广大消费者权益,才能实现让人民群众买得放心、吃得安心、用得舒心。知识产权保护工作关系国家对外开放大局,只有严格保护知识产权,才能优化营商环境、建设更高水平开放型经济新体制。知识产权保护工作关系国家安全,只有严格保护知识产权,才能有效保护我国自主研发的关键核心技术,防范化解重大风险。

党的十八大以来,我多次强调,要建立高效的知识产权综合管理体制,打通知识产权创造、运用、保护、管理、服务全链条,推动形成权界清晰、分工合理、责权一致、运转高效的体制机制;要实行严格的知识产权保护制度,提高知识产权审查质量和审查效率,坚决依法惩处侵犯合法权益特别是侵犯知识产权行为,引入惩罚性赔偿制度,显著提高侵权代价和违法成本,震慑违法侵权行为,等等。

我国知识产权保护工作,中华人民共和国成立后不久就开始了。1950年,我国就颁布了《保障发明权与专利权暂行条例》《商标注册暂行条例》等法规,对实施专利、商标制度做出了初步探索。党的十一届三中全会以后,我国知识产权工作逐步走上正规化轨道。

党的十八大以来,党中央把知识产权保护工作摆在更加突出的位置,出台了《深入实施国家知识产权战略行动计划(2014—2020年)》《国务院关于新形势下加快知识产权强国建设的若干意见》《"十三五"国家知识产权保护和运用规划》等系列决策部署。在这次党和国家机构改革中,我们组建了国家市场监管总局,重新组建了国家知识产权局,实现了专利、商标、原产地地理标志等知识产权类别的集中统一管理。我们在北京、上海、广州成立知识产权法院,最

---

① 《建议》是《中共中央关于制定国民经济和社会发展第十四个五年规划和二〇三五年远景目标的建议》的简称。

高人民法院挂牌成立知识产权法庭,审理全国范围内专利等技术类知识产权上诉案件,建成了知识产权专业化审判体系。

总的来看,我国知识产权事业不断发展,走出了一条中国特色知识产权发展之路,知识产权保护工作取得了历史性成就,知识产权法规制度体系和保护体系不断健全、保护力度不断加强,全社会尊重和保护知识产权意识明显提升,对激励创新、打造品牌、规范市场秩序、扩大对外开放发挥了重要作用。

同时,我们也要清醒看到不足,主要表现为:全社会对知识产权保护的重要性认识需要进一步提高;随着新技术新业态蓬勃发展,知识产权保护法治化仍然跟不上;知识产权整体质量效益还不够高,高质量高价值知识产权偏少;行政执法机关和司法机关的协调有待加强;知识产权领域仍存在侵权易发多发和侵权易、维权难的现象,知识产权侵权违法行为呈现新型化、复杂化、高技术化等特点;有的企业利用制度漏洞,滥用知识产权保护;市场主体应对海外知识产权纠纷能力明显不足,我国企业在海外的知识产权保护不到位,等等。

当前,我国正在从知识产权引进大国向知识产权创造大国转变,知识产权工作正在从追求数量向提高质量转变。我们必须从国家战略高度和进入新发展阶段要求出发,全面加强知识产权保护工作,促进建设现代化经济体系,激发全社会创新活力,推动构建新发展格局。

第一,加强知识产权保护工作顶层设计。要准确判断国内外形势新特点,谋划好知识产权保护工作。保护知识产权的目的是激励创新,服务和推动高质量发展,满足人民美好生活需要。要抓紧制定建设知识产权强国战略,研究制定"十四五"时期国家知识产权保护和运用规划,明确目标、任务、举措和实施蓝图。要坚持以我为主、人民利益至上、公正合理保护,既严格保护知识产权,又防范个人和企业权利过度扩张,确保公共利益和激励创新兼得。要加强关键领域自主知识产权创造和储备,部署一批重大改革举措、重要政策、重点工程。

第二,提高知识产权保护工作法治化水平。完备的知识产权法律法规体系、高效的执法司法体系,是强化知识产权保护的重要保障。要在严格执行民法典相关规定的同时,加快完善相关法律法规,统筹推进专利法、商标法、著作权法、反垄断法、科学技术进步法等修订工作,增强法律之间的一致性。要加强地理标志、商业秘密等领域立法。要强化民事司法保护,研究制定符合知识产权案件规律的诉讼规范。要提高知识产权审判质量和效率,提升公信力。要促进知识产权行政执法标准和司法裁判标准统一,完善行政执法和司法衔接机制。要完善刑事法律和司法解释,加大刑事打击力度。要加大行政执法力度,对群众反映强烈、社会舆论关注、侵权假冒多发的重点领域和区域,要重拳出击、整治到底、震慑到位。

第三,强化知识产权全链条保护。知识产权保护是一个系统工程,覆盖领域广、涉及方面多,要综合运用法律、行政、经济、技术、社会治理等多种手段,从审查授权、行政执法、司法保护、仲裁调解、行业自律、公民诚信等环节完善保护体系,加强协同配合,构建大保护工作格局。要打通知识产权创造、运用、保护、管理、服务全链条,健全知识产权综合管理体制,增强系统保护能力。要统筹做好知识产权保护、反垄断、公平竞争审查等工作,促进创新要素自主有序流动、高效配置。要形成便民利民的知识产权公共服务体系,构建国家知识产权大数据中心和公共服务平台,及时传播知识产权信息,让创新成果更好惠及人民。要加强知识产权信息化、智能化基础设施建设,强化人工智能、大数据等信息技术在知识产权审查和保护领域的应用,推动知识产权保护线上线下融合发展。要鼓励建立知识产权保护自律机制,推动诚信体系建设。要加强知识产权保护宣传教育,增强全社会尊重和保护知识产权的意识。

第四,深化知识产权保护工作体制机制改革。党的十八大以来,我们在知识产权领域部署推动了一系列改革,要继续抓好落实,做到系统集成、协同推进。要研究实行差别化的产业和区域知识产权政策,完善知识产权审查制度。要健全大数据、人工智能、基因技术等新领域新业态知识产权保护制度,及时研究制定传统文化、传统知识等领域保护办法。要深化知识产权审判领域改革创新,健全知识产权诉讼制度,完善技术类知识产权审判,抓紧落实知识产权侵权惩罚性赔偿制度。要健全知识产权评估体系,改进知识产权归属制度,研究制定防止知识产权滥用相关制度。

第五,统筹推进知识产权领域国际合作和竞争。知识产权是国际竞争力的核心要素,也是国际争端的焦点。我们要敢于斗争、善于斗争,决不放弃正当权益,决不牺牲国家核心利益。要秉持人类命运共同体理念,坚持开放包容、平衡普惠的原则,深度参与世界知识产权组织框架下的全球知识产权治理,推动完善知识产权及相关国际贸易、国际投资等国际规则和标准,推动全球知识产权治理体制向着更加公正合理方向发展。要拓展影响知识产权国际舆论的渠道和方式,讲好中国知识产权故事,展示文明大国、负责任大国形象。要深化同共建"一带一路"沿线国家和地区知识产权合作,倡导知识共享。

第六,维护知识产权领域国家安全。我讲过,知识产权对外转让要坚持总体国家安全观。要加强事关国家安全的关键核心技术的自主研发和保护,依法管理涉及国家安全的知识产权对外转让行为。要完善知识产权反垄断、公平竞争相关法律法规和政策措施,形成正当有力的制约手段。要推进我国知识产权有关法律规定域外适用,完善跨境司法协作安排。要形成高效的国际知识产权风险预警和应急机制,建设知识产权涉外风险防控体系,加大对我国企业海外知识产权维权援助。

各级党委和政府要落实责任,强化知识产权工作相关协调机制,重视知识产权人才队伍建设,形成工作合力,坚决打击假冒侵权行为,坚决克服地方保护主义。各级领导干部要增强知识产权意识,加强学习,熟悉业务,增强新形势下做好知识产权保护工作的本领,既学会运用知识产权保护制度推动经济社会高质量发展,又学会利用知识产权保护制度开展国际合作和竞争,推动我国知识产权保护工作不断迈上新的台阶。

(资料来源:摘录习近平总书记2020年11月30日在十九届中央政治局第二十五次集体学习时讲话的主要部分。)

王老吉的商标之争

【基本案情】

1995年作为王老吉商标的持有者,广药集团将红罐王老吉的生产销售权租给了加多宝,而广药集团自己则生产绿色利乐包装的王老吉凉茶,也就是绿盒王老吉。

1997年,广药集团又与加多宝的母公司香港鸿道集团签订了商标许可使用合同。2000年双方第二次签署合同,约定鸿道集团对王老吉商标的租赁期限至2010年5月2日到期。

2001年至2003年，时任广药集团副董事长、总经理李益民先后收受鸿道集团董事长陈鸿道共计300万元港币。得到了两份宝贵的"协议"：广药集团允许鸿道集团将"红罐王老吉"的生产经营权延续到2020年，每年收取商标使用费约500万元。

2004年广药集团下属企业王老吉药业推出了绿盒装王老吉，2011年11月，广药集团开始将王老吉的其他品类授权给其他企业。对此，加多宝发表声明，双方的矛盾开始公开化，并在2011年年底诉诸中国国际经济贸易仲裁委员会。

【法院判决】

广药集团举行新闻发布会，宣布了北京市第一中级人民法院2012年7月13日的判决书：驳回鸿道集团关于撤销王老吉仲裁结果的申请。备受瞩目的王老吉事件又有新进展，加多宝正式发表声明称，加多宝出品的红罐王老吉凉茶已全面启用新包装，"目的是使广大消费者正确识别加多宝出品的正宗凉茶，保护正宗凉茶的单一性与纯正性，从而保护和推动凉茶文化的健康发展。"自广药集团收回王老吉商标以来，正加快产能建设，预计2012年8月上旬红罐王老吉将覆盖全国地区，并且逐渐从委托加工转向加工与自产相结合。在拿回王老吉商标使用权后，广药集团高调召开新闻发布会，指出加多宝此前对外公布的"神秘合同"涉嫌伪造。广药集团称，加多宝出示的"神秘合同"有多处涂改及互相矛盾的地方，他们已就这一情况向公安机关报案。7月13日，北京市第一中级人民法院作出终审判决，广药集团完胜王老吉商标官司。广药集团的王老吉砸数亿元下单央视和芒果TV来对抗加多宝。2011年11月起，广药集团宣布开始实施"大健康产业战略"。2012年8月28日，在苏州吴中区木渎商城内两家终端销售人员"暴力"再度升级，双方员工再次因促销活动发生摩擦并互殴。

按照国际惯例，商标使用费应缴销售额的5%，以红罐王老吉年销售160亿元来计，其该支付8亿元/年；如果是按照广药集团租给其他合作伙伴如广粮集团等的商标使用费，则是销售额的2.3%~3%，其该支付3.68亿元/年至4.8亿元/年；即便是广药下属的合资公司王老吉药业，每年都要按销售额的2.1%缴纳商标使用费，其也将面临3.3亿元/年的费用。若从2010年5月算起，到2012年5月仅品牌使用费，加多宝得掏出6.6亿元。"王老吉"商标回到广药集团手中，在此背景刺激下，旗下控股的广州药业和白云山A最近走势强劲。5月短短9个交易日，广州药业涨幅已经超过50%。

【典型意义】

通过以上对"王老吉"商标纠纷事件进行多角度的法律剖析，我们充分认识到，企业应注重保护自己的商标权、专利权等这些具有战略价值的无形资产。企业应注意通过申请专利来保护企业产品的包装设计。

这场商标纠纷提醒所有企业，在转让商标时不要低估商标的价值。从国际上商标转让来看，如欧美等发达市场对商标的使用及转让都是非常保守的，绝对不会让对方占很大的便宜，他们非常担心"小土鸡"有一天可能会变成"金凤凰"，绝对不会让一家企业独占"金凤凰"的价值。因此，企业在追求利益最大化时，一定要重视知识产权的保护，以免为他人作嫁衣。

(资料来源：搜狐网，https://www.sohu.com/a/242061533_100205568.)

课堂随笔

12.4　创新创业实战

1. 实战项目

真功夫与李小龙。

2. 项目描述

结合案例做出以下分析。①根据真功夫所用商标与李小龙形象进行对比，你认为真功夫是否侵权？法律依据是什么？②李小龙早在1973年就已逝世，至今已过去50年，他的肖像权与商标权的双重维护是否存在法律上的冲突呢？请说出你的理由。

由于使用酷似李小龙形象图标长达15年，真功夫被Bruce Lee Enterprises（LLC，李小龙有限责任公司，以下简称“李小龙公司”）起诉至上海二中院，要求其立即停止使用李小龙形象，在媒体版面上连续90日澄清其与李小龙无关，并赔偿经济损失2.1亿元和维权合理开支8.8万元。

李小龙公司的法人代表为李小龙的女儿李香凝。早在2010年，李香凝便开始为维权奔走。当时在中国，因为功夫明星的品牌效应，有不少公司用“李小龙”“小龙功夫”等注册。李香凝认为，真功夫餐饮品牌标志使用了疑似李小龙功夫的动作形象，有必要拿起法律的武器进行一场维权行动。但当时的维权行动并没有取得李香凝理想中的效果。

2022年8月25日，李小龙之女李香凝起诉真功夫案在上海开庭审理，“李小龙女儿向真功夫索赔2.1亿元”登上热搜。但是在该案还尚未定论的情况下，国家知识产权局商标局已于8月25日在官网上对20件真功夫系列商标作出无效宣告裁定公开，认为该系列争议商标与李小龙的肖像及经典动作几近相同，违反《商标法》条款，争议商标予以无效宣告。

图12-10列出了真功夫商标与李小龙形象的比较。

被告使用侵权形象	启用时间	李小龙形象
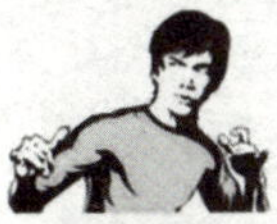	2004	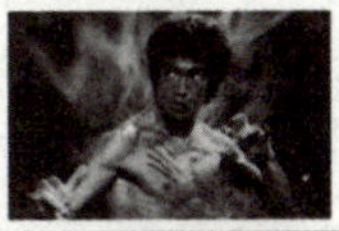
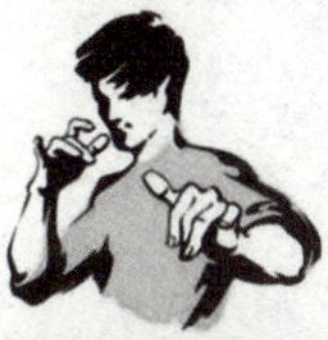	2016	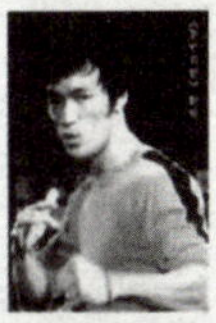
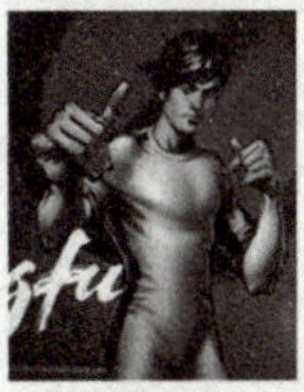	2016	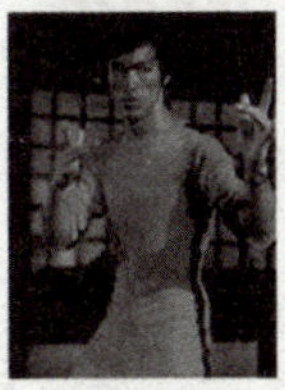

图12-10　真功夫商标与李小龙形象

12.5 总结与提高

我的收获：_____

还没解决的问题：_____

需要改进的地方：_____

其他：_____

拓展阅读

项目13　创业成果转化
——如何实现创新成果的价值最大化

学习引言

创新成果的表现形式之一就是自主知识产权,而知识产权现已成为创业者的一种战略性资源。改革开放40多年,我国经济实现了持续高速增长的态势,发展的浪潮下也涌现出众多成功的创业者,其中不乏大量的创新成果和优秀成功商业模式,从"山寨模仿"到"自主创新",以自主知识产权为支撑的创新经济新商业模式,在当前促进经济高质量发展方面的作用越发突出。21世纪初,我国知识产权从曾经的"野蛮生长"到如今"提质增效",从"束之高阁的沉睡"到"加速变现的价值转化",我们可以看到以新创意、新想法、新技术为名的知识产权市场价值越发备受关注。

一个成功的创业往往可以追溯到一个好的想法,可能历经漫长而复杂的过程,从实验室到市场,在其他好想法因相似产品已存在、缺乏市场吸引力或成本超出市场承受范围被剔除的情况下存续下来,而在持续动态变化的市场竞争环境下,知识产权已成为创新/创业者谋求可持续竞争优势的战略资源和"攻守重器",能够保护创业者的创新成果不许他人剽窃和非法侵害。

但是,你知道吗?知识产权除了充当"矛与盾"的角色外,还可以为权利人带来现实可见的利益和价值,比如资金收益、引资融资、税收减免、政府奖励等,甚至作为核心无形资产为企业带来更大潜在价值。作为无形资产,知识产权有不同的运营运作方式,帮助创业创新者"变现"。有哪些途径运作知识产权,使其发挥价值呢?尤其是对于"轻资产"的创业者,知识产权是如何支撑其创业计划,如何通过强化知识产权在商业计划中的作用获得"启动资金"呢?

另外,通过知识产权价值的体现,在创业者践行"双创"理念的同时,也是在激发社会的创新活力和市场资源的优化配置。

学习目标

知识目标：了解知识产权与创新创业的关系和如何运用创新来支撑创业。

能力目标：掌握创业中如何利用创新成果的知识产权价值来实现创业目标。

素质目标：了解创新创业与知识产权的关系，培养知识产权价值运用意识。

问题导航

2022年，华为"专利许可业务汇报"会议纪要引起广泛热议。专利收费不能为了收费而收费，也不能要得太低，为什么？

网络文学及其IP火爆已成一种全新的大众文化现象。假如你是一位以文字为主的优质内容创业者，作品获得众多粉丝追捧，你怎么才能从创意作品中获得收益？

朗科年报里的主要利润都来自U盘基础性发明专利诉讼赔偿金。为什么专利能获得如此大的利润价值？

假如你的科研动手能力非常强，在校期间经获得几个专利授权证书，准备和朋友一起创业，但手上资金不足，应该怎么办？

13.1 创新创业知识链接

13.1.1 知识产权运营的概念

知识产权运营是指通过对知识产权或者知识产权申请进行管理，促进知识产权的应用和转化，实现知识产权价值或者效能的活动。通俗地理解就是，知识产权运营是指知识产权权利人采取一定的商业模式实现知识产权价值的商业活动，具有商业化属性和金融价值属性。商业化属性是通过市场化行为获得知识产权财产收益的商业行为，通过知识产权转让、许可、质押、诉讼、作价入股、专利联盟或专利池等方式实现知识产权的商业价值。知识产权金融价值涉及知识产权评估、交易、担保、典当、拍卖、投资、信托、保险、基金、证券化等内容，是知识产权与金融资源的融合，发挥知识产权对实体经济的支撑作用。

随着我国创新成果和知识产权的快速积累，创业创新者在实践中逐渐认识到，实现知识产权价值是开展知识产权工作的主要目的，制定适宜的知识产权战略是实现知识产权价值的必要环节。比如，当企业获得一项或多项知识产权的时候，可以强化企业从产品或技术创新中获益的能力。①直接将知识产权融入产品或服务的生产或市场推广，从而强化企业竞争力和品牌效益；②将知识产权商业化创造额外的收入来源，如获得融资、吸引合作伙伴等。因此，企业应尽快制定合适的知识产权战略，配合和支持其商业计划，重点突出知识产权如何支持商业模式的成功实施。如图13-1所示，团队成员迸发的技术创意获得知识产权保护之后，结合商业计划制定合适的知识产权战略，在知识产权权利稳定和具有明确的市场应用前景的情况下开展知识产权商业化或产业化行为，最后实现强化创业的收益。

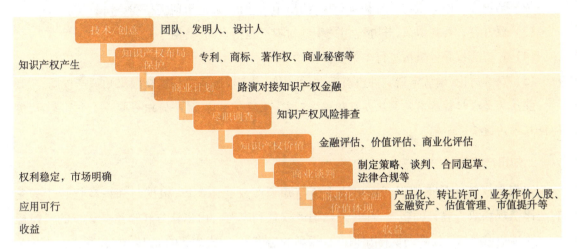

图13-1　创业/创新成果与知识产权价值的关系

1. 知识产权自行产业化

目前，很多企业拥有的知识产权更多是采取自行生产、自行实施、自行销售、自行推广的方式实现价值，可以更好适应企业的商业发展，是一种营销推广/增加产品附加值的有力手段。例如，将卡通形象、演员、流行歌手、体坛明星、名画、雕塑和其他许多形象用于T恤衫、玩具、文具、咖啡杯或海报等各种各样的产品上，可以增加消费者的购买兴趣。

因此，在发布新产品之前，企业尽量先做好知识产权的规划和布局，先申请注册商标，并将商标形象与企业产品紧密捆绑起来，在消费者头脑中形成"商标-某企业产品"的联系。活跃网络的网民一听到"Oh my God，买它，买它"的喊叫声，绝大部分都能马上反应过来，这是网络主播"一哥"李佳琦正在大力推销某种商品。而这个声音"Oh my God，买它，买它"曾提交了商标注册申请，虽然未能成功注册，但不妨碍成为李佳琦最显著的形象代表之一。如图13-2体现了商标品牌化的目标。

下面介绍一下商标注册流程，如图13-3所示。

图13-2　商标品牌化　　　　　　图13-3　商标注册流程

课堂随笔

常见知识产权的
申请流程.mp4

专利申请流程（以委托服务机构处理为例）如下。

(1) 发明人提供技术方案介绍（包括文字说明及附图）。

(2) 知识产权服务机构进行初步分析，给出申请建议，确定申请类型和申请数量。

(3) 双方签订委托协议，并办理相关手续材料（包括合同、费用等）。

(4) 知识产权服务机构进行申请文件撰写。

(5) 双方讨论，确认申请文件没有问题后，由知识产权服务机构提交国家知识产权局。

注：从交底材料基本完善且办好相关手续起，至提交申请，整个周期一般为 1 个月左右，实际视双方沟通情况而定。

2. 知识产权转让

知识产权转让是指知识产权出让主体与知识产权受让主体，根据与知识产权转让有关的法律法规和双方签订的转让合同，将知识产权权利享有者由出让方转移给受让方的法律行为。通过知识产权转让合同取得知识产权权利的当事人，即成为新的知识产权权利人。

> **小贴士**
>
> 《中华人民共和国专利法》中规定：
>
> 第十条 专利申请权和专利权可以转让。
>
> 中国单位或者个人向外国人、外国企业或者外国其他组织转让专利申请权或者专利权的，应当依照有关法律、行政法规的规定办理手续。
>
> 转让专利申请权或者专利权的，当事人应当订立书面合同，并向国务院专利行政部门登记，由国务院专利行政部门予以公告。专利申请权或者专利权的转让自登记之日起生效。

比较有代表的知识产权转让方式有知识产权转让基本模式、企业并购转让模式和专利拍卖模式。如表 13-1 所示为 3 种知识产权转让模式定义。

表13-1 知识产权转让的三种代表方式

转让方式	相关内容
基本模式	出让方找到意向受让方，将知识产权所有权转让给受让方从中获利，受让方获得永久所有权，可以在短时间获得需求专利技术
并购转让	通过收购目标企业从而获得目标企业的相关专利技术，快速打开市场，获得销售、售后、研发等系列渠道
专利拍卖	以公开竞价交易方式实现专利权转让，改变一对一的转让方式，竞价成交，但结果具有随机性

创业是否成功并非只看知识产权所代表的技术或创意。知识产权一般具有法定的保护期，比如中国发明专利保护期是 20 年，实用新型专利保护期 10 年，外观设计专利保护期 15 年。如

果自行实施专利技术应用到产品中,需要具备相应的客观条件,甚至存在可能被另一项技术取代的风险,导致实现效果不佳。知识产权转让或出售,对于权利人而言,出让人可以马上"一次性"收到商定的出让款项,就像房屋买卖,一手交钱一手交货,两不相欠。这也就意味着,无论该知识产权转让后续将为受让方带来多大的利润价值,没有任何其他约定的情况下,对转让方而言是没有任何关系的,更不会根据利润产生额外的使用费。因此,是否要采取知识产权转让的方式让企业得到更好的收益和避免风险,需要取决于企业的商业战略而定。

下面介绍一些案例。

案例 1:

青岛高校学生发明脱壳专利并成功转让内蒙古自治区的企业

青岛理工大学某学生研发采用 V 形槽等精准高效碾压破壳脱壳技术筛选葵花籽大小,脱壳率提高到 80%。该技术获得专利并成功转让给内蒙古巴彦淖尔市永明机械制造有限公司。

该学生的创新项目还获得"山东省机电产品创新竞赛一等奖"。

案例 2:

西南石油大学学生发明的"多功能链条采摘器" 获中国创新设计大会"好设计创意奖"并成功转让

西南石油大学学生创新团队发明的草莓采摘器,利用采摘头的剪切、皮带的运输和机器的收集装置,让人在不弯腰下蹲的情况下,保持直立状态即可轻松采摘草莓,解决传统人工采摘草莓效率低、工作量大的问题,减少人工采摘果实容易受损的情形。其专利以 16 万元的价格成功转让。2018 年 12 月,第二代作品"多功能链条采摘器"获中国创新设计大会"好设计创意奖",也成功转让。

案例 3:

德米斯制药保健化妆品公司转让知识产权获益

来自土耳其艾杰大学的土耳其德米斯制药保健化妆品公司团队打造出一种含抗氧化剂的真皮微粒基质,极大缩短慢性皮肤伤口愈合的时间,尤其是糖尿病所致的伤口。

考虑到进入生产所需的启动资本、销售和人力资源成本,德米斯制药公司创始人通过战略伙伴关系将其技术投入市场,与土耳其最大的制药公司达成战略伙伴关系,转让该技术的所有专利权和产品商标权,由此获得该产品商业销售所创造的一定收入比例。

案例4：

华南理工大学完成专利技术转让

广东星联科技有限公司与华南理工大学完成专利技术转让签约,以超2000万元的价格买下由中国工程院院士、华南理工大学教授瞿金平发明的"基于拉伸流变的高分子材料塑化输送方法及设备"专利技术。这是华南理工大学以专利直接转让方式首次转化超2000万元的项目。

案例5：

2021中国创新创业成果交易会专利基础成果拍卖会

"本标起拍价570万元,16号574万元,52号604万元……17号610万元,成交！"2021年12月10日,2021中国创新创业成果交易会专利技术成果拍卖会现场,众多竞拍者围绕一系列的专利成果展开激烈的竞拍,3项专利包和14件专利在举牌出价和拍卖锤敲击声中成功实现最高成交价达到668万元,总成交额1738万元。

(资料来源：https://baijiahao.baidu.com/s?id=1718768213236819028&wfr=spider&for=pc)

案例6：

办理知识产权转让手续

下面以专利权转让为例说明。

转让方与受让方签订专利权转让合同、著录项目变更申报书及著录项目变更证明文件（即专利权转让合同）,如果委托代理机构办理,并且代理机构与原代理机构不一致,需要专利权人出具解除专利代理委托声明和受让方专利代理委托书。

专利权人为两人或两人以上的,其为共有的权利人,在这种情况下转让专利,应提交全体共有人签字或盖章的转让合同,只有部分权利人的转让是无效的。

3. 知识产权许可

知识产权许可是指在不改变知识产权权属的情况下,经过知识产权人的同意,授权他人在一定期限、范围内使用知识产权的法律行为。一般来说,知识产权权利人(许可人)与另一方(被许可人)会签订一份许可协议,约定知识产权使用的条件、范围、时间等相关事项。

目前,通过许可协议授权他人将知识产权产业化或商业化获得额外的收入,是企业知识产权价值"变现"的常用方式。比如,拥有知识产权的企业在现条件下还无法制造或足量地制造该知识产权产品以满足特定市场的需求或覆盖特定的地理区域,而且权利人又不愿意变更知识产权的所有权,可以采取"允许"的方式,与另一方商定知识产权使用规则。对于专利权而言,许可的常见方式如表13-2所示。

表13-2 知识产权许可的几种常见形式

转让方式	相关内容
独占许可	被许可方在规定的期限和地区内对许可方的专利享有独占的使用权,即被许可方是该专利的唯一许可使用者,许可方和任何第三方均不得在该地域和期限内使用该专利
排他许可	许可方除允许被许可方在规定的期限和地区使用其专利技术外,不再与第三方签订该项专利技术的许可合同,但许可方仍有权使用该专利技术
普通许可	许可方允许被许可方在规定的期限和地区内使用其专利技术,同时还可以继续允许第三方使用其专利,并且许可方仍保留着自己使用该专利技术的权利
分许可	被许可人除在一定期间和一定地域范围内使用专利技术外,被许可人在权利人同意下可以将权利再许可给第三方
交叉许可	前后两项专利在技术上有所依赖,权利人通过合同的方式确认相互使用权。这种许可多见于原专利的专利权人和从属专利的专利权人之间
强制许可	又称非自愿许可,是指国务院专利行政部门依照法律规定,不经专利权人的同意,直接许可具备实施条件的申请者实施发明或实用新型专利的一种行政措施
开放许可	权利人在获得专利权后自愿向国家专利行政部门提出开放许可声明,明确许可使用费,由国家专利行政部门予以公告,在专利开放许可期和在专利权有效期限范围内,任何人可以不经与其另行谈判,只要缴纳一定数额的使用费就可以实施其专利技术的一种许可形式

在众多的许可方式中,如何选择适合的呢?这就需要根据自身的商业策略来考量。独占许可意味着,在某一地域范围内排除了一切竞争对手,被许可人是该知识产权权利的唯一受益者。普通许可在同一地域内,被许可人可以同时有多个,适用于产品性能突出、容量大、投资少、技术难度较低的成熟技术。而当每家公司拥有的专利覆盖商业产品的不同方面,可以交换各自拥有的特定专利的使用权。当行业中多项覆盖广泛互补发明专利由两个或多个竞争者持有时,交叉许可十分普遍。专利开放许可制度可以促进信息对接,专利管理部门的许可信息公告,为许可人和被许可人搭建了信息沟通的桥梁;还可以提升谈判效率,供需双方可以通过简便方式达成许可,免去复杂的谈判环节;也可以降低交易风险,通过许可信息披露和纠纷调解机制,被许可人能够事先全面了解许可的条件等相关情况。

案例7:

> **百度与海尔达成专利交叉许可,让家居更智能**
>
> 2019年,百度与海尔集团签署知识产权合作协议,基于各自优势在人工智能和物联网领域开展专利合作。百度在人工智能领域技术优势明显,专利储备雄厚;海尔集

团在物联网领域技术创新能力和专利实力在业界有一定优势,双方通过签署专利交叉许可协议可以得到优势互补。

案例8：

潜心研究20载，独占许可使用5亿元人民币

2017年4月，山东理工大学毕玉遂教授一则专利权独占许可消息引爆朋友圈。毕教授团队研发的"无氯氟聚氨酯新型化学发泡剂"技术获发明专利，并将其20年独占许可使用给一家济南的高分子企业，许可费高达5亿元人民币，刷新了我国高校科技成果转移转化费用的记录。而且值得注意的是，其中4亿元归毕玉遂团队所有。

案例9：

玛丽·恩格尔布雷特既是艺术家又是企业家

玛丽·恩格尔布雷特（Mary Engelbreit）以其丰富多彩、错综复杂的设计而闻名于世，她已成为艺术许可的先驱。几家知名的卡片公司已经购买了她的设计，许多其他公司也急于将玛丽独特的设计授权给一系列产品，包括日历、T恤、马克杯、礼品册、橡皮图章、陶瓷雕像等。

案例10：

OPPO与夏普结束2年全球诉讼并达成交叉许可

OPPO与夏普于2020年的年初开始了专利诉讼战。夏普向东京地方法院提起专利侵权诉讼，指控OPPO日本公司侵权其手机通信技术相关的WLAN专利。OPPO强势反击，在日本东京起诉夏普侵权其闪充技术相关专利，在中国深圳起诉夏普违法标准必要专利许可谈判中的FRAND"公平、合理、无歧视"原则。"战火"随后蔓延至全球多个国家和地区，大多以夏普败诉或驳回为结果。2021年，OPPO与夏普宣布达成专利交叉许可协议及合作，涵盖双方终端产品实施通信技术标准所需的全球专利许可，结束在多个国家及地区的专利诉讼和争议。

案例 11：

华为专利许可价值变现

根据华为 2021 年的年报披露，华为长期投入研究与开发，是目前全球最大的专利持有企业之一，与全球主要 ICT（信息通信技术）企业达成了专利交叉许可，并从传统通信行业扩展到智能汽车、智能家居、物联网等新兴行业。据报道，2015 年华为向美国苹果公司许可专利 769 件，而苹果公司向华为许可专利 98 件，体现了华为加强专利价值运用的典型案例。

案例 12：

专利免费用！湖北发布首批 222 件专利开放许可

2022 年，湖北探索启动实施专利免费开放许可制度，征集 222 项专利供省内企业免费使用。此次免费开放许可的专利来自 13 所省内高校、企业和科研院所，大部分为近五年授权的发明专利或实用新型专利，领域集中于信息技术、生物技术及先进制造业，单次许可期限最低 2 年。既体现较强的前沿技术动向，又能让企业有充分时间投入进行专利二次研发和产品试验。

小贴士

1. 什么时候进行知识产权许可最好

不存在知识产权许可的最佳时机，因为时机取决于多种因素。但对于独立的企业家或发明人而言，通常建议尽早开始寻觅被许可人以保证收入来源，没有必要等到专利授予之后。比起适当时机，更关键的是找到合适的合作伙伴，以从知识产权的商业化中谋取利润。

2. 如何做专利实施许可合同登记备案

专利／专利申请技术实施许可合同中的当事人应当在合同生效日起 3 个月内到国家知识产权局或代办处办理备案，流程如图 13-4 所示。

所需文件包括：
- 专利实施许可合同备案申请表
- 专利实施许可合同
- 许可方、被许可方身份证明复印件

图13-4 专利实施许可合同登记备案流程

4. 知识产权作价入股

知识产权出资/作价入股是指知识产权持有人（或知识产权出资人）以知识产权作为无形资产作价出资公司的行为，即作价投资获得股权，包括以知识产权作为资本投资设立新企业，或者作为资本对已有的企业增加注册资本。而相应的知识产权财产权转归公司所有。

> **小贴士**
>
> 《中华人民共和国专利法》中规定：
>
> 第二十七条 【出资方式】股东可以用货币出资，也可以用实物、知识产权、土地使用权等可以用货币估价并可以依法转让的非货币财产作价出资；但是，法律、行政法规规定不得作为出资的财产除外。

案例13：

武汉工程大学一组专利作价2000多万元入股创业

2017年，武汉工程大学陶瓷膜科研团队（主要为9名可科研人员）研发的一组（8项）专利作价2128万元，入股湖北迪洁膜科技有限公司（注册资本3800万元）。学校依照相关法规，将此次收益的90%即1915.2万元奖给了研发团队，因此拥有湖北迪洁膜科技有限公司50.4%的股份。而该公司因持有此组专利，在全国率先实现碳化硅陶瓷膜的量产。

5. 知识产权质押融资

知识产权质押，是指知识产权权利人以合法拥有的知识产权的财产权作为质押标的物出质，经评估作价后向银行或其他融资机构获取资金，按期偿还资金本息的一种融资行为。

近年来，国内银行积极试水知识产权质押业务并开发出多种新产品和服务。一是采取多种质押物组合的方式提供融资，以专利、版权、商标等多种押品组合质押的方式，提升贷款企业的违约成本，减少信息不对称风险。二是选择银行、政府、担保多方合作融资模式。银行提供融资，地区政府提供补贴，第三方担保公司（或保险机构或风险补偿基金）为借款人提供保证担保，企业以知识产权为质押为担保公司提供反担保。这种融资模式可以降低集中度风险，提高授信获得成功率和效率。三是设计投贷联动解决方案。面向技术前景好、具有较大发展空间的科技型中小企业，银行以知识产权质押作为辅助来提高违约成本，通过股权投资协议的签署来约束企业的道德风险，与企业共担创业风险，并分享未来上市收益。

知识产权质押适用对象为中小企业，一般分为两种类型：出质人将知识产权质押给银行，由银行放款给出质人的直接质押银行融资模式，如北京模式中，银行承担主要风险。出质人将知识产权作为反担保质押给某非银行机构，由非银行机构向银行提供信用担保，最后由银行放款给出质人的间接质押银行融资模式，如武汉、浦东模式。提供信用担保非银行机构承担主要风险。

案例 14：

> **1500万元专利质押贷款保障生产**
>
> 广东春夏新材料科技股份有限公司是一家主营新型无纺布的企业。受疫情影响，订单激增，导致流动资金持续紧张。该企业以授权专利"一种一次性水溶无纺布口罩 CN207322743U""卫生巾用可降解复合芯体 CN209529508U""水溶无纺布卫生巾 CN207785373U"进行质押登记作为贷款担保，从中国建设银行东莞分行获得1500万元的融资款项，缓解生产压力。

13.2 创新创业课堂实践任务

任务一：掌握获得知识产权的方法

任务描述：理解缺乏研发、生产或营销资源的中小企业可以考虑哪几种方式获得创新发明技术，并简单描述一下每种选项的优缺点。

课堂随笔

任务二：了解专利许可和转让的区别

任务描述：请简单描述一下专利转让和许可的区别。

_____

_____

_____

任务三：专利运营与创新创业的关系

任务描述：请简单描述一下你如何看待知识产权运营在创新创业过程中的角色。

_____

_____

_____

13.3 拓展阅读

知识产权转化运营的社会效益

一、助力疫情防控和复工复产主动作为

2020年2月，国家知识产权局印发《关于大力促进知识产权运用 支持打赢疫情防控阻击战的通知》，要求知识产权运营服务体系建设重点城市、知识产权运营平台（中心）、知识产权运营基金等各类试点项目，及时调整项目计划，足额兑现惠企政策，开放平台工具和数据资源，提供高水平知识产权转化运用服务，支持疫情防控和复工复产。

二、创新举措，助力疫情防控和复工复产

上海浦东采用"一次审批，多次发行"模式成功发行规模为10亿元的疫情防控相关专利证券化项目；宁波、东莞等地迅速完成多家疫情防控物资生产企业知识产权质押贷款；南京设立10亿元"新冠疫情防控专项知识产权融资计划"；广州重点产业知识产权运营基金仅用3天时间便完成了对疫苗研发企业的二期投资。

上海有关知识产权服务机构3天时间即促成中山医院的医用防护鼻罩专利产品在防疫一线转化；无锡提前下达4835万元各类知识产权奖补资金和项目经费支持企业复工复产；长沙支持病毒核酸检测试剂盒、无创呼吸机等高价值专利培育项目迅速产业化，扩大产能。

国家知识产权运营公共服务平台开展相关公益政策宣讲，为50余家单位提供免费搭建专利专题库服务；广州推出知识产权质押融资风险补偿基金24小时线上受理和审批服务；中国汽车知识产权运营中心通过知识产权大数据分析发布各类疫情防控物资生产企业名录，便利有关部门和社会公众。

华为尊重和保护知识产权：创新必由之路及产生的社会效益

2019年，华为第一次发布了《华为创新与知识产权白皮书》，概况阐述华为在创新和知识产权方面的原则、实践以及对业界的贡献。2020年，华为发布了《华为创新与知识产权白皮书》2020版，重点介绍了华为在2010年之前在创新和知识产权方面的历史实践。

一、专利许可活动，共享技术，分享利益

2020版白皮书中披露，华为在自身成长的同时，通过专利许可活动，共享技术，分享利益，促进全产业的繁荣发展和合作共赢，并通过交叉许可、商业合作等多种途径解决知识产权争议。

在过去20年里，华为跟ICT行业（信息与通信技术）的主要专利持有人进行广泛的交叉许可谈判，目前已经与美国、欧洲、日韩等主要ICT厂家签署了100份以上专利许可协议，包括诺基亚、爱立信、高通、北电、西门子、阿尔卡特、BT、NTT Docomo、AT&T、苹果、三星等。经友好谈判签署的收费专利许可协议超过10份，付费方涵盖美国、欧洲和亚洲公司，自2015年以来华为获得的知识产权净收入累计超过14亿美元；自2001年签署第一份专利许可合同至今，累计支付专利使用费超过60亿美元，其中接近80%是支付给美国公司。

2000年开始，摩托罗拉与华为开始长达十年的好产品贴牌合作，即由摩托罗拉传递客户需求，华为负责产品的研发和技术支持。十年合作期间，摩托罗拉从华为采购了价值8.8亿美元的先进的核心网和无线接入产品。2011年，华为与亲密合作长达十年的摩托罗拉发生知识产权纠纷后，华为在美国起诉摩托罗拉，最终双方在法官的主持下进行了调解，摩托罗拉向华为支付一笔技术转移许可费，获得华为的许可，以向诺基亚西门子交付华为保密技术，完成并购交易。当时华为还没有建立起系统的知识产权转让与许可机制，成为华为第一笔大额许可收费。

2013年，华为授予欧洲无线设备商Teltronic无线基本专利许可。2015年，华为与苹果签订专利许可协议，授予苹果无线基本专利许可。2016年，华为与三星在中、美相互发起多起专利侵权输送，2019年三星向华为支付许可费后双方和解。

2021年，华为与大众汽车集团的一个供应商达成专利许可协议，涵盖华为4G标准必要专利（SEP）许可，涵盖装有无线连接功能的大众汽车。该协议是迄今为止华为在汽车领域达成的最大许可协议，超过3000万辆汽车将获得其专利许可。华为首席法务官宋柳平表示："作为一家创新型企业，华为拥有领先的无线技术专利组合，为汽车领域创造了巨大价值。我们很高兴看到汽车领域的主流厂家认可我们专利的价值。我们相信，通过这一许可，全球消费者将受益于我们先进的技术。"

2022年，华为与SolarEdge Technologies inc.达成一份全球专利许可协议。该协议基于两家公司对对方创新能力的认可，允许其在协议期内使用自己的专利技术。该协议包含相互授予对方的专利交叉许可及其他权利安排，并促成双方和解专利诉讼。

2022年，华为宣布作为创始成员加入Sisvel Wi-Fi 6专利池。使用者可以通过该专利池获得华为及其他入池专利权人的Wi-Fi 6标准必要专利许可。华为的Wi-Fi 6产品也同时获得专利池的许可。华为公司知识产权部部长樊志勇表示："华为希望并且乐于与产业界分享我们在Wi-Fi领域的创新技术。专利池可以提高专利许可透明度，减少许可纠纷。使用者可以一次性

获得该专利池所有专利的许可,提高许可效率,降低许可成本。专利池可以帮助企业许可专利,将许可收入投入再创新,这对中小企业尤其重要。华为期待专利池的成功运营可以吸引更多企业投入下一代 Wi-Fi 技术的研究。"

2022 年,华为与 Nordic 半导体公司签订专利许可协议,华为向 Nordic 及其客户授予低功耗广域蜂窝物联网标准必要专利的组件级许可,相关专利许可费按照公平、合理和非歧视性原则设置。华为欧洲知识产权部部长张肖午表示:"在低功耗广域 LTE-M 和窄带物联网领域,华为拥有领先的标准必要专利组合,这是 4G 标准的一个子集,对物联网具有巨大价值。华为很高兴与 Nordic 达成这项许可协议,这将使各个行业大规模部署低功耗蜂窝物联网技术,进一步推动全球数字化转型。"

二、商业并购:以技术入股,与 3Com 成立合资公司

2002 年前后,华为与美国互联网网络通信公司 3Com 商讨在路由器等数通产品方面的合同,3Com 要求华为提供的产品不涉及第三方知识产权问题。华为坦诚地向 3Com 提供了其路由器设计和源代码。经审查,3Com 确定华为拥有其产品的知识产权,并坚定地与华为继续合作。次年,华为以企业网相关技术和团队入股,3Com 以现金出资,双方合作成立合资公司 H3C(华为3Com)。华为成为合资公司的控股股东,占股 51%。2006 年,3Com 再度出资 8.82 亿美元购买华为持有的 H3C 公司 49% 股权。通过此次合资、出售等行为,华为获得了 10 亿美元的商业回报。

三、产业格局:强强联合,带动产业融合

华为历史上与美国和欧洲公司的交易并购都是以华为出技术,对方出资金的方式进行合作,产生很高的商业价值,对产业界产生深远影响,凸显华为强大的研发创新能力与知识产权的价值,举例如下。

华为技术与国际存储和安全软件制造商赛门铁克公司合资成立华为赛门铁克,自 2008 年成立以来,申请专利 300 多项,参与了多个国际和国内的标准化组织,并在其中发挥重要作用,在存储领域和安全领域均成为业界标杆。

2004 年,华为和西门子公司共同出资的合资企业鼎桥科技推出的商用化时分同步码分多址(TD-SCDMA)的解决方案,有效地降低了研发成本,很快成为 TD-SCDMA 领域的领先者,其产品和解决方案广泛应用于中国移动 3G、4G 商用网络,稳居市场份额第一。

小贴士

开拓创新视野:2022 创新和知识产权论坛

2022 年 6 月 8 日,华为召开"开拓创新视野:2022 创新和知识产权论坛"。

华为首席法务官宋柳平表示:"华为愿意在全世界范围内提供专利与技术许可,与全球分享科技创新的成果,共同开拓创新视野和思路,从而促进产业发展和技术进步。"

> 华为知识产权部部长樊志勇表示:"过去五年,已有超过 20 亿台智能手机获得了华为 4G/5G 专利许可;目前每年还有约 800 万辆网联车获得华为 4G/5G 专利许可。在视频领域,目前已有 260 家厂商、10 亿台终端产品通过专利池获得了华为的 HEVC 专利许可。华为在积极讨论建立新的专利池,期望为更多的 Wi-Fi 设备提供华为专利许可。华为也在与相关机构积极沟通 5G 领域的联合专利运营方案。"华为还积极通过主流专利池等组织为业界提供"一站式"许可,方便行业参与者使用其技术和创新成果。
>
> 原欧洲专利局副局长 Manuel Desantes 评论,全球当前"真正重要的不是专利数量,而是有多少专利可以投向市场,造福人类。"
>
> (资料来源:huawei.com/cn/.)

13.4 创新创业实战

1. 实战项目一

浙江工商职业技术学院学生专利被企业"抢购"

浙江工商职业技术学院在 2011 年举行的"学生专利洽谈会"上,韩国爱特科电器公司、宁波市海曙三高模具厂等 20 多家国内外企业前来抢购该校学生专利,18 家企业来电预订有意向购买该校学生的专利产品。有 5 项学生专利投入企业实际生产,现场有 3 项与企业达成专利转让协议,20 多项与企业达成开发意向。其中,"具有照明功能的雨伞"国家专利吸引 5 个企业争相购买,最后被韩国爱特科电器公司以 10 万元的价格购得。

这些技术或产品设计成本低、实用性强,且处处体现着节能、低碳、环保的理念,不少还具备相当的科技含量。比如:漂亮的拉杆箱,打开盖子却是一个小体积、折叠式的便携式野外烧烤箱;看似电视遥控器,却是电磁辐射测定器;利用昼夜温差原理设计的集水器,通过置放小型冷缩机加大内外空气温差,从而"压"出空气中的水分;有具备太阳能发电装置的凉亭、具有照明功能的扫帚、便携的 led 感应灯、有显示功能的药等。

思考:上述情况给你带来什么样的感想?

2. 实战项目二

知识产权申请或登记流程如下。

在创业过程中,创新成果以知识产权形式确认下来是非常重要的环节。知识产权申请或登记流程是怎么样的?

课堂随笔

思考：请将主要的三种知识产权类型申请或注册流程写到横线上，另外描述相关步骤。

(1) 专利申请流程简介。

_____
_____
_____

(2) 商标注册申请流程简介。

_____
_____
_____

(3) 作品著作权登记流程简介。

_____
_____
_____

(4) 请从创意设计或研发成果的角度，描述如何从知识产权的确权到运营环节可能需要经过的步骤，并写在下面。

_____
_____
_____
_____
_____

13.5 总结与提高

我的收获：_____
还没解决的问题：_____
需要改进的地方：_____
其他：_____

拓展阅读

项目14　创业计划设计与呈现
——如何撰写商业计划书

学习引言

讲一个故事《螺丝刀与螺丝钉》：假设你的创业项目产品是螺丝刀，你拥有世界上材质最好和质量最好的，各种型号齐全的螺丝刀。这时客人上门购买螺丝刀，你开始自豪地介绍自己的螺丝刀。从质量到便携、易用性、价格等，把自己的产品介绍得非常详细和全面。

但请思考，这样的介绍是不是最好的销售策略？

换个角度，客户想要买螺丝刀是为了什么？其实客户想要解决的是把螺丝钉扭下来，这才是客户买螺丝刀的真正需求。基于客户需求，我们需要思考的是，客户需要扭下的螺丝钉是什么样的螺丝钉。是"十字""一字"还是"米字"？螺丝钉的口径是多大？是多种大小，还是只有一种大小？

当我们把需求了解清楚后，我们才更有机会与客户达成一致，促进销售。

这个故事指引我们把关注点从自己需要卖的产品，到关注购买者的需求，从购买者的角度思考问题。

我们在创业中也是一样，应该忘记我们的产品，去探索购买者的需求点。购买者买的永远不是螺丝刀，而是需要扭下来的螺丝钉。

和投资人打交道同样如此，你要了解投资人的需求，投资人为什么喜欢你的项目？专业的投资人能够在很短的时间内发觉该商业是不是套入模板，该商业计划书是不是历经用心编制。商业计划书的品质立即影响投资人对求资企业融资诚心的观点，乃至充分考虑权益和风险性，投资人也会终止阅读文章。这就是高品质的项目有时会找不到资产的缘故。可以说，商业计划书是参谋，是军师。很多项目建立之初就没有深入地思考和冷静地分析，仅凭着一腔热血就贸然杀入了市场。市场远不是我们想象的那么简单，别人的成功自有别人的道理，绝对不是可以简单复制的。

因此，当你想做一番自己事业的时候，真的需要三思而后行，要让大量的人力、物力、财力投入之后，对这个项目的成功起到应有的作用。商业计划书一个很大的作用就是在项目之初，就能够冷静地面对市场，认真地分析项目的可行性。当你在尽可能全面地考虑之后，再开始你的项目。

所以，要弄清楚什么是商业计划书，如何撰写一份好的商业计划书，如何路演好商业计划。

学习目标

知识目标：了解商业计划书的内涵及其作用，了解商业计划书的架构及关键因素和写作要点，了解项目路演内涵，了解项目路演的原则。

能力目标：掌握商业计划书的撰写方法和写作要点，掌握项目路演的原则与方法技巧。

素质目标：认识到商业计划书对创业项目的价值，重视撰写商业计划书和项目路演的重要性。

问题导航

(1) 什么是商业计划书？商业计划书有什么用？
(2) 如何撰写商业计划书？
(3) 什么是项目路演？
(4) 如何做好项目路演？

14.1 创新创业知识链接

14.1.1 什么是商业计划书

商业计划书（business plan）是一份全方位的项目计划，它从企业内部的人员、制度、管理，以及企业的产品、营销、市场等各个方面对即将展开的商业项目进行可行性分析。它是对企业或者拟建立企业进行宣传和包装的文件，它向风险投资商、银行、客户和供应商宣传企业及其经营方式；同时，又为企业未来的经营管理提供必要的分析基础和衡量标准。

商业计划书已经将近有70多年的历史，它与整个新经济、新科技以及风险投资行业的兴起趋势基本一致。经过了多年的发展,商业计划书已经成为一套商业思维工具的聚合衍生出许多变种(精益画布、一页纸商业计划书等),由于创业者层出不穷,面对面沟通需要花费投资人大量时间,商业计划书这种能够帮助投资人进行初步了解和初步沟通的文件,就成了最佳的商业信息呈现载体。

中国的风险投资行业,起源于 IDG、红杉等知名美元基金的进入。他们引领并促进了中国风险投资行业的兴起。而在其中起到重要沟通作用的商业计划书,随着风险投资行业的兴盛,得到发展。

我们可以把商业计划书理解为一种呈现创业者创业想法和关于企业商业规划信息的文件,它分为两个维度:一是展现创业者的各项能力;二是展现企业的发展规划和愿景。

对于从事股权投资的机构或者投资人来说,它是创业者融资过程中写给投资人看的项目介绍,它是目前投融资市场上最主流的、一个关于商业构想和计划的描述性文件。

商业计划书是一份向潜在投资人介绍公司经营理念的文件。它反映了创业者对创业的思路是否清晰,态度是否认真。

商业计划书有两种形式:一是 Word 型,就是一大篇文章,以文字阐述为主。这种形式的优点是内容完整,结构严谨,能较好地反映公司的全貌。但缺点是往往篇幅较长,阅读费时费力,读者难以把握重点。二是 PPT 型,以幻灯片方式表现。这种形式的优点是生动活泼,重点突出,易于为人理解。以全面细致地反映公司全貌。

商业计划书主要构成要素如下。
- 商业计划书摘要。
- 公司介绍、产品与服务。
- 管理团队。
- 市场与竞争分析。
- 营销与销售。
- 财务分析和融资需要。
- 风险分析。
- 社会效益。

14.1.2 商业计划书的作用

对于投资人而言,商业计划书起到创业者和投资人预沟通的作用,投资人通过商业计划书了解到了足够的信息。

商业计划书是节省时间的利器。创业投资构想通常相当复杂,要以口头解释让投资者完全清楚,可能要好几天,很少投资者有这种耐性,但不完全清楚整个投资构想,投资者又不敢投资。因此商业计划书可以让投资者初步了解到创业者的清晰思路,省时又省力。

商业计划书是创业者商业思路的集中体现,它体现了创业者思考问题的逻辑。商业计划书中需要展现需求信息、团队成员信息、市场及行业分析、未来规划、融资信息等,对于创业者来说,往往能起到很好的指引作用。

什么是创业计划书.mp4

商业计划书是创业团队的战略规划。商业计划书可以让自己团队明确未来要做什么,怎么做,从而明确自身需求获取哪些支持。

商业计划书是创业团队的自我分析。创业是一条曲折的道路,因此需要对自身有清晰的认知。创业团队可以在制作商业计划书的过程中明确自己的优势,从而可以在未来的竞争中扬长避短。

14.1.3　如何撰写商业计划书

1. 商业计划书摘要

项目概述和写论文的概述是一样的,是对商业计划书核心内容的提炼,是整个商业计划书中纲领的部分。概要是投资人最先阅读的部分,却是在商业计划书写作中最后完成的部分,是对整个商业计划书精华的浓缩,旨在引起投资人的兴趣,有进一步探究项目详细的渴望。执行摘要的长度通常以1～3页为宜,内容力求精练有力,重点阐明公司的投资亮点。一般净现金流入、广泛的客户基础、市场快速增长的机会、背景丰厚的团队等都是可能引起投资人兴趣的亮点。

（1）撰写排序：完成商业计划书其他部分后再集中撰写。

（2）主要内容：与正文各个章节主要内容一一对应。

（3）注意事项：项目概述不是正文的复述,要紧扣主题,突出重点,吸引投资人关注。

2. 公司介绍、产品与服务

简明扼要地介绍公司和产品或服务。

1）介绍公司

介绍公司的主营业务,公司所处阶段等基本情况,对公司经营历史业绩进行总结。阐述公司的经营宗旨、经营目标、价值观和远景规划等公司基本的问题,让读者清楚公司的经营理念。

（1）主要内容：包括企业简介、企业文化、主要业务、市场定位、经营目标、管理机制等。

（2）注意事项：企业文化是企业全体成员共同认可和接受的、可以传承的价值观、道德规范、行为准则、企业形象的总称,是物质文化和精神文化的综合。

2）产品与服务

产品与服务是创业企业价值主张的载体,是企业得以建立的基础。描述产品和服务的用途和优点,有关的专利、著作权、政府批文等。着重分析本公司的产品或服务所具有的与众不同的特点和市场定位,让投资者确信公司所提供的产品或服务具有强劲的吸引力,在投放市场以后可以迅速占领市场份额。另外,对技术型公司而言,最好把公司的研发能力进行一定的描述,证明公司具有持续发展的能力。因为投资者投资的期限可能比较长,他必须相信公司具有持续的发展和变革的能力来应付市场的变化,才会做出长期投资的决定。

（1）提供服务的企业：服务的基本功能、运营模式、核心特点、目标客户群体、可行性分析。

（2）提供产品的企业：产品的概念、性质、特征,以及品牌、专利、目标客户、市场预测。

（3）可行性分析：市场分析、资金使用、产品成本及盈利分析、销售前景、项目目标等。

3. 管理团队

风险投资家对于人的因素在整个项目中的作用看得至关重要。再好的计划若没有执行能力强大的团队也可能沦为美丽的泡影。对于初创企业，人的因素尤为重要。

对于管理团队的描述，除了常规介绍的整个团队的专业背景、学历水平、年龄分布，最重点的是核心团队的经历。一个稳定团结的核心团队可以帮助企业渡过种种难关，是企业最宝贵的资源。

商业计划书中如何包装好自己的团队也是非常重要的评审指标之一，突出创业团队的能力应从以下几点展开：价值观、数量、创业激情、专业性、互补性、执行性、创新性、协作性。

（1）主要内容：创业团队成员介绍、组织架构及职责分工、人力资源规划。

（2）注意事项：核心团队的过往经历直接影响企业的发展路径。

4. 市场与竞争分析

商业计划书必须对公司的市场定位、市场容量、估计的市场份额、市场发展的走势进行清晰地描述，尽可能引用行业的数据进行表述分析现有和将来的竞争对手，他们的优势和劣势，以及相应的本公司的优势和战胜竞争对手的方法。

对市场分析可运用宏观环境分析（PEST）方法（图14-1）。对宏观环境因素做分析，不同行业和企业根据自身特点和经营需要，一般都应对政治、经济、技术和社会这四大类影响企业的主要外部环境因素进行分析。

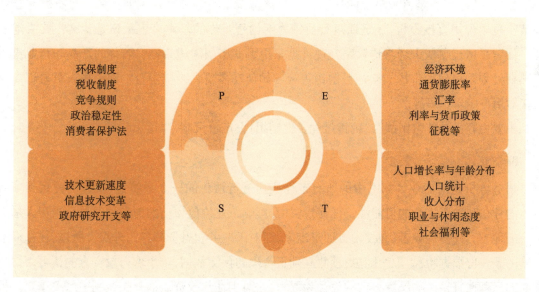

图14-1　PEST模型图

对市场分析还要从微观环境因素分析，从行业技术发展、行业周期、企业产品和服务的直接相关因素分析。

对企业竞争环境分析也必不可少。五力模型是由麦克尔·波特于20世纪80年代初提出的用于竞争战略的分析模型可以有效地分析客户的竞争环境。五力模型将大量不同的因素汇集在一个简便的模型中,以此分析一个行业的基本竞争态势。五力模型确定了竞争的五种主要来源,即同一行业的公司间的竞争,潜在进入者的威胁,替代品的威胁,供应商和购买者的讨价还价能力,如图14-2所示。

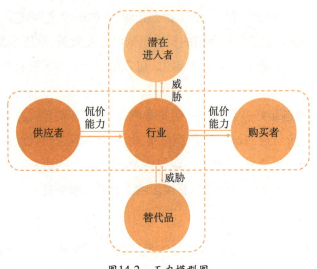

图14-2　五力模型图

主要内容：宏观角度分析市场、微观角度分析市场、竞争环境分析、竞争对手分析。

5. 营销与销售

营销模式是清楚地说明其总体的营销策略,包括定位策略和差异化。通过定价策略、销售过程、营销组合和渠道策略说明如何支持总体营销策略的开展。例如你的产品有哪些营销环节？是本公司直接零售,还是通过行业销售网销售？你的基本广告策略是什么？其成本怎样？你曾采用过哪些市场渗透策略？现计划采用哪些市场渗透策略？若你的产品和行业进入成熟期计划采用何种市场战略？目前销售难度如何？需要直接推销否？即销售人员是否需要直接对用户叫卖？等等。

主要内容：总体营销战略、销售过程及促销组合、定价策略、渠道策略等。

6. 财务分析和融资需要

财务分析是对商业计划书中的所有定性描述进行量化的一个系统过程,直接关系到项目价值的评估和取得资金的可能性。任何投资中,影响企业价值评估的财务情况总是投资人最为关心的地方。许多创业者,在技术方面是专家,而对于财务和融资却是门外汉。所以,往往提交出来的是一份数据粗糙、取舍随意、预测基础不合理的预测数据,难于取得投资人的认可。财务预测的合理性直接影响融资方案的设计和取舍,这对于在与投资人的直接谈判中至关重要。另一个投资人极为关注的方面就是融资后的资金使用计划。在通过前面资料了解到企业资金的缺口及来源后,投资人最想知道的就是企业是否有能力管好这笔资金。而一份详细、合理的资金使用计划能很好地减少投资人的顾虑。

商业计划书中应该具体描述融资金额及融资方式,融资前后的资本结构表以及规划投资者退出的途径及回报预测。

(1) 主要内容：经营条件假设、财务预算、融资额、融资方式和用途。
(2) 注意事项：财务预算要立足于真实市场调研,融资计划要明确时间和对象。

7. 风险分析

在编写商业方案书时,要尽可能多地分析出企业可能面临的风险、风险程度的大小以及创业者将来采取何种措施来防止风险或者在风险降临时以何种行动方案来减轻损失。

虽然每一份商业计划书都会对项目的方方面面做出一番美好未来规划,但是作为风险投资一方,他面对一个项目,不确定的因素太多。风险分析部分的目的就是说明各种潜在的风险,向投资人展示针对风险的规避措施。对投资人而言,风险并不可怕,可怕的是那些对于风险盲目乐观或根本无视于风险存在的创业者。所以,很多创业者对于风险这一部分"避重就轻"的做法并不可取。

(1) 主要内容：列举企业可能面临的技术、市场、管理、政策、经济等方面的风险。
(2) 注意事项：一定要列出针对风险合理有效的解决方案。

8. 社会效益

社会效益是指最大限度地利用有限的资源满足社会上人们日益增长的物质文化需求。社会效益是指企业承担社会义务所增加的资源或给社会带来的收入。它有很多方面但效益原理要点是社会总体利益出发来衡量的某种效果和收益。它有广义和狭义之分,广义的社会效益是相对于经济效益而言的,包括政治效益、思想文化效益、生态环境效益等;狭义的社会效益,亦与经济效益相对称,还与政治效益、生态环境效益等相并列。

创业计划中的社会效益可以从品牌影响力,对于树立民族品牌形象做的贡献;创造新的就业岗位,为社会分担就业压力;推动行业科技进步和产品创新,提高国际竞争力;企业对国民关注的一些问题做出的贡献;环保、生态平衡及公益事业;对区域经济发展的影响等多个维度分析。

14.1.4 项目路演及技巧

路演(roadshow)是指在公共场所进行演说、演示产品、推介理念,以及向他人推广自己的公司、团体、产品、想法的一种方式。通过路演,让企业达到了招商的目的,快速启动市场。通过路演,让目标投资人明白市场如何操作,有解决问题的方法。路演不是目的,招商才是目的。在投融资界,项目路演时间标准是8分钟,8分钟路演既是最经典又是非常重要的,不管是乔布斯还是雷军等人,所有的路演大师都是遵循这个公式而进行了一场场成功路演。8分钟经典路演要围绕以下四个问题展开,如图14-3所示。

图14-3　经典路演的四个问题

课堂随笔

第一个问题告诉投资人，企业是做什么的，这是大家关心的最基本问题。

第二个问题必须是对整个行业进行研究和对消费者洞察之后得出的结论。

第三个问题告诉投资人企业的核心竞争力是什么。

第四个问题告诉投资人路演的内容和投资人有什么关系，他们为什么要关注你的路演。

路演呈现是讲解商业计划的亮点、要点，实现吸引投资人的注意，唤起兴趣，形成信任。根据所给的演讲时间长短来组织演讲内容，未讲的商业计划内容，投资人可在提问环节提出问题。

路演的 PPT 要遵循 3C 原则，即清晰（clear）、简洁（concise）、激发兴趣（compelling）。PPT 呈现要注意字体够大、字数够少、主题明确、内容简介、效果直观、层次清楚、颜色鲜明。

项目路演的提前准备工作和技巧是十分必要的，从路演的思维逻辑、路演的撰稿、反复练习、投资人会问到的问题、路演着装、路演节奏的把控到站姿与手势等各个细节的处理都能在不同程度上帮助项目路演的成功。路演技巧还包括有吸引力的开场、借助道具、瞬间定力、设计结尾、克服紧张等。

提示：路演准备的常见问题如下。

问题 1：你们为什么想到做这个项目？

问题 2：为什么你们有机会把这个项目做成？

问题 3：你们的项目如何盈利？如何持续实现盈利？

问题 4：现在市场上已经有类似的项目存在，与这些项目的区别是什么？

问题 5：数据是如何预测出来的？

创业计划路演的技巧.mp4

14.2 创新创业课堂实践任务

任务一：商业计划书概括练习

任务描述：根据以上所学内容，仔细阅读下列商业计划书案例（案例指给出商业计划书框架），分析并指出该商业计划书在内容结构上的优缺点，然后举例说明（两个案例任选其一）。

案例 1：

第一部分　基本情况及目标

一、基本情况

二、近期及未来三年要实现的目标

1. 市场营运销售额（产量）目标

2. 营销策略

第二部分　管理与技术团队

一、董事会成员名单

二、管理团队

三、技术团队

四、管理模式及前团队运营架构

第三部分　技术与产品

一、技术研发

二、产品竞争优势

第四部分　竞争策略

一、价格策略

二、销售渠道

三、促销措施

四、营销管理

第五部分　市场规划

第六部分　制度体系建设

第七部分　风险控制

案例2：

第一部分　项目概述

第二部分　团队简介

一、团队成员及团队名称

二、定位策略

1. 战略定位

2. 市场定位

3. 产品定位

三、产品及服务介绍

1. 产品服务类型

2. 产品目标市场

3. 产品展示

4. 产品与服务特点

5. 与竞争产品对比

四、营销策略

1. 产品策略

2. 定价策略

3. 销售渠道

4. 促销策略

5. 广告策略

五、财务计划

1. 投资成本预算

2. 融资渠道

3. 销售收入预测

4. 利润计划

5. 投资回报率与投资回收期预测

阅读完以上两个案例，你认为它们有哪些优缺点？如果你是创业团队成员，还应该添加哪些内容？请分类写在卡片内，并与同学进行交流和补充。

案例：＿＿＿＿＿＿＿＿＿＿＿＿＿＿＿＿＿＿＿＿＿＿＿＿＿＿＿＿＿＿

优点：＿＿＿＿＿＿＿＿＿＿＿＿＿＿＿＿＿＿＿＿＿＿＿＿＿＿＿＿＿＿

缺点：＿＿＿＿＿＿＿＿＿＿＿＿＿＿＿＿＿＿＿＿＿＿＿＿＿＿＿＿＿＿

应添加：＿＿＿＿＿＿＿＿＿＿＿＿＿＿＿＿＿＿＿＿＿＿＿＿＿＿＿＿＿

任务二：创业团队包装训练

任务描述：请根据你的创业团队情况，为你的团队进行包装美化，准备一份简短介绍，以创业团队为单位上台呈现，每个团队1分钟时间。内容可从以下几个维度选取。

- 描述创业团队基本情况。
- 描述能力和特长、人设、影响力。
- 描述创业团队的奖励机制与荣誉。
- 描述社会实践和社团活动经历。
- 描述创业经历。
- 描述合作精神和写作能力。
- 描述灵魂人物和领头人。
- 用一个小故事来介绍你们团队。

思考：怎样的团队包装才能让大家记住你们（认可你们）？

任务三：商业计划书市场及营销分析训练

任务描述：阅读下列案例及相应商业计划书（仅列出市场分析和营销部分）材料，请同学们尝试从商业计划书市场分析和营销策略的角度对该案例作出评价（仅请从案例的结构、层次、内容、运营的分析方法入手）。

蜜 雪 冰 城

1998年,河南财经学院一名学生,暑期在金水路燕庄摆冷饮地摊,专营刨冰等各式冷饮。2000年,迁至文化路20平方米小店,取名"蜜雪冰城"并开发出雪泡、奶昔、圣代、波打、宾治、奶茶等产品。2003年蜜雪冰城商标在沈阳注册,蜜雪冰城冰淇淋上市。同年,《辽宁青年》杂志发表人物专访文章《用自己的智慧站立——张红超和他的蜜雪冰城》,为立志创业的大学生点亮了一盏希望之灯。2004年,蜜雪冰城总店以"西餐之环境幽雅,中餐之价低实惠"的经营理念成功推出"蜜雪冰城家常菜馆",专业定位于年轻的消费群体,营业面积960平方米,收录大众菜品200余种,堪称家常菜大全。

2006年推出"蜜雪冰城新鲜冰淇淋",因其美味实惠、健康便捷的鲜明特色,上市即掀起了新鲜冰淇淋的潮流。2007年6月,蜜雪冰城新鲜冰淇淋正式对外加盟,年底发展加盟店36家。2008年,注册郑州蜜雪冰城商贸有限公司,另外,浙江、安徽、河北、陕西、山西、湖南等180余家蜜雪冰城新鲜冰淇淋店陆续开业,迅速把冰淇淋火炬传遍全国。2009年,蜜雪冰城从产品阵容到品牌形象、战略推广全面升级,坚定地继续"分享甜蜜,传递快乐"的使命,把年轻、勇于创新的经营理念发扬光大,誓做冰淇淋行业全国第一!

蜜雪冰城市场环境分析报告

蜜雪冰城是一家专为年轻人打造新鲜冰淇淋与茶饮的全国连锁品牌,自1997年创立以来,始终坚持高质平价原则,致力于推动全球冰淇淋与茶饮行业更好、更快地发展。

一、蜜雪冰城宏观环境分析

下面从政治、经济、社会、技术、法律、伦理和环境因素分析蜜雪冰城奶茶所处的宏观环境。

(1) 从政治因素来分析。一般来说奶茶的经营是个人经营,或者连锁店的加盟经营,需要得到相关部门的认可,例如质监局、工商局等。

(2) 从经济因素来分析。现在人们可支配收入越来越多,消费不断升级,以前街边一两元一杯的奶茶早已不能满足现在客户的需求,越来越多的人买一二十元的奶茶,奶茶成为一种网红产品。

(3) 从社会因素来分析。奶茶最早出现在中国台湾,其制作方法也在不断地改进。人们从开始对奶茶不太了解到初步尝试,到如今娱乐时不可或缺,可见奶茶的魅力。喝奶茶的人群不断向两边延伸,可见奶茶行业强大的消费群体。

(4) 从技术因素来分析。奶茶这个行业本身不需要特别高深的技术,主要从不断上新的口味、类型方面改善。只有研究消费者喜爱的口味,不断上新产品,才能获得源源不断的客流。

(5) 从法律因素来分析。法律对行业的规范和发展起了保障、监督和限制的作用,按照《国家食品安全法》严格把控生产安全,让消费者喝到放心的奶茶。

(6) 从伦理和环境因素分析。越来越多的消费者想要有特色、有个性的奶茶。

二、蜜雪冰城微观环境分析

(1) 同学和居民的购买力调查。随着物质水平的不断提高,居民消费逐渐升级,奶茶这个行业也是越来越火爆。有很多不同的口味，一杯几元甚至十几元的奶茶对很多人来说算不了什么，这也为奶茶风靡一时提供了条件。

（2）地理环境分析。地理位置很大程度上影响奶茶店的业绩，开在地铁口的生意很大程度上比开在巷子里面的生意好得多，因此奶茶店要尽量选择人流量比较大的地方，如学校附近、景区、商业街等。

（3）消费者购买动机和行为调查。去一家奶茶店的消费者主要有三种类型：一种是这家店的老顾客进行回购；另一种是没有喝过，想尝试一下新的口味；还有一种是社交需求，比如大家下午的时候都买这家的奶茶，那其他消费者也可能跟风买了。

（4）目标用户及其关系分析。蜜雪冰城的目标用户集中在一二十岁的青少年，主要是学生群体，其中以女性居多，也有部分男性消费者。

（5）消费者的讨价还价能力。蜜雪冰城走的是中低端路线，定价比较低，消费者几乎没有可以讨价还价的余地，同时蜜雪冰城通过压低价格来吸引更多的消费者。采取总部大批量采购原料并统一配送的模式，使加盟商在价格方面占有得天独厚的优势。

（6）潜在竞争者有进入的能力。由于很难做到技术和原料的先进，同时需要压低价格，因此使潜在竞争者有机会进入。要想保持领先地位，每月都需根据实时的市场消费情况和季节的变化有针对性地推陈出新。

（7）供应商讨价还价的能力。蜜雪冰城有固定合作的奶茶原料供应商，想要和其合作的供应商有很多，竞争很激烈，供应商讨价还价能力不强，处于弱势。蜜雪冰城采取的策略是总部统一大批量采购原材料并统一配送，从而使其成本下降，让广大奶茶加盟商有更大的利润空间。

（8）同行业竞争者。我国的奶茶行业已经进入高速发展的阶段，经济水平不断上升，人们的消费能力也在逐渐升级，这对奶茶行业的发展至关重要。现在市面上出现了很多的奶茶品牌，像喜茶、都可、四云奶盖贡茶、益禾堂等，有很多同行竞争者掀起了奶茶行业的战火。

（9）替代品的威胁。由于奶茶对消费者来说是一般生理需求性消费品，替代品很多，像水、饮料、牛奶等，所以蜜雪冰城针对这一特点，有针对性地推出真果茶、冰淇淋与茶、奶盖茶和原叶茶、奶茶的特饮等一系列的产品，来打破这一窘境，同时让消费者有一种"奶茶社交"的需求，以巩固自己的"奶茶地位"。

（10）蜜雪冰城的优势。主要包括以下方面。

地理优势：蜜雪冰城选址大多在学校附近、地铁口或者商业街这种人流量很大的地方，非常具有地理优势。

价格优势：蜜雪冰城奶茶大多在 5～12 元，冰淇淋 3 元，圣代大多 6 元，其他饮品也非常便宜，相当于奶茶界的"拼多多"，在价格上比较占优势。

市场优势：现在我国冰淇淋行业迅速发展，已经从过去的防暑降温食品逐步转化为以享受为主的休闲食品。现在不只是年轻人喜欢，越来越多其他年龄层次的消费者喜欢逛街或者社交的时候手握冰淇淋，销量不断增加，发展潜力较大。

品牌优势：蜜雪冰城经过这几年的飞速发展，现在在全国各大城市开加盟店，有的地方几乎走几步就可以看到一家蜜雪冰城，单品的销售总量已远远超越国内同类产品。

服务优势：蜜雪冰城团队是一支年轻的团队，漂亮帅气的工作人员总是给人耳目一新的感觉，店内灯光以暖色调为主，让顾客更有亲切感。

（11）蜜雪冰城的劣势。主要包括以下方面。

竞争非常激烈。蜜雪冰城附近一般都有一些其他的奶茶店，还有一些超市等的竞争。

产品比较单一、口味单调。蜜雪冰城的饮品种类比较少，冰淇淋的口味也很单一，不能满足当今消费者的需求；宣传力度小，有很多人都不了解蜜雪冰城，需要加大宣传推广力度。

评价：_____

_____

_____

14.3　拓展阅读

小牛一起犇，努力成大牛
——"校园创客"的创业故事

4个人，4种性格，但是却因兴趣走到了一起；4个人，4种人生目标，但是却因为创业梦想连接到了一起；4个人，4种经历，最后却殊途同归；4个人是这么不同，又那么相似。让我们一起来看四只小"牛"的别样人生。

一、在创业实践中积累经验

刘斌是2009年考上的大学，那一年正好赶上甲型H1N1流感的暴发，所以刘斌入学那年学校取消了军训，也取消了不少课外实践活动。但是，病毒的肆虐并没有阻止刘斌和同学们对大学丰富多彩生活的向往。大学的第一年，刘斌就成功申请加入学生会，平时也积极参与学校其他社团组织的各项活动。

第一年的大学生活，尽管与自己心目中的校园生活截然不同，但是在日常的学习和生活中，刘斌还是收获和成长了不少。

通过参与社团活动，刘斌慢慢地喜欢上了团队协作，渐渐地喜欢上了同大家一起完成一项任务，一起策划一场活动。他还记得，每一个任务完成的时候，他与同学们一起开心、一起笑的场景。现在回头想想，也许这就是团队的魅力所在，也正是从这时开始，刘斌才真正感受到了"众人拾柴火焰高"的真谛。

2010年，刘斌开始通过学生会组织一些校园活动，他发起的五一节系列活动，一直在母校延续到现在。这一年，刘斌还同舍友一起在宿舍开起简易的小卖铺，经营饮料、方便面、火腿等小零食。擅长砍价的负责进货，擅长交流的负责销售，心细的负责记账，俨然成了一个"小公司"。开张之后，小卖铺生意火爆，备受欢迎。记得那时候飞信刚刚流行，他们就通过飞信下订单，把商品送货上门，现在想一想，不就是现在流行的互联网外卖的模式吗？"自己真是错过了

课堂随笔

一个巨大的商机。"刘斌自嘲着继续说道,"所以,有了想法就一定要去付诸行动,去奋斗。将来的你一定会感谢现在奋斗的你。"

可惜好景不长,在宿舍开小卖部的事被学院的领导知道了,考虑到安全因素,小卖部被"勒令停业"了。

大三的时候,刘斌离开了学生会,离开了熟悉的工作环境,开始了新的创业之旅。

当时,学校为了让大家学以致用,鼓励学生们利用自己所学的专业知识去尝试创业,学校在场地、创业指导方面提供给了坚强的后盾。

当时刘斌和班里的十多个同学商量后,决定利用自己学习的畜牧知识,开办一家养鸡场。在多次讨论后,他们决定以散养的方式养土鸡和乌骨鸡。

决定了就开干。刘斌他们申请下来的创业基地是一个已荒废的养猪场,杂草丛生,要想在这里养鸡,必须要来一次彻底改造。补房顶、安窗户、接水电、铺地面,这段时间刘斌与同学们在基地一起吃盒饭,一起出谋划策。最后,养殖基地终于达到了理想的要求。

万事俱备,只等鸡来。刘斌和同学们迎来了第一批鸡苗。面对这些小鸡仔,刘斌和同学们像照顾孩子那样日夜地呵护、守护着,但是,书本上学习的养殖知识跟现实差距太大,尽管大家都是按照书本上介绍的经验来进行操作,实际饲养经验终究不足,导致小鸡在不断地死掉。

刘斌到现在都清晰地记得那个大雨倾盆的晚上。雨一直下,房顶的防水可能因为太阳的暴晒有部分已经风化,雨水从房顶渗漏进了鸡舍,小鸡全部被淋湿。降雨引起气温骤降,小鸡们开始扎堆取暖,几百只小鸡,一层挤一层,最终,不幸的事情发生了,被挤在最下面和最里面的小鸡死了一大片。同学们急得直哭,可又无能为力,自此,大家也都开始意识到了创业的艰辛。

经过几次因疾病引起的损耗,第一批小鸡仔终于长大,也开始下蛋了,但是销路成了问题,最终造成了亏损。后来又尝试着养鹅,同样以失败告终。这一年的创业,大家几乎都是通宵达旦地走过来,尽管中间也有过不欢而散,也有过愁容满面。不过这次创业的过程,让刘斌他们懂得了磨刀不误砍柴工的道理,更懂得了理想与现实的差距。

之后的大学生活就只有学习。2013年,刘斌考上了研究生,但是创业的念头始终在其脑海里呈现。

二、精彩的人生在于折腾

2013年9月,如多数同龄孩子一样,季小阳开始了梦寐以求的大学生活。刚入大学,季小阳对什么都充满好奇。出于对小动物的热爱,季小阳选择了动物医学专业。

记得军训的时候,学校社团组织招新活动。那时大家正躲在宿舍里午休,因为经过上午的训练大家早已筋疲力尽了。而此时的季小阳却趁着午休时间为进入学生会准备着参选作品。季小阳心仪的社团是学生会的宣传部,为此她精心准备了一幅风景画。

记得当时因为没有画板,所以她只能将画纸贴在门上进行创作。就这样凭借出色的演讲能力和一幅别出心裁的作品,季小阳顺利地进入了学校的宣传部。

军训结束后,校园平淡的生活让季小阳感到很无趣。她跟宿舍的小伙伴一同商议后,集体干起了兼职。那段时间,发传单、端盘子、做推销、摆地摊,能干的兼职几乎都被自己尝了"鲜"。其间因为社会经验不足,没有戒备心,而被中介公司骗过,同时也因为这些事情让季小阳有了更大胆的尝试,她开始自己联系商家去寻找合适的兼职工作。就这样,季小阳在忙忙碌碌中体验着大学生活中的五味杂陈。

两年的大学时光转眼即逝。刚上大三的季小阳顺利当上学校的宣传部部长。其间更是卖力地带领着宣传部的伙伴们一起做活动、拉赞助、搞比赛。尽管有时候毫无头绪,经常会遇到磕磕绊绊,但好在每次的结果是圆满的。"做任何事情只要敢尝试,并努力去做好每一件事,不轻易地放弃,好运也会移向你,这样你也一定会成功。"季小阳总结道。

一次偶然的机会,季小阳告诉大家说想创业,打算在学校附近卖饰品。同学们都以为她是在开玩笑。因为卖什么、去哪卖、货源去哪里找、本钱等因素都是要考虑的。

实际上这件事季小阳自己已经规划很久了,只是从来没跟其他人提过。大家尽管觉得有些不可思议,但是都非常支持季小阳的想法。

季小阳先上网看一下是否有合适的产品,在网吧待了两天后,她发现网上大都是些没用的信息,最后自己一无所获。

在大家都以为季小阳会因此而放弃的时候,她却决定孤身一人去北京上货。说干就干,在网上搜集了一些小商品批发市场的信息后,季小阳就直接买了去北京的火车票,开启了北京之旅。

去北京可谓是不虚此行,季小阳采购了不少在当地很难见到的饰品,回来后马上在学校附近租了间商铺,同时还在校内摆起了地摊。"根据地"+"游击战"的商业模式让季小阳的第一次生意启动起来。

可惜好景不长。由于自己的经验不足,所采购的饰品大都是根据自己的眼光挑选的,根本不符合大众的口味,最后只能在保证本钱的情况下将货物处理了。

季小阳的第一次创业就这样黯然地结束了。

这就是季小阳的大学生活,有过成功,有过失败。虽说算不上什么叱咤风云,但是可以说是丰富多彩,看似平平淡淡,但已经收获了想要的人生。人生,就在于折腾。这些阅历对季小阳来说将是永远的财富,这也为季小阳日后的人生画上丰富多彩的一笔。

三、生活不止眼前的苟且

"如果说青春是一条横在每个人人生路途上的必经之河,那么我愿做我自己的那个摆渡人,经历一条波澜壮阔的人生道路。"这是白雪所追求的一种人生态度。

2014年秋天,23岁的白雪以一名硕士研究生的身份进入内蒙古农业大学学习。在进行理论研究的同时,白雪也开始陆续进行一些科研工作。随着时间的推移,她渐渐从一个"菜鸟"蜕变成一个能独当一面的老手。

白雪评价自己是一个不懂得安分的人。因为想要疯狂成长的那颗心,无法让她成为一名如江南烟雨般与世无争的温婉女子。白雪时常告诫自己,要如男子般坚毅勇敢。

"如果说,人的一生终究会有被生活所打败的时候,但我想在这之前,总归还是要与它争一争,因为我相信生活不止眼前的苟且,还有诗,还有远方。"白雪说。为此,白雪开始舍弃作为一个青春女子应该有的正常生活,她不再花费过多时间在穿着打扮上,不再为外面的浮躁世界而驻足观望,更不再为懒惰而买单。她开始学着沉淀自己,开始学着适应孤独,开始享受时间与成果的等量平衡,开始接受勇敢、进取的自己。

2016年,白雪成为一名博士研究生。

白雪开始体会到"舍得"二字在她生命里的意义。舍得,舍得,有舍必有得。白雪认为,人在高压面前,就该狠狠地逼自己一把,要不就不会明白到底能走多远。而在白雪所在的科研团队中,被给予最多的就是压力,但收获最多的是动力。

同时,2016年对白雪来说也是得到充分锻炼的一年。白雪作为指导教师,以研究成果"活力基因"指导内蒙古农业大学动科院的几名大学生参加了"建行杯"第二届内蒙古自治区"互联网+"创新创业大赛,并获得创意组金奖,进而参加了"建行杯"第二届中国"互联网+"创新创业大赛的评比,一举夺得全国铜奖。

同时白雪还作为参赛队员,和"犇牛科技"创业团队的伙伴们一同参加了"建行杯"第二届内蒙古自治区"互联网+"大学生创新创业大赛,夺得金奖。与此同时,白雪他们乘胜追击,在全国12万个创业项目中脱颖而出,荣获"建行杯"第二届中国"互联网+"大学生创新创业大赛国家银奖。

作为"创新创业"新时代下的新畜牧人,白雪做到了不断从理论创新,到科研创新,再到实践创新。

四、世界那么大,我想去走走

"世界那么大,我想去走走。"本是源于微博上一篇辞职信中的爆红语录,然而王宏却让它在自己的身上有了另外一种含义。

2011年9月15日,是王宏永远无法忘记的日子。她含泪把送自己南下上大学的父母送上火车,从此开始了充满挑战的旅程。

下面介绍第二次"互联网+"创新创业大赛。

从小受"包办"式教育的王宏对大学的生活充满憧憬,离开父母的照顾使王宏不得不开始学会独立。此时的王宏,对所有的新鲜事物都充满了好奇。

大一,面对着各形各色的社团招新,跃跃欲试的王宏向学生会及多个社团递交了申请书。她清楚地记得,刚开学的那段时间,自己基本上是在准备各种各样的面试中度过。现在回过头想想,自己能走上创业这条路还真不是巧合。因为王宏清楚,想要做成一件事,就要有耐心、有恒心、有决心。

功夫不负有心人,王宏成功地进入了学生会,充分锻炼她的组织能力,同时也协助其他成员成功举办了学院、校级甚至全国级别的几次大型活动。

正是学生会的工作,让王宏早早地接触到了社会,也让她比身边的同学有了更多的想法。

此时,身边的同学都在忙着找兼职挣零花钱,可是由于兼职市场太过混乱,拖欠工资、利用找工作骗取学生钱财的情况时有发生。王宏觉得自己何不利用学生会和社团的工作身份,建立一个平台，专门为同学们提供兼职机会，这样既降低学生们由于缺乏社会经验造成的损失，又能锻炼自己。有了想法就要尽力去实现，于是王宏联合了几个志同道合的小伙伴马上干了起来。

起初，大家干得风生水起，但是团队成员始终没有将自己的身份转化成创业人的身份。创业初期的艰辛是王宏没有考虑到的。

为了降低用人成本，大家必须一人身兼数职，这样就会牺牲大量的个人时间。再加上缺少运营管理经验，费了半天力却得不到预期的效果。久而久之，大家也被拖得没有了动力，平台建设的事不了了之。

现在想起来王宏还是觉得很遗憾。创业不像过家家，不是召集一群人支起摊子就能成功。先组建一个优势互补的团队是创业能否成功的关键，一个好汉三个帮才会有事半功倍的效果。

不过，王宏并不后悔那段充满汗水和欢笑的日子，因为正是这段经历让王宏知道自己并不是一个甘于寂寞的人。

王宏庆幸自己选择了外地求学之路。"如果没有这四年外地读书的经历，自己可能还是那个衣来伸手、饭来张口、永远长不大的孩子，可能我也不会成为犇牛团队中的一只小牛。"王宏总结说。

五、梦点燃的地方

四只"小牛"有着不同的经历，却有着相同的梦想，离开了谁都不会有今天的犇牛科技。他们是犇牛的一员，在这里没有你我之分，因为你中有我，我中有你。

2015年，"大众创业，万众创新"一声号召，千呼百应。

"创业"这两个字眼，再次闯入大家的生活中。作为科研工作者，他们深知将科研成果与实际生产相结合才是最终的目的，更是科研的最终理想。只有为所需要的人提供帮助，甚至能推动某些方面的进步，才是科研成果的核心价值所在。

2015年9月10日，注定会成为犇牛团队成员难以忘却的日子。首届内蒙古"互联网+"大学生创新创业大赛开始了，而四只"小牛"的创业梦想也随之点燃。

接到学校有关此次活动的通知时正值暑假。刚开始大家都还有些抵触，一是手边的工作已排得满满当当，二是觉得读研就该踏踏实实做实验、看文献、研究新技术、写高分文章。然而那颗想要通过创业来拼出精彩人生的心却是怎么藏也藏不住的。加上导师的一番话，最终让他们决定一试，并迅速组成了以刘斌为牵头人，季小阳、白雪、王宏为成员的创业团队——犇牛创业团队，大家都戏称自己为"小牛"。

在两个月的磨合、准备中，他们从一开始的集思广益想创意，到结合自己科研知识落地化；从一开始的东一句西一句，到一个眼神就能明白彼此，最终确定了接地气的畜牧与科研相结合的项目。而经过这段时间的磨合，犇牛创业团队的核心理念也一点一点形成——科技改变畜牧，数据成就未来。

通过查阅资料，走访牧场，结合四只"小牛"的专业知识，诞生了参赛项目——奶牛四维标记辅助管理系统。他们希望通过这套系统，改变我国传统畜牧业的窘态，实现大型集约化牧场实时化管理。

在参加项目比赛的两个多月时间里，团队成员没有一个人喊累，也没有一个人对分配的任务说不。通过校赛专家评委的评选，他们最终被学校推选到内蒙古自治区赛，直到获得自治区金奖。这一路走来，让他们曾经埋藏心底的那颗创业心再次燃起。

获得荣誉后的喜悦更让犇牛团队的每一个人干劲十足，加上内蒙古农业大学对大学生创新创业的支持，大家没有停下脚步，继续参加了第二届"创青春"内蒙古青年创新创业大赛，也正是这次大赛，让他们下定决心将项目落地，成立自己的公司，撸起袖子加油干，做更多有意义的事。

就这样，在2015年11月，四只"小牛"联合创办了内蒙古犇牛科技有限公司，从此大家又有了一个新的称呼"犇牛小伙伴"。四只"小牛"就此紧紧连在一起，大家不再分彼此，也不再是单独的某一个人。大家就像是一个有机体，各有所擅长，但是离了谁又都不行。

六、第一次"互联网+"创新创业大赛，走向更大的舞台

公司成立不久，第二届"互联网+"大学生创新创业大赛如期而至，2015年参赛项目是奶牛四维标记辅助管理体系，那2016年呢？犇牛科技最擅长的就是奶牛畜牧这方面，难道要拿去年的项目继续参加今年的项目评比？或是选择放弃？经过多次讨论，大家还是决定再次参加，而且这次要以不一样的身份去参加。因为此时的犇牛团队不再是单纯的大学生代表，他们要以创客的身份，以一个初创公司的身份，让更多的人认识犇牛，了解犇牛。

经过讨论，最终参赛的项目名称定为"奶牛数字化生产管理系统"。想法是好的，但如何实施呢？如何更加规模化、更加系统化呢？如果只是在实验室坐着想肯定是不能解决问题的，所以四只"小牛"开始下牧场，进行实地考察，根据牧场现场的实际情况进行项目的开发和设计。经过实地的考察，他们发现牧场的需求无非就是围绕如何从采食量、乳品品质、发情以及体形体况数据等方面对奶牛进行实时监测。痛点找到了，剩下的就要想办法解决。

由于是初创公司，科研经费和硬件设施还有些跟不上，犇牛团队只好选择同其他公司进行合作，这样才能将成本降到最低。

因为有了第一次的项目研发的经验，已经熟练掌握了其中的核心技术，大家接下来各司所职，有的联系厂家，有的上网搜索专业资料，有的做预算，似乎每个人都有三头六臂，都在各显神通。

奶牛数字化生产管理系统很快就上线了，在别人看来项目已经基本完成，但在领队刘斌看来，目前项目八字还没有一撇，因为该系统最核心部分的数据库还没有构建。如何收集不同品种奶牛体况指标来构建数据库成了目前创业团队急于解决的一道难题。

为此，刘斌跑了几家牧场，但配合的牧场却少之又少。难道要功亏一篑吗？上天总会眷顾辛勤付出的人。在大家的共同努力之下，他们最终攻克了构建数据库的难关。这时，大家更加深刻地理解了团队的重要性。经过半年的努力，奶牛数字化生产管理系统终于成型了。这一套数字化的生产管理系统，可以为牧场提供全面系统的服务。

如期望一样，犇牛团队一路过关斩将，最终获得了内蒙古自治区的金奖，顺利进入全国网评阶段。但是在比赛过程中一位评审对项目实际操作的可行性提出了质疑，而可行性确实是项目的一个硬伤。距离全国网评上传商业计划书和路演PPT只有4天的时间了，深受打击的犇牛团队要在这短短的4天时间里重新撰写商业计划书，无疑是巨大的挑战，更是对创业团队信心的挑战。

此刻的四只"小牛"就像霜打了的茄子，从比赛场地到回公司的路上都默不作声。"虽然有问题，但不代表我们就一定是输了，我们还有机会。"刘斌鼓励大家说道。

大家重新分配任务，紧锣密鼓地准备起来。就这样，大家不停地查找文献资料，不断地讨论，反反复复地修改，终于在报名截止时间前完成了项目的优化。大家用努力证明了自己的实力，在网评结果出来的那天，犇牛团队的奶牛数字化生产管理系统项目成为唯一一个代表内蒙古自治区去参加全国大赛的项目。

面对别人的质疑和不看好，大家选择共同面对，努力寻找最佳的解决方案。正是这样一次次的历练，让他们变得越来越坚强，越来越自信。

七、师兄师姐，班长委员

由于犇牛科技是从一个科研团队组建成的一家公司，所以大家采取了班级制的管理方式进行公司管理。公司分设班长、团支书和委员，这种管理方式的好处对于这些还在读书的团队成员来说没有等级的压抑，还可以维持原来学生上学时的轻松氛围。团队中人人平等，没有等级分化，凡事讨论表决，没有一票否决或一票通过。

公司以"责任—考核—激励"为基本的管理理念，像上学时完成作业那样重视每一项任务。在公司，有必须完成的当日"作业"和一周检查一次的"周作业"。每人必须掌握基本技能，同时还要将自己擅长的经验与大家分享，说起来还真是有点像上学时的"一帮一"。

大家有良好的科研基础，有优秀的科研成果，但如何能将科研产品和公司运营相结合，是大家创业之初最大的困惑。不过沟通成了团队不断前行的引擎。当然，这也得益于团队管理模式。大家亲如兄弟姐妹，但是又有明确的规章制度。

不经历风雨怎能见彩虹，前路依旧漫长。虽然犇牛科技在创新创业的道路上还要经历很多苦难，但大家相信，只要同心同力，团结坚定，犇牛科技一定会有一个美好的未来。

八、一基四翼的发展战略

犇牛科技成立一年多，团队成员针对自身的情况和公司的长远发展目标，总结出"一基四翼"，一基是指以畜牧业为基础，四翼是公司的四大板块，即犇牛·数据、犇牛·掌沃、犇牛·质造和犇牛·视界。

这是一个大数据的时代，各行各业都有自己的大数据，比如在淘宝、百度上你能看到你关注信息的推送，这些都是大数据分析的结果，在畜牧行业也有大数据。动物的表型数据、基因型数据、序列信息等都是大数据。

所以四只"小牛"把公司主营先落脚到犇牛·数据模块上面。这一模块根据实际情况分为了数据分析服务和专业培训服务两大内容，而数据分析服务方面含有高通量测序服务、基因芯片服务和生物信息服务这三部分。当然，数据分析只是一种手段，其实犇牛科技是想通过对数据和实践的理解，研发出可以实际运用到牧场的仪器。

于是，犇牛·质造模块应运而生。目前，犇牛科技已经研发的仪器产品有自由采食槽、抓羊器、羊妈妈——羔羊自动哺乳器等，正在开发的还有羊体尺、体重测定系统、犇牛数字化生产管理系统等。

在犇牛·掌沃方面，犇牛科技根据实际需求，为了更好地面向广大师生进行远程面对面交流和手把手课程指导，推出了 Seminar 云教书服务。该服务基于云计算、安全、可定制的私有通信云平台，综合数据、语言、视频通信等相关服务，旨在方便师生进入视频协同和多地协作。大家只需要在计算机、手机或者平板上安装客户端就可开展多人会议。

犇牛·视界方面，犇牛科技开发出了 FVF 山羊绒细度仪，并首次将山羊绒单点检测升级为区域检测，极大地提高了纤维细度检测的速度和精度。该产品的推出很好地解决了目前细度需要集中测的问题，使养殖户可以随时测定、时刻掌握养殖动态，做到科学养殖。

通过这四大板块可以看到，犇牛科技主要是为科研工作者以及畜牧从业者提供服务，这也是大家从理论创新到实践创新的一个过程。

九、将分享进行到底

一个合格的创业团队，既要做出成果，更要分享成果。为了给更多从事畜牧科研的人员提供一个交流平台，实现共同进步，犇牛科技组建了"牛学汇"。

牛学汇是一个包含科学技术培训、科研成果分享、交流及科技信息发布等为一体的综合性高新科技交流服务平台。平台致力于将科技创新与实践相结合，共同攻克科研难关。

科学研究是严谨的，但并非冷酷无情，在"牛学汇"所提供的平台上，每一个科研人员都有成千上万个硕士、博士作为自己的坚强后盾，大家在线上相互学习与交流，线下定期举办不同的科研讲座及技术培训。这里不仅有来自世界各地的科研大咖，更有来自各大知名科技公司的技术大咖。同时该平台还向所有参与者展示最新科研成果和最热门的高新技术，全方位为科研工作者补充"养分"。

目前，"牛学会"已经在内蒙古各大高校之间建立起了共享交流群，里面涵盖了创客和科研人员。创客在群中交流创业经验，科研人员讨论前沿科学。在交流群中，不时地有科研人员和创业人员相互碰撞出火花，产生出一个个产学研相结合的创业项目。这也是犇牛科技创办"牛学会"的初衷。

十、路漫漫其修远兮

基因测序是最近十年来国际上兴起的一种科学的基因检测方式，能在分子水平精准定位，对于提前预防及治疗人类疾病有明显的作用。基因测序相关产品和技术已由实验室研究演变到临床使用，可以说基因测序技术是下一个改变世界的技术。

我国涉及基因检测概念的公司目前已有几百家，主要分布在北京、上海、广州，仅这三地的企业就已占到全国企业 80% 以上，且这些企业大部分属初创型企业，大多以提供第三方基因检测服务的企业为主。

作为内蒙古自治区呼和浩特市唯一一家做生物信息的公司,犇牛科技也是测序市场百万大军中的一员。如今测序市场前景广阔,虽然犇牛科技现在没有涉及医学肿瘤方面,但在农业方面的测序服务分析领域是有足够的市场空间的。

对于基因测序市场,犇牛科技和四只"小牛"有着自己的规划。

第一阶段,犇牛要将"牛学会"继续创办下去,为在校大学生提供兼职、实习的平台,让大学生于在校期间进入实习阶段,不仅学到知识,还可以领到工资,一举两得。

第二阶段,犇牛要构建家畜基因组数据库。做这种数据库是非常有前途的,不仅保护了物种的样本信息,还对数据查询、统计分析以及数据挖掘提供资源,成为一个科研协作的平台。

未来对于犇牛科技来说,需要继续加强与公司、国内外高校、科研院所的合作,不断增强新产品的自主研发能力与优质服务模式的创新能力,加快科技成果的转化,推动公司进一步发展。

就测序市场,未来还有可能有更多想不到的新模式和领域出现,因为整个世界都在加快,无论是在医疗方面还是农业方面,基因测序这个行业进入了一个快速发展的阶段,要从中发现他们,抓住他们。

对于犇牛和四只"小牛"来说,市场发展空间非常大,只要抓住机会,相信犇牛科技一定会做出傲人的成绩。

(资料来源:周前进.创业人生贰:草根成长与成功之道[M].北京:清华大学出版社,2017.)

14.4 创新创业实战

1. 实战项目一

制作一份商业计划书。

请同学们根据自己的创业项目,以团队合作形式制作一份商业计划书,要求文字表述清晰准确,内容具体完整。正文字体使用宋体小四,各级标题字体应大于正文,布局有条理。

2. 实战项目二

项目路演 PPT 制作。

请同学们根据自己的创业项目,制作一份精美的项目路演 PPT,要求先用头脑风暴方法梳理路演逻辑,再根据 3C 原则制作 PPT。

头脑风暴方法是先将路演相关内容罗列出来,把能想到的观点、要点、内容全部写在便签纸上,再按照结构化思维进行逻辑梳理。比如:

- 你是谁?你们是谁?要解决什么问题?
- 目标客户是哪些?
- 为什么是现在解决?市场规模、未来发展趋势怎样?如何来解决这个问题?

课堂随笔

- 为什么你能解决这个问题（差异化优势，创新点，竞争态势，资源能力）？
- 目前做了哪些事情？有些什么成果？
- 如何赚钱？为什么能赚钱？
- 融资用途，融资之后在半年／一年之后能实现什么样的业务目标？
- 公司Logo+愿景+目标，能找到你们的联系方式。
- 结束语。

14.5　总结与提高

我的收获：＿＿＿＿＿＿＿＿＿＿＿＿＿＿＿＿＿＿＿＿＿＿＿＿
还没解决的问题：＿＿＿＿＿＿＿＿＿＿＿＿＿＿＿＿＿＿＿＿
需要改进的地方：＿＿＿＿＿＿＿＿＿＿＿＿＿＿＿＿＿＿＿＿
其他：＿＿＿＿＿＿＿＿＿＿＿＿＿＿＿＿＿＿＿＿＿＿＿＿＿

拓展阅读

参 考 文 献

[1] 杜绍基. 设计思维玩转创业[M]. 北京：机械工业出版社，2016.
[2] 鲁百年. 创新设计思维：设计思维方法论以及实践手册[M]. 北京：清华大学出版社，2015.
[3] 魏拴成，曹扬. 技术创业学：创业思维流程实践[M]. 北京：清华大学出版社，2014.
[4] 兰小毅，苏兵. 创新创业学[M]. 北京：清华大学出版社，2019.
[5] 杰弗里·蒂蒙斯，小斯蒂芬·斯皮内利. 创业学[M]. 周伟民，吕长春，译. 北京：人民邮电出版社，2011.
[6] 王玉帅，尹继东. 创业者：定义的演化和重新界定[J]. 科技进步与对策，2009，26(10)：137-141.
[7] 陆雄文. 管理学大辞典[M]. 上海：上海辞书出版社，2013.
[8] 邓向荣，刘燕玲. 大学生创新创业[M]. 北京：北京理工大学出版社，2020.
[9] 万生新，姬建锋. 大学生创新创业教育[M]. 西安：陕西人民出版社，2019.
[10] 廖益，赵三银. 大学生创新创业入门教程[M]. 北京：北京理工大学出版社，2019.
[11] 李贺，王畅. 大学生创新创业基础[M]. 北京：北京理工大学出版社，2019.
[12] 王迪. 新时代环境下高职学生创新创业能力培养探索[J]. 产业与科技论坛，2022，21(13)：270-271.
[13] 张文婧. 对基于"互联网+"时代背景下高职院校创新创业改革的几点探讨[J]. 产业科技创新，2020(23).
[14] 牛月冬，徐广飞. 互联网时代高职院校创新创业教育课程体系构建策略探讨[J]. 企业改革与管理，2020(7).
[15] 李桂锋，庄坚泉，王志学. 高职院校创新创业人才培养模式研究——以广东轻工职业技术学院为例[J]. 广东轻工职业技术学院学报，2020(1).
[16] 杜运周，刘秋辰，程建青. 什么样的营商环境生态产生城市高创业活跃度？—— 基于制度组态的分析[J].管理世界，2020，36(9)：141-155.
[17] 兰海霞，赵雪雁. 中国区域创新效率的时空演变及创新环境影响因素[J]. 经济地理，2020，40 (2).
[18] 菲利普·科特勒，加里·阿姆斯特朗. 市场营销原理[M]. 卢泰宏，高辉，译. 13版. 北京：中国人民大学出版社，2010.
[19] 陈玮，刘静. 中国本土市场营销原理与实战[M]. 广州：广东经济出版社，2010.
[20] 亚历山大·奥斯特瓦德，伊夫·皮尼厄. 商业模式新生代[M]. 黄涛，郁婧，译. 北京：机械工业出版社，2016.
[21] 池本正纯. 图解商业模式[M]. 耿丽敏，译. 北京：人民邮电出版社，2018.
[22] 吴隽. 创新小白实操手册[M]. 北京：机械工业出版社，2020.
[23] 匡志鹏. 基于客户价值的企业市场营销策略研究[J]. 行政事业资产与财务，2022 (12)：46-48.
[24] 张凯，李军. 新媒体时代下企业市场营销战略研究[J]. 现代工业经济和信息化，2020，10(12).
[25] 王悠然. 新技术可促进市场营销良性发展[N]. 中国社会科学报，2021-12-31(3).
[26] 刘阳彤. 文化创意产品的市场营销渠道建设[J]. 产业创新研究，2019(7)：56-57.
[27] 赵晓菡. 北京故宫博物院文创产品营销策略研究[D]. 哈尔滨：黑龙江大学，2019.

[28] 雅正，何延海，沈海滨. 面对老年人的经济新视点[J]. 金桥，2019(6)：83-87.

[29] 校果. [EB/LO] 深度解读Z世代圈层文化下的校园营销策略[J]. 企业观察家，2020(11)：110-111.

[30] 张静. [EB/LO] 品牌如何与最善变的Z世代消费群共成长[J]. 成功营销，2016(Z2)：72-73.

[31] 于静. [EB/LO] 企业在市场营销瓶颈问题与突破策略[J]. 财富生活，2019(6)：116-117.

[32] 柳娜. 浅析市场营销中广告宣传策略的应用[J]. 商展经济，2022(4)：63-65.

[33] 深圳市市场监督管理局(知识产权局)，等. 企业专利运营指南(SZDB/Z 102-2014)[Z]. 深圳市市场监督管理局（知识产权局），2014.

[34] 广州日报. 2021创交会专利技术成果拍卖会总成交额1738万元 [EB/LO] . [2021-12-10]. https：//baijiahao.baidu.com/s?id=1718768213236819028&wfr=spider&for=pc.

[35] 华为官网. 华为发布创新和知识产权白皮书2020. [EB/LO] [2021-03-16]. https：//www.huawei.com/cn/news/2021/3/huawei-releases-whitepaper-innovation-intellectual-property-2020.

[36] 华为官网. 华为创新与知识产权白皮书 [EB/LO]. [2019-06-01]. https：//www-file.huawei.com/-/media/corporate/pdf/white%20paper/2019/huawei_white_paper_on_innovation_and_intellectual_property_cn.pdf?la=zh.

[37] 华为官网. 华为与大众汽车集团供应商达成专利许可协议，这是华为在汽车领域达成的最大许可 [EB/LO] . [2022-07-07]. https：//www.huawei.com/cn/news/2021/7/license- agreement-volkswagen.

[38] 华为官网. 华为成为Sisvel Wi-Fi 6专利池创始成员[EB/LO]. [2022-07-19]. https：//www.huawei.com/cn/news/2022/7/ipr-wifi6-sisvel-founding-member.

[39] 华为官网. 华为与Nordic达成蜂窝物联网许可协议[EB/LO]. [2022-06-17]. https：//www.huawei.com/cn/news/2022/6/cellular-iot-licensing.

[40] 斯图尔特·瑞德，等. 卓有成效的创业（原书第2版）[M]. 北京：机械工业出版社，2020.